Introduction to Teaching Profession

教職概論

教師を目指す人のために

第6次改訂版

佐藤晴雄 [著]

JN029316

学陽書房

まえがき

本書は、教育職員免許法で定められた「教職に関する科目」の1つである「教職の意義等に関する科目」に対応するテキストとして作成されたものである。この科目は、教員志願者に対して、「教師とは何か、教職とは何か」について深く考察するきっかけを与えることを目的とするもので、「教職の意義、教員の役割・職務内容等に関する知識の教授や、自らの進路に教職を選択することの可否を適切に判断することに資する各種の機会の提供など」(1997年、教育職員養成審議会第1次答申)を主な内容としている。

現在、この科目は、各大学の教職課程において、「教職論」「教職概論」「教師論」「教職入門」「教師入門」などの講義名で、1年次の学生を対象に開設されている。そのためのテキストもいくつか刊行されているが、本書は類書にはない以下の特色をもたせるよう配慮したつもりである。

第1に、理想論や理念よりも教育現実や実証的データに基づきながら教職についてできるだけ客観的に述べようと努めたことである。教師論を自由に語るよりも、学校の様子や教師の仕事内容・人事、そして教員採用選考試験の現状と対策などについてできるだけ実態に即して述べるよう留意した。そのために、先行研究はもちろん、調査データや実践資料等に基づき、また筆者の教育委員会勤務経験などをふまえながら、実際の学校と教師の姿をリアルに描き出そうと試みたのである。

第2に、教育実習や教員採用選考に関する章を設けて、教職課程を履修し、教員採用選考を受けようとする学生に十分役立つよう工夫を試みたことである。筆者は、この9年間に教育実習に関わるとともに、4年あまりにわたって全国の教員採用選考問題を分析する機会を得てきているので、そうした機会に得た知見を最大限生かす形で教育実習および教員採用選考について取り上げている。したがって、本書は「教育実習総論」用のテキストとして、また教員採用選考の対策のための参考書としても活用いただけるものと確信している。

第3の特色は、類書の多くは多数の執筆者からなる共著形態をとっている

が、本書は筆者が単独で執筆した著書だということである。むろん本書は単著とは言っても完全な一貫性が保たれているとは断言しかねるが、共著書に比べればその意図が全章にわたって貫き通されているものと思う。

　本書は以上のような特色を生かすよう配慮しながら序章および11の各章によって構成されている。序章は教職へのオリエンテーションに位置づけられ、第1章から第3章までは教職を考えるために必要な理念や歴史などの基礎理論について取り上げている。第4章から第8章までの各章では、実際の教師の姿を各種データや法規に基づきながら明らかにしている。第9章は教育実習の意義と実際のすすめ方を取り上げ、第10章および第11章は教員採用選考試験の傾向と対策を中心に述べてある。

　これら全章を通して、実際の教師が置かれている環境や雰囲気を感じていただければ、筆者としてはこの上もない喜びになる。

　このように本書は教職志望者のためのガイダンス書として刊行されているが、現職教師のための参考書として活用されることも期待している。教育改革の勢いがめまぐるしい現在、教師を取り巻く教育環境や勤務条件にも少なからぬ変化が見られるが、そうした状況のなかで現職の教師が教育改革の動向を確実に理解し、改めて自らの仕事を省察することが求められている。本書はそのための参考書としても十分活用いただけるものと考える。

　ところで、筆者は都内の区教育委員会に10年間勤務し、その後大学に転じているが、教育委員会時代には勤務の内外を問わず実に多くの教師たちと交流することができた。特に、社会教育指導員として再雇用されていた退職校長の方とは毎日机を同じくして、教師にかかわる様々な実情を聞く機会を日常的に得ていた。そうした会話のなかで一番印象に残っていることは、「教職員に得意分野を持たせるのは望ましくない」という元中学校長の言葉である。なぜなら、得意分野を任せると、そのほかの地味な仕事を嫌うようになり、そのしわ寄せが他の教職員に及ぶからだと言う。ある意味で首肯できる話である。このことは、国の教育職員養成審議会第1次答申が「得意分野を持つ個性豊かな教員の必要性」を提言したことに抵触する考えである。

　元中学校長の話はいまから十数年も前のことなので、現在の学校においては事情が大きく変わり、得意分野を持つ教師を歓迎できるようになったので

あろうか。あるいは、元中学校長と教養審答申の考え方の違いは、現場感覚と政策とのズレによるものかも知れない。

　筆者自身は、国等の政策に目を向けつつも、そうした現場感覚を大切にすることが必要だと考えている。

　筆者は大学に転じてからも、毎年、各地の研修会や研究会で多くの教師や指導主事、社会教育主事の方々と接する機会を得ているが、これらの機会を通してできるだけ現場感覚を吸い込み続けるよう心がけているつもりである。本書の原稿を作成するときにも、そうした姿勢を生かすよう常に意識し、各章執筆中にも多くの現職教師や教職経験者から助言と資料を得たところであるが、その結果については読者による評価に待つほかはない。本書の至らない点等については、忌憚のないご意見や温かいご指導を賜れば幸いである。

　ともあれ、本書が一人でも多くの学生を教職へと動機づけ、また教職に就くための手助けになることを願うとともに、現職教師の資質向上に役立つことを切に願っている。

　なお、本書中の表記についてあらかじめお断わりしておきたい点がある。本書においては、原則として学校教員を「教師」と表記することにしたが、どうしても「教師」の語が馴染まない部分については「教員」と表している。たとえば、教員の任用や法規に関する記述については「教員」と記してあるので、その旨ご承知願いたい。

　本書の刊行に際して多くの方々が温かい支援を与えてくださった。まず、本書の原稿すべてを通覧の上、校閲いただいた亜細亜大学講師の丸山義王先生（元川崎市立小学校長・総合教育センター参事）には数多くの具体的なアドバイスをいただいた。このほか、現職の校長、教諭、指導主事の方からも貴重な意見や資料を得た。また、出版事情の厳しい情勢の中で本書の刊行を認めていただいた学陽書房の社長をはじめとする関係者の方々、なかでも編集第1部課長の藤谷三枝子氏には前著と同様に遅れがちな原稿を辛抱強くお待ちいただき、かつ注意深く原稿を吟味いただいた。これらの方々に紙面をお借りして心から感謝申し上げたい。

2001(平成13)年3月3日

佐　藤　晴　雄

第6次改訂版刊行にあたって

　2001年の初版以来、21年目に第6次改訂を行うことになり、通算26刷目に至った。この間、新たな教育改革の動向や教育課題に応じた改訂を随時行ってきた。関係データもできる限り更新し、新たな読者のニーズに応えるよう配慮している。今時改訂を進めるに当たっては、教員免許更新制が廃止され、また、教育職員等による児童生徒性暴力等の防止等に関する法律など新たな法律も制定されることとなった。さらに、教員の負担増を改善されるために学校の働き方改革も進められてきている。なかには教職がブラック化するなどと指摘する論者も現れ、実際、教員採用選考の倍率が低下傾向になってきた。

　しかしながら、子どもたちの成長を促し、社会に貢献できる職である教職の素晴らしさが失われるわけではない。そこで、教師をめざす人や教育学を学ぶ人が教職の問題点だけに目を奪われず、教職に関する制度と実態を確実に理解しながら教職の素晴らしさを見出すことが大切だと思う。本書はそうした教職の理解に役立てて欲しいという願いから刊行され、また改訂されてきている。

　引き続き、多くの教職課程履修学生や教職を目指す方の参考書として活用されることを願っている。

　今回改訂にあたっても、学陽書房編集部の根津佳奈子氏にはデータや事実関係の再確認をはじめ文章表現等についても大変お世話になった。ここに謝意を表したい。

2022（令和4）年8月1日

佐　藤　晴　雄

◆ 序章 なぜ教師を目指すのか ——————— 13

◆ 第1章 教職の意義 ——————————— 19

　1 ◎ 教職とは何か ————————————— 19
　　　1 「教師」という言葉 19
　　　2 法律から見た教職の範囲 22
　　　3 教職の特殊性 24

　2 ◎ 教職の意義 —————————————— 28
　　　1 子どもの人格形成 28
　　　2 社会・国家・地球の発展への寄与 29
　　　3 地域の文化的創造への貢献 30

◆ 第2章 教職観と理想の教師像 ————— 33

　1 ◎ 教師像をめぐる問題 ———————————— 33
　2 ◎ 日本の伝統的な教師像 ———————————— 34
　　　1 人格主義的教師像 34
　　　2 近代日本の教師像の類型 36
　3 ◎ 教職観の変遷から見た理想の教師 ——————— 37
　　　1 聖職者としての教師 37
　　　2 労働者としての教師 38
　　　3 専門職としての教師 39
　　　4 専門職観の変化 40
　4 ◎ 学習者にとっての理想の教師 ———————— 42
　　　1 子どもにとっての理想の教師 42
　　　2 これからの理想的教師 43

　　　　　3 大学生がイメージする理想の教師　44
　　5 ◎テレビドラマから見た理想の教師 ——————————— 45
　　　　　1 ドラマの教師のタイプ　45
　　　　　2 ドラマ教師の条件　52

◆第3章 教師と教員養成の歴史 ——————————— 56

　　1 ◎師範学校と教師の誕生 ——————————— 56
　　　　　1 師範学校の創設　56
　　　　　2 免許状主義の誕生と師範タイプの形成　58
　　　　　3 教員養成機関の多様化　59
　　　　　4 戦前の教師たち　61
　　2 ◎戦後の教員養成制度 ——————————— 64
　　　　　1 戦後の教員不足と「開放制」の発足　64
　　　　　2 教育職員免許法の大改正　66
　　3 ◎教員養成の現状 ——————————— 67
　　4 ◎教員免許制度改革の動向 ——————————— 70
　　　　　1 教員免許更新制の実施　70
　　　　　2 教員免許更新制の廃止　71

◆第4章 教員の任用と服務 ——————————— 74

　　1 ◎教員の配置と任用 ——————————— 74
　　　　　1 教職員配置の原則　74
　　　　　2 教職員の資格　76
　　2 ◎教員の身分と任用 ——————————— 77
　　　　　1 教員の身分　77
　　　　　2 教員の任用　78
　　　　　3 任命権者と服務監督者　80

3◎教員の服務 ───────────────────── 81

  1 服務の根本基準 81

  2 職務上の義務 81

  3 身分上の義務 83

4◎身分保障と分限・懲戒 ───────────── 85

  1 身分保障と分限 85

  2 懲戒 86

5◎勤務条件 ───────────────────── 87

  1 勤務時間と休憩時間 87

  2 時間外勤務と教職調整額 88

  3 年次有給休暇と時季変更権 89

  4 育児休業等 89

  5 給与と各種手当 90

第5章 教師の役割と仕事 ──────────── 92

1◎教師の法的役割と役割意識 ─────────── 92

  1 法的に見た教師の役割 92

  2 教師の仕事に対する自己イメージ 93

2◎教師の仕事の特質と内容 ───────────── 95

  1 教師の仕事とは何か ── 教師の仕事の特質 95

  2 教師の授業における ICT 活用 96

3◎教師の仕事の実際 ─────────────── 107

  1 教師の1日 107

  2 教師の1年（学級担任として）110

4◎生涯学習社会における教師への期待 ────── 113

  1 多様化する教師の役割期待 113

  2 「開かれた学校づくり」と教師 114

◆第6章 管理職・主任の役割 ——————————————— 116

1◎校長の役割と権限 ——————————————————————— 116
1 校長と学校管理機関 116
2 校長の職務権限 118
3 校長に求められる資質・能力 121

2◎副校長・教頭の役割とリーダーシップ ——————————— 123
1 副校長の職務 123
2 教頭の職務 124
3 複数教頭制 125
4 副校長・教頭のリーダーシップ 126

3◎ミドルリーダーの種類と機能 ——————————— 127
1 主任の制度化 127
2 各種主任とその職務 128
3 主幹教諭・指導教諭の設置 130
4 主任の機能 131

◆第7章 教師の職場環境 ———————————————————— 133

1◎教師の勤務実態 ——————————————————————— 133
1 教師の勤務時間 133
2 夏休みの勤務 138

2◎教師の悩みと不満 ————————————————————— 139
1 教師の負担と多忙感 139
2 教師の仕事に対する認識 140
3 教師の心の不安 141
4 多忙感や不安をもたらす要因 142

3◎学校の人間関係 ——————————————————————— 143
1 協調性が重視される人間関係 143
2 教師の年齢構成と人間関係 145

　　3 保護者・地域・子どもとの人間関係 146

4◎**教師のライフサイクルと異動** ————————————————— 148
　　1 教諭の昇進制度と処遇 148
　　2 管理職選考の実態 149
　　3 教師の人事異動 152

◆第8章 教師の資質向上と研修 ————————————————— 155

1◎**教師の資質・能力** ————————————————————— 155
　　1 教師の資質・能力のとらえ方 155
　　2 教育職員養成審議会第1次答申における教師の資質・能力 157
　　3 教職実践演習の創設 157
　　4 教員養成の高度化と新たな教員免許制度創設 158

2◎**教師の力量形成と研修制度** ————————————————— 161
　　1 教師にとっての研修の意義 161
　　2 研修の形態 163
　　3 初任者研修制度 167
　　4 中堅教諭等資質向上研修 168
　　5 大学院研修 169

3◎**「チーム学校」と教師** —————————————————— 170
　　1 「チーム学校」とは何か 170
　　2 「チーム学校」に求められる教員の在り方 171

◆第9章 教育実習の意義と心得 ————————————————— 175

1◎**教育実習の意義と方法** ————————————————— 175
　　1 教育実習の意義 175
　　2 教育実習の内容と方法 177

2◎**教育実習の実際** ————————————————————— 180
　　1 実習の心得 180

　　　　2 実習の実際 185
　3 ◎ 教育実習と学習指導案の作成 ——————————————— 187
　　　　1 学習指導案とは何か 187
　　　　2 学習指導案の形式 188
　4 ◎ 教育実習の評価と活用 ————————————————————— 194

◆第10章 教職への進路選択と教員採用選考 —— 195

　1 ◎ 大学生の進路選択と教職 ——————————————————— 195
　　　　1 教員免許状と進路選択 195
　　　　2 教職への道 — 採用の方法 199
　2 ◎ 教員採用試験の実態 ————————————————————— 203
　　　　1 教員採用選考の近年の傾向 203
　　　　2 教員採用選考の方法・時期 205
　3 ◎ 教員採用選考の傾向と対策 ————————————————— 207
　　　　1 筆記試験の傾向 207
　　　　2 面接等の傾向 212
　4 ◎ 教員採用選考試験の配点 ——————————————————— 217

◆第11章 面接・模擬授業にどう臨むか ————— 218

　1 ◎ 面接の基礎知識 ——————————————————————— 218
　　　　1 面接カードの意義 218
　　　　2 面接の実施形態と課題 219
　2 ◎ 面接の評価方法 ——————————————————————— 227
　3 ◎ 面接時の心構え ——————————————————————— 228

　索　引 ————————————————————————————————— 231

なぜ教師を
目指すのか

　近年、団塊の世代の教員が定年退職を迎えるようになり、その大量の退職者を埋めるために教員需要が高まってきている。2000（平成12）年度選考ではその需要が最低になったため教員採用選考の倍率は過去最高の13.3倍に達し[1]、あるいは中学校や高等学校の一部教科では募集を停止した県も現れた。

　その頃に比べると、現在は、教員として就職することが容易になり、特に小学校の場合にはその傾向が著しく、中学校や高等学校でも採用数の増加傾向が見られるようになった。2021（令和3）年度選考の倍率は、小学校2.6倍、中学校4.4倍、高等学校6.6倍、特別支援学校3.1倍、養護教諭7.0倍となり、全体では3.8倍まで下がった（**図O-1**）。

　しかし、教員をめぐる情勢はむしろ厳しくなりつつある。たとえば、指導力不足教員が目立つようになり、以前にもましてその指導力が強く問われるようになった。また、夏季休業など長期休業中の自宅研修の扱いも厳格化されるようになり、原則としてその期間中も学校に勤務したり、研修に参加したりすることとされている。

　加えて、学校評価が進展し、外部評価の取り組みも普及するようになり、教員の指導や勤務の実態が評価される時代になった。さらに、保護者のクレームや給食費の未納などが増え、その対応に追われる教員は珍しくない。「学校にクレームを言う保護者」が増えたと感じる教師は8割近くにのぼると言う[2]。

　ベネッセ教育総合研究所の調査によると、小学生から高校生までが将来な

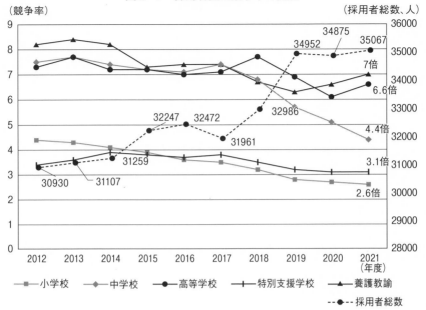

図0-1　採用者数と競争率の変遷

(競争率)　　　　　　　　　　　　　　　　　　　　　　（採用者総数、人）

(資料) 文部科学省「令和3年度公立学校教員採用選考試験の実施状況について」

りたい職業について示したのが**表0-1**と**表0-2**である。教職関係の回答
を見ると、まず小学生男子は「学校の先生」が7位で、女子では「保育士・
幼稚園の先生」が2位、「学校の先生」は7位にランクしている（**表0-1**）。
そして、中学生になると、男子では「学校の先生」が1位に浮上し、女子で
は「保育士・幼稚園の先生」が1位に上がり、「学校の先生」は3位に位置
している。いずれも「学校の先生」は2009年調査に比べてランクアップして
おり、特に小中ともに男子の順位が目立って上がっている。また、ベネッセ・
コーポレーションが2021年に実施した調査によると、「小学生がなりたい職
業ランキング」の第1位は「ユーチューバー」（1411票）となり、第2位「漫
画家、イラストレーター、アニメーター」（1379票）が続く。「保育士・幼稚
園の先生」が第6位で、「学校の先生」は第7位（男子10位、女子7位）と
なり、2015年調査（**表0-1**、**0-2**）と大きく変わっていない。高校生に
なると、看護師、地方公務員など現実味のある職業が上位に位置し、高校教

表0-1　小学4～6年生のなりたい職業ベスト10（性別）

※↑↓は2009年から5つ以上順位が変化した職業

2015年順位	小学生男子	%	2009年順位	2015年順位	小学生女子	%	2009年順位
1	サッカー選手	15.7	2	1	ケーキ屋・パティシエ	10.3	1
2	野球選手	9.5	1	2	保育士・幼稚園の先生	9.3	2
3	医師（歯科医師を含む）	5.7	3	3	医師（歯科医師を含む）	5.7	6
3	研究者・大学教員	5.7	4	4	タレント・芸能人	5.6	3
5	ゲームクリエイター・ゲームプログラマー	4.7	4	5	看護師（助産師・保健師を含む）	5.3	4
6	大工	3.2	4	5	デザイナー・ファッションデザイナー	5.3	5
7↑	学校の先生	2.8	13	7	学校の先生	5.1	9
8↑	建築家	2.7	17	8	マンガ家・イラストレーター	3.4	7
9	警察官	2.4	11	9	動物の訓練士・飼育員	3.2	11
10	電車（運転士・車掌など）	2.3	11	9	薬剤師	3.2	14

表0-2　中学生のなりたい職業ベスト10（性別）

※↑↓は2009年から5つ以上順位が変化した職業

2015年順位	中学生男子	%	2009年順位	2015年順位	中学生女子	%	2009年順位
1	学校の先生	8.4	4	1	保育士・幼稚園の先生	11.1	1
2	サッカー選手	7.7	2	2	看護師（助産師・保健師を含む）	8.9	4
3	医師（歯科医師を含む）	5.0	6	3↑	学校の先生	7.2	9
4	研究者・大学職員	4.4	6	4↑	医師（歯科医師を含む）	6.5	10
5	ゲームクリエイター・ゲームプログラマー	4.0	9	5↑	薬剤師	5.0	11
6	公務員（学校の先生・警察官などは除く）	3.8	6	6	タレント・芸能人	4.8	2
7↓	野球選手	3.5	1	7	マンガ家・イラストレーター	3.2	5
8	警察官	2.6	12	8↓	ケーキ屋・パティシエ	2.9	3
9	建築家	2.2	13	9	動物の訓練士・飼育員	2.5	7
10↑	薬剤師	1.9	15	10↑	公務員（学校の先生・警察官などは除く）	2.2	圏外

（資料）東京大学社会科学研究所・ベネッセ教育総合研究所の共同研究プロジェクト「子どもの生活と学びに関する親子調査2015」（2016）より。

論が第9位にランクしている[3]。

　前述のように、教師をめぐる環境に厳しさが増す中でも、教員を目指す人は減っていない。教員志望者の多くは、子どもの成長を支援し、見守る教師という仕事に魅力を感じるからである。

　教員志望者には、その志望理由として、「子どもが好きだから」と答える者が多い。だが、「子どもが好き」とはどういうことを言っているのか、今一度考えてほしい。人間は多様な存在であり、したがって、子どもといえども十把一からげにとらえるわけにはいかない。

　子どもの中にも、教師の指示どおりに行動してくれない子、どうしても相性の合わない子もいるはずである。「子どもは可愛いから、好きである」という固定観念は禁物である。いわんや、高校生になればもはや「子ども」ではないし、小中学生にも可愛いとは言えないほど成長している子どもがいる。それでも、「子どもが好き」な志望者は、「どんな子どもでも好きだ」と自信をもって主張できるだろうか。

　極端に言えば、「子どもが好き」な人には、「自分の言うことを素直に聞き入れてくれ、期待どおりに成長してくれる可愛い子どもが好き」な人が多いのではないか。こうした人が教師になると、依怙贔屓（えこひいき）などの不公平な扱いをしたり、子どもを支配したがる傾向がある。あるいは、学級崩壊を招くこともある。

　つまり、「子どもが好き」ということは、単なる好き嫌いの問題ではなく、どのような子どもにも愛情をもって平等な態度で接することができ、その成長をいつまでも見守ることができるということにつながっていかなければならない。

　また、「子どもが好き」ということは必要条件の一つであって、決して十分条件とは言えない。教師には教育活動に必要な資質・能力が求められるからである。教師は単なる子どもの遊び相手ではない。しばしば、採用選考試験で不合格になった受験者が、「採用試験のペーパーテストは単なる知識の有無や記憶力を問うだけであるから意味がない」などと言ったりするが、これは負け惜しみ以外の何物でもない。採用選考試験の筆記は教師に必要な最低限の知識等を問うものであり、この段階でふるい落とされるようではまだ

教師としての資質に欠けていると思うべきである。

　以前、『分数ができない大学生』というショッキングなタイトルの本が出版されたが[4]、こうした学生が小学校の算数や中学校の数学を教えられるわけがない。むろん教科の内容に関する知識だけではなく、教科をはじめとする多様な教育活動の指導技術、児童生徒理解や集団指導に関する知識・技術などが不可欠であり、最近は、パソコン操作の技術やカウンセリングの知識・技術も必要条件になっている。現代の教師には、教育活動に取り組めるだけの適性や資質や能力が強く求められるのである。

　教員採用選考試験は以前ほど厳しいとは言えなくなった。実際、何年かの勉強期間を経て晴れて試験に合格し、夢に見た教壇に立っている人も少なくない。その多くは、その間、教師になることを決して諦めずに、また筆記試験を無意味だと思ったりせずに、ひたすら採用選考試験の準備に努めてきた人である。結局、筆記試験等の結果は教師にとっての必須の資質に関する評価結果であると同時に、教師にどれだけなりたいかという意欲のバロメーターでもあるから重視されるのである。

　しかし、教員採用選考に合格して採用されたからと言って、初任から自らを完璧な教師だと装うことは避けたい。『五体不満足』の著者として知られる乙武洋匡氏は、公立小学校で教鞭を執った経験もふまえて、次のように述べている。

　「『子どもたちの個性を尊重しよう』

　教育現場とはこのようなことが言われているが、そのわりに教師の個性は尊重されていないのが現状だ。画一的であることが求められ、必要以上に『横並び』を意識させられる」[5]

　そして、教師だって人間だから、完璧でなく、人間的にも未熟で、技量も十分だと感じている人はいないはずなのに、子どもの前では完璧を装うことが不思議でならないと言うのである。彼自身、五体が完璧でないことはすぐにわかるから、完璧のフリをすることが無意味だと述べる。

　教員評価で最高の評価を与えられれば、教師として完璧だということになるはずである。学校内のすべての教師が評価基準という金型に当てはまる完璧な存在だとしたら、どうだろうか。子どもたちも個性を失うような気がす

る。

　学校が一つの疑似社会だとすれば、そこにはいろいろな人（教職員）が存在していいはずである。社会は様々な個性や能力、興味・関心を持った人たちで成り立っているから、子ども時代に特定の金型にはめ込まれている教師にだけしか接していなければ、社会に出たときに人間関係の大きなギャップに直面することになるだろう。

　ようするに、これから教師をめざす人たちには、完璧さを意識せずに、自らの個性を十分発揮できる教育者として羽ばたくことを期待したい。初任者なら教え方が下手で当たり前で、子どもたちをうまく動かせずに悩んでいるときには意欲も下がって当然である。校内には、そうした新米教師がいて、一方ではベテラン教師が存在してよい。初任者は完璧さを装うことなく、常に教育に関心を持ち、子どもたちに目を向けていく努力が求められるだろう。その過程にこそ「やりがい」や「いきがい」を見出すことができるはずである。

　著者の経験知に基づけば、若いときから授業上手で悩み知らずの教師よりも、多くの問題に直面し、何度も悩んだことのある教師の方が「よい教師」としてあり続ける傾向があるように思われる

　　注1）2000年に実施（2001年度試験）された兵庫県の「高校」教員採用選考のうち「公民」と「地歴」は募集人数に対して100倍に当たる応募者があった。
　　　2）Benesse教育研究開発センター『第4回学習指導基本調査』2007年
　　　3）東京大学社会科学研究所・ベネッセ教育総合研究所の共同研究プロジェクト「子どもの生活と学びに関する親子調査2021」
　　　4）岡部・戸瀬・西村編『分数ができない大学生』東洋経済新報社、1999年
　　　5）池上彰編『先生!』岩波新書、2013年
【その他参考文献】
・「教員採用試験必勝合格Navi」『教員養成セミナー』10月号別冊、時事通信出版局、2014年

教職の意義

1 ◎教職とは何か

1 「教師」という言葉

　「教職」とは、教育関係の「職」を意味する概念である。教育関係の「職」
には、学校の教師、教育委員会の職員、学校の事務職員や給食調理員、社会
教育関係職員（社会教育主事など）、さらに塾講師など様々な職種が存在す
るが、このうち学校で教育活動に直接従事する教師という職業を、普通は
「教職」と呼んでいるのである。

　それでは、「教師」とは何か。きわめて素朴であると同時に、なかなか奥
深い問いでもある。むろん、学校の教員を意味すると考えてよいが、ここで
は改めてそれを言葉の問題から探ってみよう[1]（**表1-1**参照）。

　「教師」の類似語には、「先生」「教員」「教育職員」「教諭」などの言葉な
いしは概念があり、それぞれ微妙に異なる意味合いを持っている。

　まず、「先生」とは、教師のほかに、政治家や弁護士、医師、あるいはそ
の道に長けた専門家などに対して広く用いられる敬称である。第三者が教師
や医師などを「先生」と呼び、教師などがお互いを「先生」と呼び合うのは
まさにその意味においてである。

　また、幼稚園や小中学校の教師が子どもに対して「先生の言っていること
がわかりますか」などと自らを「先生」と呼ぶように、自称語としても使わ

表1-1 「教師」の類似語

広い ↑ 意味 ↓ 狭い	先　生	学校教員だけでなく、政治家、医師、保母、専門家などに対して用いられる敬称。また教員や保母など子どもを相手にする職業の場合には自称語としても用いられるが、普通、職業名としては教員に限られる。
	教　師	普通、学校教員を意味するが、法定用語ではなく、家庭教師などのように、俗称として使用される。また、単に教員を意味するだけでなく、何らかの価値観を含んだ言葉として使われることが多い。
	教　員	教育関係機関に所属し、広く人に対して一定の知識・技術等を教える役割をもつ人に対して、雇用者が認知した職名を指す法定用語である。 　なお、教官という言い方は、従来国家公務員の身分を有する用語であった。
	教育職員・職員	主として学校に勤務する教師等を意味する法定上の用語である。免許法や人材確保法[2]などでは教育職員、義務教育費国庫負担法などでは教職員の用語が用いられている。教育職員は校長、副校長、教頭、指導教諭、主幹教諭、教諭、助教諭、養護教諭、養護助教諭、栄養教諭、講師等の教員に意味が限定されるが、教職員という場合には事務職員や栄養職員も含んでいる。
	教　諭	学校教育法1条校のうち高専並びに大学を除く学校に属する教員の職名を指す。つまり、校長、副校長、教頭、指導教諭、主幹教諭、教諭、助教諭、講師という職層上の一つの職名を意味する。

れる。この場合、学校段階が低くなるほどその傾向が強くなる。

　さらに、「先生になる」という場合のように、学校教員という職業を意味する場合もある。「先生を目指す」とは、学校教員という職業に就こうとすることであって、弁護士や医師など教員以外の職業を志望する場合に用いられることはない。

　ところで、「先生ということばのなかには、ときの権力者ではないという意識が暗黙のうちに含まれていた」のではないかという指摘がある[3]。たとえば、代議士は先生と呼ばれるが、大臣になれば先生とは呼ばれなくなる。医師はもちろん、弁護士も俗権所有者の列に並ぶ存在というよりも、それらから一歩離れたところに位置する存在だと言える。つまり、「俗権が支配する世俗的・実際的社会のなかで、その本流からはずれた存在たる文化人に与えられた敬称—それが先生である」と解されるのである。むろん、教師も俗権から離れた職業になる。

　ともあれ、このように考えると、「先生」という言葉は、敬称語、自称語、

職業名という３つの意味を有する概念として用いられてきたことがわかる。

　「教員」という用語は、学校教育法「１条校」[4]をはじめ専門学校や各種学校あるいは民間の研修所や塾などの様々な教育関係機関において、専ら他人に何かを指導することを職務とする職員の職名として用いられる用語である。「先生」や「教師」よりも意味は限定されるが、学校以外の機関に所属する者にも広く用いられている。ちなみに、国家公務員である（官の身分を有する）教員を「教官」と称したが、国立大学の場合、現在は国立大学法人に属する教員となった。

　「教育職員」は、一般的には学校教員を指す法定上の用語であり、校長、副校長、教頭、教諭、助教諭、講師、助手などを意味するが、「教職員」と言った場合にはそれら教員に加えて、事務職員や栄養職員などを含むことになる。そして、「教諭」とは、教員免許状に関わる資格の用語であり、教員免許状等の資格を有し学校で正規に任用された者のうち、校長、副校長、教頭、助教諭や講師等とは異なる一般的な教員に対して充てられる職名である。大学以外の学校の教員採用選考は、普通、教諭の採用を目的に実施されている。

　そもそも「教師」という言葉は、「家庭教師」や「学習塾教師」という例のように、法定上の正式な職名を指すものではなく、制度的承認を要しない用語すなわち俗称として用いられている。「教師」以外の「師」の付く職業には「医師」「美容師」「薬剤師」なども見られるが、これらは法に基づく正式な職業名である。ところが、「教師」は「師」という語を持ちながらも、制度的には「教員」や「教育職員」等の用語に取って代わられる。

　したがって、「教師」は、学校組織に所属する一職員というよりも、教育を担う職業人を広く指す言葉になる。つまり、「教員」は公人としての、そして「教師」は私人としてのそれぞれの側面を強調する概念なのである。しかしなお、学校の教員を「教師」と呼ぶのは、それが「教員」や「教諭」では言い尽くせない、他の職業とは異なる価値観を含んでいるからである。

　以上のように考えた場合、「教職」という概念は、「教員」や「教育職員」とほぼ同様の意味を持っており、具体的には、教育活動に直接従事する教諭や校長、副校長、教頭、講師等の職名を包括する職業のことだと解され、学

校の教師という職業を制度からとらえた概念だと言ってよい。一般的に、学習塾の講師や家庭教師等を教職と呼ばないのは、それが制度化されていないからなのである。

2 法律から見た教職の範囲

「教職」とは、校長、副校長、教頭、教諭、講師など教育活動に直接従事する職種を意味する概念だと述べたが、その範囲を法的に見るとどうか。**表1-2**に示したように、その範囲は各種法律によって異なることがわかる。

まず、公立義務教育諸学校の学級編制及び教職員定数の標準に関する法律（以下「義務教育標準法」）[5]によれば、教職員には教諭等以外にも寄宿舎指

表1-2　主な法律における教育職員等の範囲

義 務 教 育 標 準 法 （教職員）	校長、副校長、教頭、主幹教諭、指導教諭、教諭、養護教諭、栄養教諭、助教諭、養護助教諭、講師、寄宿舎指導員、学校栄養職員、事務職員
人 材 確 保 法 （教育職員）	校長、副校長、教頭、主幹教諭、指導教諭、教諭、助教諭、養護教諭、養護助教諭、栄養教諭、主幹保育教諭、指導保育教諭、保育教諭、助保育教諭及び講師
給 与 等 特 別 措 置 法 （教育職員）	校長（園長を含む）、副校長、教頭、主幹教諭、指導教諭、教諭、養護教諭、栄養教諭、助教諭、養護助教諭、講師（常勤及び地方公務員法28条の5・1項に定める短時間勤務）、実習助手、寄宿舎指導員
中 立 性 確 保 法 （教育職員）	校長、副校長、教頭、主幹教諭、指導教諭、教諭、助教諭、講師
教 育 職 員 免 許 法 （教育職員）	主幹教諭、指導教諭、教諭、助教諭、養護教諭、養護助教諭、栄養教諭、主幹保育教諭、指導保育教諭、保育教諭、助保育教諭及び講師
教 育 公 務 員 特 例 法 （教育公務員）	①学長、校長、園長 ②教員：教授、准教授、助教、副校長、教頭、主幹教諭、指導教諭、教諭、助教諭、養護教諭、養護助教諭、栄養教諭、主幹保育教諭、指導保育教諭、保育教諭、助保育教諭及び講師（常勤及び地方公務員法28条の5・1項に定める短時間勤務） ③部局長：副学長、学部長、大学付属の研究所・病院・図書館の長など ④教育長 ⑤専門的教育職員：指導主事、社会教育主事

導員や学校栄養職員や事務職員が含まれている。この法律は、義務教育水準の維持向上に資するために、学級編制と教職員の配置の適正化を図ることを目的とするもので、学校規模に応じた教職員の適正配置数を示している。

　したがって、ここでは教諭等の教職員と並んで、寄宿舎指導員、学校栄養職員と事務職員についても児童生徒数等の規模に応じた配置数を記し、それらを「教育職員」ではなく、「教職員」という呼び方をしている。このことは、学校栄養職員等が教職であるかどうかは別にして、少なくともある程度以上の規模を持つ学校にとって不可欠な職員であるという認識に基づいているのである。

　また、学校教育の水準の維持向上のための義務教育諸学校の教育職員の人材確保に関する特別措置法（以下「人材確保法」）は小中学校の教育職員を一般公務員よりも給与上優遇するための法律であり、公立の義務教育諸学校等の教育職員の給与等に関する特別措置法（以下「給与等特別措置法」）[6] は教育職員の職務と勤務態様の特殊性に基づいて教職調整額の支給を定めた法律である。これらはいずれも義務教育諸学校の職員のうち財政的措置の対象となる職種を明示している。対象となる職種は校長から講師に至るが、給与等特別措置法の場合には、実習助手や寄宿舎指導員が加えられている。

　義務教育諸学校における教育の政治的中立の確保に関する臨時措置法（以下「中立性確保法」）[7] は、義務教育諸学校における政治に関わる党派的勢力の不当な影響と支配から守ることを目的に、対象となる教育職員による特定政党を支持させる行為や扇動を禁止することを定めたものである。また、教育職員免許法は、教育職員の免許に関する基準を定め、教育職員の資質の保持と向上を図ることを目的とするもので、教育職員は原則として免許状を有する者でなければならないとし、免許状に必要な資格や条件（単位等）について定めている。

　以上のうち、人材確保法と中立性確保法は、義務教育諸学校の教育の在り方や水準を維持していくために、教育活動に直接関わる職種を限定して、その活動を制限するものだと言えよう。したがって、両法では校長から教諭・講師に至る「教育職員」が対象にされているが、中立性確保法では授業等に日常的には関わらない養護教諭等が対象外になっている。

22頁表の最後にある教育公務員特例法は、教育公務員が国民全体に奉仕する性格を持つことを重視し、その職務と責任の特殊性に基づいて、任免、分限、懲戒、服務、研修についての特例を定めた法律である。たとえば、教員の採用を「競争試験」ではなく「選考」によるものとし、大学以外の学校教員に初任者研修を実施し、公立学校教員に対して政治的活動の制限をより強く加えたりしている。まさに、教育に従事する公務員としての責任の重さに鑑みて、その服務等に例外を認めたものである。したがって、ここでは私立学校教員は除かれるが、教育委員会の関係職員や大学教員にも対象を広げているのである。

　以上のほかにも関係法規は多くあるが、**表1-2**に記した職種を見ただけでも実に多様な教育関係職員が存在することがわかる。各法律の趣旨・目的によって対象職種は異なっているが、ほとんどの法律に共通する職種としては、校長、副校長、教頭、教諭（主幹教諭、指導教諭を含む）、助教諭、養護教諭、栄養教諭、養護助教諭、講師があげられる。その意味で、教職をそれら教育職員のことだと解するのが適当であり、これら教職にある職員こそが普通、教師と呼ばれるのである。その場合、大学の教授等の教員も教職に含めることもできる。

　なお、教員身分ではない非常勤職員であるスクールカウンセラーやスクールソーシャルワーカーが配されることもある。

3　教職の特殊性

　教職は他の多くの職業にはない特殊性を有する職業だと言われる。それは、仕事への勤勉性、奉仕的精神、子どもに対する模範性、高い職業倫理などを有する点に見出すことができる。それ故に、教職は聖職に位置づけられることがある。

　昭和30年代から40年代頃に話題になった「デモシカ教師」や「サラリーマン教師」とは、教師としてのそうした特殊性の欠如を批判的に言い表わすものであった。つまり、「教師」には高い倫理や奉仕的精神などの特殊性が要求されるにもかかわらず、「教師にデモなるか」「教師にシカなれなかった」ような、不本意ながら教職に就いた「デモシカ」タイプや時間から時間まで

勤務すれば足りるという「サラリーマン」タイプはそうした倫理や精神を欠くものとして敬遠されたのである。現在でも、「教師ともあろう者が」という言い方をするが、これも教師に強い倫理観を期待するからこその批判にほかならない。

　法的にも、前記の給与等特別措置法は教師の職務と勤務態様の特殊性を認めたところである。そして、教師をめざす多くの人たちは、「教師」という言葉が含み持つそうした特殊性ないしは価値観にこそ尊敬の念を抱き、そこに職業的魅力を感じているはずである。

　しかし、教師は社会から尊敬の念をもって遇されると同時に、その裏側では軽蔑の対象として扱われてきた。つまり、「『七尺下がって師の影を踏まず』と敬われるかと思えば、『先生と言われるほどのばかでなし』と蔑まれ」、（中略）「この尊敬と軽蔑の両面感情は戦後になってもそのまま受継がれて」きたのである[8]。たしかに、現在でも、教師に対する一定の尊敬の念は存在するが、それはたてまえや形ばかりの場合も少なくない。保護者はわが子を「人質」にとられ、その面倒なしつけを託している限りにおいて敬うふりをするのであり、一般の大人たちも一つの社交術として教師を知識人のように遇するという側面のあることは否定できない。

　その原因として考えられるのは、まず、明治中頃に師範学校制度が整えられ、教員養成が学問から分離したのにともない、教師が善良なる臣民の育成を委ねられた国家の道具として、自己犠牲や献身的姿勢が強く要求されたことと関係していよう。

　師範学校では、師範タイプと呼ばれる「順良、親愛、威重」（上には素直に従い、同輩とは仲良く、下＝子どもには威圧的な態度をとること）という気質をもつ教師養成が行われるようになった。その結果、教師は「教え導こうとする傲慢さ」[9]、つまり自分より無知な者に権威を振りかざして「教えてあげる」という態度や思考を持つようになったのではないだろうか。ときとして、教師の権威的態度は、子どもだけでなく、大人に対しても向けられるのである。このように、教師は国家権力を背景に自らの権威を振りかざし、無知な人間に教える者であったという側面は、尊敬の対象であると同時に、人々から嫌われ、軽蔑される対象にもなったのである。

また、教師は「学校」という社会から一定の距離を置いた空間に勤務しているため、いつのまにか一般社会とは異なる雰囲気の中で特有の行動様式や考え方を持つようになる。ふつう学校の文化的特徴は「学校文化」と呼ばれ、その中には一般社会と共有できるものもあるが、一般社会の見方では理解しにくいものも少なくない。

　たとえば、朝礼のときの「前へならえ」「気を付け」などは軍隊の隊列様式を取り入れたものであり、現代的感覚から見れば決して教育的な行動だとは言えないが、何の疑問も持たれずに戦後になっても多くの学校で定着している。校則にも社会的に見て疑問を抱かざるを得ないものが少なくない。制服、髪型はもちろん、休日の過ごし方や男女交際など私生活にも細かな規制を加える校則が見られる。さらに、教師による体罰は、一般社会においては単なる暴行として扱われるべき行為であるが、学校では従来「愛の鞭」やスキンシップとして行われてきた。

　しばしば、「学校の常識は社会の非常識」などと学校を批判する声も聞かれるが、その学校文化に浸った教師は「非常識な大人」として世間から軽蔑されたりするのである。こうした傾向は、教師の職務の特殊性によって合理化され、支持されてきたのである。

　このような教師に特有な問題性は教師自身の問題だけにとどまることなく、様々な教育事件や問題を生む温床にもなっている。教師の権威的態度や特有の文化は体罰を肯定させ、いじめなど問題行動に対する事なかれ主義を支持し、その視野の狭さは児童生徒の可能性を摘み、教育の硬直化を助長してきたと言えよう。

　こうした問題を鑑みて、これまでの教育改革においては、2つの方向から新たな改善策が導入されるようになった。

　第1は、教師自身に社会性を求めようとする方向である。文部大臣（現、文部科学大臣）の諮問機関の1つである教育職員養成審議会[10)]が1999年に発表した第3次答申は、「今後特に求められる資質能力」として、「地球や人類の在り方を自ら考えるとともに、培った幅広い視野を教育活動に積極的に生かすこと」（第1次答申でも指摘）だとし、また、「変化の時代を生きる社会人に必要な資質能力を十分に兼ね備えていなければならず、これらを前提

に、当然のこととして、教職に直接かかわる多様な資質能力を有することが必要である」と述べ、教師の視野を広げ、一般的な社会人としての資質能力を備えるよう期待した。

この観点から、民間企業等の勤務経験を有する者の採用を一層促進すべきこととともに、民間企業や役所などに教師を派遣しながら研修を行う社会体験研修の充実を指摘する。これらの施策を通して、学校・教師と社会との風通しを良くし、閉鎖的になりがちな伝統的学校文化の変革を迫っているのである。

第2は、学校教育に地域住民や社会人の活用を図ろうとする方向である。第15期中央教育審議会第1次答申は、「学校以外の社会人の活用」を提言したが、ここではそのねらいについて、教育内容の多様化と充実とともに、「ともすれば閉鎖的となりがちな学校に、外部の新しい発想や教育力を取り入れることにより、教員の意識改革や学校運営の改善を促すことも期待される」ことを指摘したところである。そのために、特別免許状や特別非常勤講師制度の活用、外国語指導助手（ALT）や情報処理技術者（SE）の増員などの施策をあげている。2008（平成20）年度からスタートした国の学校支援地域本部事業や、学校独自に取り組む学校支援ボランティアなどの活用もこの観点から重視される。

この方向は、学校や教師の閉鎖的性格を改善させるために、臨時職員やボランティア等の外部人材の導入によって外部の"血"を取り入れ、学校文化に刺激を与えようとするものである。

今日の学校が「開かれた学校」づくりや「地域とともにある学校づくり」を課題としているのは、教育指導の効率という側面だけでなく、学校文化・教師文化が社会との有機的関係を持つべきことを重視しているからなのである。教師文化の閉鎖性は職務の特殊性によって正当化されてはならず、「開かれた学校」づくりの過程で改善され、開放性へと転換されなければならない。

┃2◎教職の意義┃

　明治政府はなぜ教職という職業を制度化し、教師に一定の権威を認めたのか。また、学校・教師文化の特殊性はなぜ生まれたのか。現在も、政府首脳や政治家たちは教育に強い関心を持ち、国の審議会が様々な改革案を示しているのはどうしてなのだろうか。それは教職には「人づくり」という、大きな社会的意義が存するからなのである。

　世の中に意義を持たない職業は存在しない。どんな職業にもそれぞれの意義がある。たとえ、詐欺などの仕事でも、当人にとっては生活の維持や金儲けという意義がある。だが、これを社会的意義の有無という観点から見ると事情が違ってくる。詐欺等は被害者を犠牲にして自己の利益を獲得しようとするだけの刹那的で反社会的な仕事であるのに対して、教職は「人づくり」を通して、社会や国家などの公益に資するという側面を有する。つまり、教職には高い公益性が求められ、その意味で大きな社会的意義があると思われる。

　教育基本法は第9条で、「法律に定める学校の教員は、自己の崇高な使命を深く自覚し、絶えず研究と修養に励み、その職責の遂行に努めなければならない」と記しているが、ここで言う「教員」には国公立学校だけでなく私立学校の教師も含まれることから、教師に一般公務員とは異なる「奉仕者」性を求めていると解される。この条文からも教師に高い公益性が要求されていることがわかる。

　そこで、教職の意義を「人づくりを通した公益性」という観点からとらえると、おおよそ次のような側面に分けられる。

1　子どもの人格形成

　教師は、学校で一人ひとりの児童生徒に対して、教育内容に宿る文化を伝え、彼らの個としての発達を助けながら「人づくり」に努めているのである。学校教育法第37条第11項にある「教諭は、児童の教育をつかさどる」という条文は、教師の主要な仕事が子どもの教育活動にあることを示している。そ

れは主に、学習指導と生徒指導という2つの教育機能を通して行われる。

　教師は、まず、学習指導によって基礎的・専門的な文化を習得させながら児童生徒の発達を促している。この場合、各教科の授業を通じて、児童生徒に、言語や数的処理能力、思考力、社会の仕組みと歴史、自然の現象などの基礎と応用を身につけさせ、また情操を培いながら人格の形成を援助していくのである。いわば教師は文化の伝達者としての役割を担っている。

　同時に、生徒指導においては、児童生徒に集団生活を通して社会のルールを体得させ、道徳性を養いながらその個性の伸長と社会性の発達を助長している。その過程において教師は児童生徒に人間的な影響力を及ぼしながら人間形成に関与することとなる。特に、幼少の子どもの場合には教師の一挙一動がその人格形成に決定的な影響を与えることもある。このことから、教師には子どもの鏡となるにふさわしい高い人格や豊かな人間性が求められ、その仕事に特殊性が認められるのである。教師が聖職者だと呼ばれるのは、このような側面を重視するからである。

　このように、教師は未成熟な存在である児童生徒が一人前の大人へと成長する過程を支援するという大きな役割を託されているのである。

2　社会・国家・地球の発展への寄与

　また、教師は、一人ひとりの児童生徒の教育、すなわち「人づくり」を通して社会の教育的並びに文化的水準の維持と向上に寄与している。われわれの社会を、個人として発達を遂げた人間の集合体としてとらえれば、その社会の教育や文化を支えているのは、教師の関与によって人間的成長を遂げた一人ひとりの人間である。

　たとえ家庭教師や学習塾講師の仕事が特定の子どもの人格形成や学業指導以外に関心を持たないとしても、このことをもって批判できないが、学校の教師の場合には、社会・国家・地球との関わりにおいて自らの仕事と児童生徒の成長を位置づけることが要請されるはずである。

　この点に義務教育の無償制の根拠を求める考え方もあるが、その是非は別にしても、教師による教育活動が社会の維持と発展に少なからず貢献していることは否定できない。

言うまでもなく、社会や国家への寄与は、最終的に、地球・人類の発展へとつながっているのである。現在重視されつつある学校・教師と地域社会との連携や地球環境の保護などの教育課題は、そうした視点から教職の意義が明確に認識されるようになった証だと言えよう。

　また、震災などの災害に際しても、学校や教師には一定の社会的役割が求められる。東日本大震災後の調査結果をふまえた研究[11] によれば、「学校と地域との関係」が重要な要素に位置づけられ、学校や教師が自治会などの地縁組織と連携協力し、日頃から自治会やPTA等の連携によって事前対策や実際の対応をこなしてきた学校ほど避難所運営がスムーズだったとされる。

　ようするに、教師の仕事は一人ひとりの人間的成長を促すにとどまらず、ひいては社会・国家や地球・人類の発展に間接的に寄与するという意義を有しているのである。

3　地域の文化的創造への貢献

　さらに、教師は、地域に存する文化的機関である学校に属しながらその地域社会の文化の創造と発展に貢献し、地域社会の「人づくり」に関わっている。戦前までの学校は地域社会における数少ない文化機関として、住民の文化活動や福利厚生活動、防災活動などに用いられてきた。しかし、高度成長期になると、都市部においては学校の地域社会離れも進んだが、現在は、再び学校と地域社会の関係が重視され、その中で教師の役割が注目されている。

　たとえば、学校開放、ＰＴＡ活動、地域懇談会、保護者会などを通して教師は地域文化の創造に資するのである。特に最近は、学社連携・融合事業において教師は地域の教育に直接関わる傾向が強まっている。「開かれた学校」とは、学校や教師の地域社会に対する貢献という側面も含む概念なのである。

　すなわち、教師は教室内の目の前にいる児童生徒の教育と同時に、地域の住民や保護者に対して一定の教育的影響力を及ぼすという、地域形成を介した「人づくり」を担っている。そこにも教職の重要な意義を見出すことができるのである。

　2016（平成28）年の中央教育審議会（「中教審」）の学習指導要領の改訂に関する答申[12] は、「社会に開かれた教育課程」という新たな改訂の在り方を

示し、「学校を変化する社会の中に位置付け、学校教育の中核となる教育課程について、よりよい学校教育を通じてよりよい社会を創るという目標を学校と社会とが共有」することを求めた。まさに、教師が地域社会と連携を深めることを期待しているのである。

　さて、教職の社会的意義とは、まさに以上の3つの側面に求めることができるであろう。教職に就こうとする者は、その仕事が目前の子どもの発達を核として、地域社会、そして国家や地球の発展へと同心円的に限りなくつながっていることを改めて自覚する必要がある。

　教師は、国家的権力を背景に権威を振りかざすことなく、子どもの立場に立ち、さらに地域社会にも眼を向けながら、国家や地球規模的な視野から教育に尽力すべきことを十分認識していなければならない。教育基本法が教員に対して「崇高な使命を深く自覚」するよう求めているのは、教職の持つこのような公益的意義を重視したからである。教職とはそれだけの重みを持つ職業なのである。

　2015（平成27）年の中教審答申[13]は、「『チーム学校』の考え方の下、教員は多様な専門性を持つ人材と効果的に連携・分担し、教員とこれらの者がチームとして組織的に諸課題に対応するとともに、保護者や地域の力を学校運営に生かしていくことも必要」だと述べた。そして、教員は学び続けることが大切であることを強調し、様々な改革を提言したところである。ここで述べた教職の意義を実践に生かすために、これからの教師には学び続ける姿勢が求められることになる。

　そして、中教審答申「『令和の日本型学校教育』の構築を目指して」（2021（令和3）年1月）も「教職員の姿として、「個々の教職員がチームの一員として組織的・協働的に取り組む力を発揮しつつ、校長のリーダーシップの下、家庭や地域社会と連携しながら、共通の学校教育目標に向かって学校が運営されている」と描き、「子供の主体的な学びを支援する伴走者としての能力も備えている」ことを求めている。

注1）佐藤晴雄「教職観と教師の専門性」坪田護・堀井啓幸・佐藤晴雄『教育経営概説』第一法規出版、1994年、pp.57-58
　2）1974（昭和49）年制定

3）林屋辰三郎・梅棹忠夫・多田道太郎・加藤秀俊『日本人の知恵』中公文庫、1973年、pp.19-21

4）学校教育法第1条で定められている学校のことで、幼稚園、小学校、中学校、義務教育学校、高等学校、中等教育学校、特別支援学校、大学、高等専門学校の9種類がある。

5）1958（昭和33）年制定

6）1971（昭和46）年制定

7）1954（昭和29）年制定

8）陣内靖彦「現代の教師像」伊津野朋弘・東京学芸大学教師教育研究会編『未来に生きる教師』エイデル研究所、1984年、p.17

9）吉田昇「教師の生きがい」伊藤昇・上滝孝治郎・吉田昇・斎藤正二編『教師の仕事』学文社、1977年、pp.14-18

10）2001年1月の省庁再編にともない、中央教育審議会に吸収され、一分科会に位置づけられた。

11）（株）ベネッセコーポレーション『平成23年度文部科学省委託調査研究報告書 学校運営の改善の在り方に関する調査研究 震災時における学校対応の在り方に関する調査研究』2012年

12）中央教育審議会「幼稚園、小学校、中学校、高等学校及び特別支援学校の学習指導要領等の改善及び必要な方策等について（答申）」（2016年12月）

13）中央教育審議会「これからの学校教育を担う教員の資質能力の向上について〜学び合い、高め合う教員育成コミュニティの構築に向けて〜（答申）」（2015年12月）

教職観と理想の教師像

┃1 ◎教師像をめぐる問題┃

　そもそも教師観や教師像とはどのようにつくられるのだろうか。国の答申類が少なからぬ影響を与えるであろうが、それ以外にも様々な要因が影響を及ぼしている。

　たとえば、歌手の故・忌野清志郎の「ぼくの好きな先生」の歌詞に登場する美術の先生は、国の答申が期待する教師とはだいぶかけ離れている存在のようである。その「好きな先生」は、「たばこを吸いながら　いつでもつまらなそうに」して、「たばこと絵の具の臭いの　あの部屋にいつも一人」でキャンバスに向かい、「職員室がきらい」な「おじさん」だと言うのである。でも遅刻の多い「ぼく」を口数少なく叱り、劣等生の「ぼく」にすてきな話をしてくれる、まさに人間的な先生なのである。だから、「先生」ではなく「おじさん」の言葉が用いられているのだろう。この「おじさん」は、忌野が東京都立日野高校在学中の３年次の担任をモデルにしていると言われるから、彼にとっての理想的な教師だったと考えてよい。

　しかし、今日の教育委員会などの立場からその「おじさん」先生を見れば、決して理想的な教師とは言えないだろう。まず、校内での喫煙自体が問題であり、いつもつまらなそうにしているのでは意欲の低下した教員だと評価される。職員室に顔を出さずに、いつも美術準備室に引き籠もるようであっては協調性に欠ける教員だと認識されてしまうからである。

そこに理想的教師像をめぐる重要な問題がある。おそらく今日の生徒にも、そうした「おじさん」先生を「好きな先生」、理想的な先生だと認識する者が存在すると考えられるからである。つまり、教育委員会レベルの理想的教師像と生徒が考える理想的教師像とに大きなズレが見られるという問題である。さらに、児童生徒だけでなく教師、保護者が理想的な教師像形成過程に加わることができないまま、行政レベルでそれが決定されているという問題も指摘できる。

たとえば、近年は教育委員会の施策の一つとして、生徒による授業評価が実施されるようになった。ある自治体の公立高校が実施している授業評価票の共通項目を見ると、「声量や話すスピードは適切だ」「講義・説明は分かりやすい」「板書は見やすく工夫されている」「学級のほとんどの生徒が理解できる難易度になっている」などが取り上げられている。これら全項目で「そう思う」と評価された教師は理想的な教師だと解してよいだろう。

つまり、授業の終始時間を厳守し、生徒を公平に扱い、質問などにきちんと対応し、授業準備を十分行う姿勢を持ち、さらに、声量は適切で、講義・説明がわかりやすく、板書の高い技術を持ち、ほとんどの生徒が理解できる授業を展開できる教師が理想だとするイメージをつくりあげている。

このように、児童生徒にとっての理想の教師と行政が設定する理想の教師は一致しないことがあるものの、授業評価や答申等によってその理想像が児童生徒の意識とは別の次元で形成されてしまうという問題がある。

そこで、本章では、日本の伝統的な教師像を探るとともに、児童生徒やテレビドラマから見た理想の教師像について明らかにしていきたい。

｜2◎日本の伝統的な教師像｜

1　人格主義的教師像

教職観は、国や時代的相違によって変化するもので、たとえば、東洋と欧米で著しく異なり、またわが国では戦前と戦後で大きく変わってきている。

その教職観が具体的かつ個別的な教師の姿に宿ったときに、教師像として語られる。理想の教師像とは、教職をめざす者にとっての目標であり、子どもやその保護者が望む教師の姿でもある。

　むろん、理想の教師像は本来、画一的に表されるものではなく、目の前の子どもたちとの現実的な関係の中から導き出されるものであろう。だが、社会的に認知された教師という職業は国策や文化環境、時代的変化が求める一定の教職観に少なからぬ影響を受けることとなる。そこで、以下では、教職観を振り返りながら、様々な観点から理想の教師像を探っていくことにしたい。

　かつて、唐澤富太郎は、日本の教師と欧米の教師との違いを次のように指摘した。すなわち、「日本の場合は、寺子屋の師匠や、士族的教師など、いずれも階層の上からも、また精神的・文化的教養の点からも、一般の庶民の上にある指導者階級であったが、欧米の場合は、寺男や書記であって、一般の市民から尊敬されるようなものではなく、したがって、社会的な地位もそう高くはないものであった」と[1]。そうした日本の教師像は、東洋思想に根ざした人格主義的な性格を持ち、その意味における日本古来の「良き教師」は、「愛の教師」「理性の教師」「意志の教師」という教師像に分類されるという[2]。

　「愛の教師」とは、人間的限界の自覚から、弟子と同朋であるという主体的な謙虚さをもって教育に当たる教師のことであり、「理性の教師」とは、凡常的な人間を厳しい修養や勉学によって否定していき、その徹底的な否定を通して、子弟を真の理性者にすることに努める教師である。そして、「意志の教師」は、「覚醒者又は先駆者的使命」を担い、自己が絶対的真理に随順することによって、学習者に対して覚醒的な教化を行い、正義と真理のために、強固な意志と情熱をもって闘いぬいた教師たちのことである。

　われわれは現在においても、それら人格主義的な教師の残映を理想的教師像に求める傾向が強く、ときには聖職者観と強く結びつけてきた。後述するように、テレビドラマに登場した多くの教師たちが、人格主義的色彩を色濃く帯びているのは、視聴者がそのタイプの教師を理想とする認識の表れだと解釈できる。反対に、サラリーマン教師が批判的に受けとめられるのも、そこに人格主義的色彩が感じられないからであろう。

2 近代日本の教師像の類型

　教師の社会学的研究を手がけてきた陣内靖彦は、戦前までの近代日本の教員のタイプを、現在超越性（聖）－現在拘束性（俗）の軸と公事性－私事性の軸をクロスさせた、4つのタイプに類型化している[3]（図2-1）。

　すなわち、「師匠的」教員、「士族的」教員、「師範型」教員、「小市民的」教員の4タイプである。

　「師匠的」教員とは、江戸時代以来の寺子屋師匠の伝統をひく明治初期までの教師であり、先生と生徒との私的な人間関係を重んじる天職的な教職観を特質とするタイプである。その後、自由民権運動期になると、意気盛んな「士族的」教員が支配的になる。このタイプは、公教育制度としての学校の確立にともない、文明開化や富国強兵のための「社会的啓蒙という公的期待を担い、それを公的役割として果たすべき、〈公職〉としての教職観」を有するものである。その後、国家の近代化が進展し、教員養成制度が整備されると、教員の役割を画一的、形式主義的に遂行することを拘束されたタイプの教員が見られるようになった。「師範型」教員の登場である。これは、国家機構に組み込まれ、その体制を教育によって維持、強化する役割を担った〈公務〉としての教職観に立つ。

　最後の「小市民的」教員は、「師範型」より遅れて登場し、第一次世界大戦頃の好況期に顕著に見られたもので、「〈公務〉に献身する思想的・感情的

図2-1　教職観の構造と教員類型

現在超越性（聖）

	「師匠的」教員 〈天職〉	「士族的」教員 〈公職〉
私	日本の教師	公
	〈生業〉 「小市民的」教員	〈公務〉 「師範型」教員

現在拘束性（俗）

（陣内靖彦『日本の教員社会』p.117より）

根拠を失い」、生活の中心を仕事よりも私生活におき、教職を生活維持のための〈生業〉や比較的体裁のよい職業としてとらえるタイプである。

このように、「師匠的」教員から「小市民的」教員へと至る教師像の変化があると言われるが、それは、唐澤が指摘した人格主義的教師という色彩が次第に薄れてきた過程でもあると言えよう。戦後、サラリーマン教師が登場したのは、小市民的教師の延長上にあり、その意味で必然の結果だと解することができる。

▌3 ◎教職観の変遷から見た理想の教師 ▌

1 聖職者としての教師

その小市民的教師の出現によって、かつての「現在超越性（聖）」的な職業観は完全に姿を消したというわけではない。戦後になっても、そうしたタイプの教師を求め、教師を聖職者たろうとする庶民感情は根強く残っている。

聖職者としての教師には、①人間的品格が高く、他人の模範たる行動や態度をとること、②教育に対する強い使命感をもって子どものために尽くすこと、そして、③世俗の欲得にとらわれず清貧に甘んじて、自己の利害を超えて教育に奉ずる確たる姿勢を持つことが期待された。このような聖職的な教職観は、職責の重さに比して経済的待遇が悪く、社会的地位が高くないという現実を支持する論拠とされたのである。実際、終戦直後までの教師の生活苦はひどく、辛うじて衣食住を維持し得るにすぎない状態にあったと言われる。

われわれが「教師」を一般の職業と異なる性質を有するものと認識するのは、それが単に知識・技術を伝授するにとどまらず、未発達の子どもに対してその人間精神の形成に働きかける職業だからである。それ故に、教師自身の人間的品格や態度に一般の職業人以上の厳しさを要求してきた。

戦前の教師たちは、「子どもたちをしてそうした教師を尊敬させ、それに同一化させることによって、国民教化が全国民層に行きわたる」[4]ようにするための理想の国民としての役割を付与されていた。こうした側面は特に、

年少者を対象にする教員により強く求められてきた。多くの読者を感動させた新田次郎の『聖職の碑』や壺井栄の『二十四の瞳』に登場したのは小学校の教師であった。現在に至っても、われわれが理想の教師像を語るとき、どこかに聖職者としての教師の姿を探し求める傾向がある。

2 労働者としての教師

戦後の教育の民主化を背景に、これまで聖職者観によって正当化されてきた教師をめぐる厳しい経済的状況を克服するために、教師は団結し、労働者であることを主張する運動が起こった。1947（昭和22）年6月に結成された日本教職員組合（日教組）は、「教師の倫理綱領」（昭和26年7月）の中で「教師は労働者である」と主張し、したがって教師を聖職者とみなさず、清貧に甘んじることのない、一人の労働者として「教師は生活権を守る」ことを宣言した。

この組合運動を通して、教師たちは、教師も家庭を営み自分の子どもを育てる一人の人間であり、労働者であると公然と主張し、その家計を維持するための十分な経済的保障の必要性を社会に訴えることができたのである。

教師が一般労働者と全く同じ性格を持つものかどうかは議論を要するであろうが、この「倫理綱領」は聖職の美名のもとに人間性や待遇が圧迫されてきた教師の生活状態を訴え、その改善を求めたことに意義がある。

ともあれ、その後、教師が聖職者か、

> ### ••••• 教師の倫理綱領 •••••
>
> 8 教師は労働者である
>
> 教師は、学校を職場として働く労働者であります。しかし、教育を一方的に支配しようとする人びとは、『上から押しつけた聖職者意識』を、再び教師のものにしようと、『労働者である』という私たちの宣言に、さまざまないいがかりをつけています。―中略―私たちは自らが労働者であることの誇りをもって人類進歩の理想に生きることを明らかにしました。
>
> 9 教師は生活権を守る
>
> 私たちはこれまで、清貧にあまんずる教育者の名のもとに、最低の生活を守ることすら口にすることをはばかってきましたが、正しい教育を行なうためには、生活が保障されていなくてはなりません。
>
> ―後略―

他の職業人と同様の労働者かという二元的なとらえ方は、主に教師の経済的処遇の問題をめぐって対立するが、これら議論にかぶさる形で「専門職論」が新たに登場した。

3 専門職としての教師

(1) ILO・ユネスコの勧告

1966（昭和41）年に、ILO・ユネスコは、教師を専門職として位置づけ、それにふさわしい処遇を求めた「教員の地位に関する勧告」（特別政府間会議、1966年10月5日）を示し、その中で次のように述べた。すなわち、「教職は、専門職と認められるものとする。教職は、きびしい不断の研究により得られ、かつ、維持される専門的な知識及び技能を教員に要求する公共の役務の一形態であり、また、教員が受け持つ生徒の教育及び福祉についての各個人の及び共同の責任感を要求するものである」と記したのである。

日教組の「倫理綱領」が労働者としての教師の処遇改善を求めたのに対して、この勧告は専門職の観点からその処遇改善と社会的地位の向上を求めたのである。だが、教師は専門職に馴染むのかという議論が起こった。

(2) 専門職の特性

専門職論の研究で有名なリーバーマン（Lieberman, M.,）は、医師や弁護士などこれまで社会的に認められている専門職（プロフェッション）の特性を以下のように指摘した。

① 範囲が明確で、社会的に不可欠な仕事に独占的に従事する

② 高度な知的技術を用いる

③ 長期の専門的教育を必要とする

④ 従事者は個人としても集団としても広範な自律性（autonomy）が与えられる

⑤ 専門職的自律性の範囲内で行った判断や行為については直接に責任を負う

⑥ 営利でなくサービスを動機とする

⑦ 包括的な自治組織を形成している

⑧ 運用の仕方が具体化されている倫理綱領を持っている

また、市川昭午は、このリーバーマンをはじめ多くの学者による専門職諸論を基にして、既成専門職としての最大公約的属性を、①職務の公共性、②専門技術性、③専門的自律性、④専門職倫理、⑤社会的評価の諸点に求めた[5]。

　むろん、これらすべての属性を完璧に満たす専門職はほとんどないが、医師や弁護士等はその多くを満たし、専門職として広く認識されている。ところが教師の場合は、専門技術性や専門的自律性などにおいて不十分であり、社会的経済的地位などの社会的評価においても十分なレベルに達していない。したがって、教師は既成の伝統的専門職には馴染まないとする考え方が有力になる。

4　専門職観の変化

　しかしなお、教師を専門職としてとらえる期待は強い。そこで、教師を従来の伝統的な専門職とは性質を異にする新しい専門職に位置づけようとする専門職論が提起される。教師は単なる知識・技術の伝達者ではなく、子どもの人格を形成する教育者であるという点に専門職としての根拠を見出だそうとするのである。少なくとも今日の教師専門職論はこの意味において理解され、次第に政策的支持を得るようになってきた。

　政策面では、1971（昭和46）年の中教審答申「今後における学校教育の総合的な拡充整備のための基本施策について」は、教師を「高い専門性と職業倫理によって裏づけられた特別の専門的職業」だと位置づけながら、給与の改善をうたったのである。その後、教育職員養成審議会（教養審）や別の中教審の答申の提言を経て、近年ではその専門職観にも変化が現れてきている。

　1996（平成8）年の第15期中央教育審議会第1次答申が教師に「実践的指導力」を強く要請し、この提言を受けた教養審答申は、1997（平成9）年の第1次答申で、今後の教師には特に幅広い視野が大切だとし、①地球的視野に立って行動するための資質能力、②変化の時代を生きる社会人に求められる資質能力、教員の職務から必然的に求められる資質能力などが重視されるべきことを例示した。さらに、1999年の教養審第3次答申は、採用選考の多面化等の採用の改善と社会体験研修をはじめ研修の改善策を示したのである。

　これら諸答申には、第1章で触れたように、教師に社会性を付与し、また

社会人を教師として活用するなど教師と社会との交流の活性化を図ろうとする考えが見出される。教師をホテルなどの民間企業に派遣する研修はその考え方を最も象徴する施策の一つである。つまり、教師を一般社会人化させるなど、専門職の解釈を拡大する方向をとったのである。

2012（平成24）年の中教審答申「教職生活の全体を通じた教員の資質能力の総合的な向上方策について」は、これからの教員に求められる資質能力として、以下の3点を指摘したところである。

① 教職に対する責任感、探究力、教職生活全体を通じて自主的に学び続ける力

② 専門職としての高度な知識・技能

③ 総合的な人間力（豊かな人間性や社会性、コミュニケーション力、同僚とチームで対応する力、地域や社会の多様な組織等と連携・協働できる力）

ここでは教師自身が学び続けることを重視するとともに、社会性はもちろん、豊かな人間性やコミュニケーション力、チーム対応力などの総合的な人間力が強調されているのである。2015（平成27）年12月の中教審答申「これからの学校教育を担う教員の資質能力の向上について ～学び合い、高め合う教員育成コミュニティの構築に向けて～」は、「これからの時代の教員に求められる資質能力」に関して、以下の諸点を指摘した。

○ これまで教員として不易とされてきた資質能力に加え、自律的に学ぶ姿勢を持ち、時代の変化や自らのキャリアステージに応じて求められる資質能力を生涯にわたって高めていくことのできる力や、情報を適切に収集し、選択し、活用する能力や知識を有機的に結びつけ構造化する力

○ アクティブ・ラーニングの視点からの授業改善、道徳教育の充実、小学校における外国語教育の早期化・教科化、ICTの活用、発達障害を含む特別な支援を必要とする児童生徒等への対応などの新たな課題に対応できる力量

○ 「チーム学校」の考えの下、多様な専門性を持つ人材と効果的に連携・分担し、組織的・協働的に諸課題の解決に取り組む力

教師自身が学び続け、アクティブ・ラーニングやICTの活用など新たな教

育方法にも取り組み、チーム学校の視点から諸課題に取り組む資質・能力が求められると述べたところである。

4 ◎学習者にとっての理想の教師

1 子どもにとっての理想の教師

　それでは、子どもたちはどのような教師を理想だとイメージしているのだろうか。愛知教育大学など4大学等が実施した、HATOプロジェクトによる調査（小中高校生対象）によると[6]、「尊敬する先生」（＝「理想」ではないが）として、小学生で選択率が高い項目は「授業（教え方）がわかりやすい」（81.3%）、「わかるまで教えてくれる」（75.9%）であるが、中学生から高校生になるとその数値は下がっていく。「どの子どもにも公平に接する」は小学生でやや高いが（72.4%）、中学・高校生でも60%以上の選択率になっている。むしろ、「どの子にも公平に接する」は、中学・高校生では「わかるまで教えてくれる」よりも高い数値になっている。また、小中高のいずれでも比較的高いのは「困ったときに相談できる」であった。反対に選択率が低いのは、「何か決めるとき話し合いを大切にする」「あなたの趣味や特技を知っている」「勉強のおもしろさを教えてくれる」などである。

　以上のように、子どもたちは教え方のうまい教師を尊敬し、同時にえこひいきなどせず公平に接する教師も尊敬対象にしていることがわかる。ただ、興味深い点は、「教え方」を選択しているにもかかわらず、「勉強のおもしろさを教えてくれる」教師の選択率が低いことである。

　また、「キッズ@nifty」の調査（2021年実施、小中学生対象）を見ると[7]、「好きな先生・尊敬する先生」のどの点が好きかを問うた結果、「話がおもしろい」（72%）、「授業がわかりやすい」（68%）が上位を占める。やはり教え方の良さを求めていることがわかる。一方、苦手な先生については、「おこりっぽい・いやみを言う」（58%）、「気持ちをわかってくれない」（52%）の次にも「授業がわかりにくい」（45%）、「話がつまらない」（42%）という教え方

の負の要素が指摘されている。ここで「おこりっぽい」をどう解釈すべきか。古い調査では、「厳しく叱る」教師に対する子どもの満足度が低い傾向にあったが、「おこる」と「しかる」は後述するように意味の違いがあるものの、子どもにとってはほぼ同義に解されるとしたら、結局は「しかる・おこる」教師は子どもに歓迎されていないことになる。つまり、教師は叱っていると自覚していても、子どもは教師がおこっていると捉えるのだろう。

2 これからの理想的教師

　教師が「叱る」場合とは、教師の思考的枠組みからの逸脱に対する警告と罰を意味している。言い換えれば、「こうあらねばならない」という教師自身が有する観念に子どもを組み入れようとして叱るのである。近藤邦夫は、教師が「～すべき」「～してはならない」という硬い規範的枠組みに縛られて子どもを無理に当てはめようとしているため、指導すればするほど子どもの心が教師から離れていくと述べる[8]。さらに、そうした意識は同時に教師自身を縛り、彼らに挫折感を与える原因にもなると指摘している。この「～してはならない」という硬直的な意識は教師を体罰へと走らせる一因にもなるであろう。

　そう考えれば、教師には子どもの声を謙虚に傾聴し、子どもの気持ちを確実に受容できる柔軟な姿勢が望まれる。したがって、子どもを叱ることとは、教師だけの価値的枠組みでなく、教師と子どもが共有できる枠組みからの逸脱に対する警鐘や罰になるとき、初めて教育的意味を持つことになる。

　そうでなければ叱るばかりの教師は子どもたちから敬遠されるだけであり、その意味で、叱れない教師より問題があるかもしれない。

　藤田英典は「いま教師に期待されていること」として、①教育のプロであるという自覚を持つこと、②子どもの多様なニーズや期待に適切に対応するために、偏見や硬直性を排し、開かれた弾力的な学級づくりを進め、そのための力量の向上を図ること、③学校と教師の仕事を開かれたものにすることの3点をあげている[9]。ここでも、偏見や硬直性が排され、柔軟かつ開かれた姿勢が教師に求められているのである。

　今日の教師に必要なのは、固定した価値観に縛られずに、子どもの気持ち

や社会的ニーズに柔軟に応えられ、自身を変容できるだけのしなやかな感性
なのである。教師と社会との交流もその意味において重要性を増すであろう。

3 大学生がイメージする理想の教師

　それでは、教職をめざす大学生はどのような教師を理想だと考えているの
か。筆者が担当していた教職科目「教育目的論」を受講した1年生172人を
対象にして、授業中に「私が考える理想的な教師」という課題を与え、自由
に記述してもらった結果から、おおよそ以下のような特質が抽出できた[10]。

　①　差別や「えこひいき」をしないこと
　②　元気で明るい、児童生徒のよき理解者であること
　③　ふれあいを大事にするが、けじめのあること
　④　指導技術に長けている教師よりも、児童生徒との関係を大事にするこ
　　　と

　総じて言えば、差別することなく誰にでも平等に接し、児童生徒との人間
関係を重視する健康な教師が理想とされているようである。それは、教師が
固執しがちな固定観念を捨て、「えこひいき」をせず、子どもの気持ちや子
どもとのコミュニケーションを重視する教師だと言ってもよい。欲を言えば、
それに授業が上手であればなおよいと言えるが、学習の指導技術に関しては
それほど関心が払われてはいないようである。

　このような傾向は、他の数多くの調査においても見ることができるが[11]、
以下に述べるテレビドラマの多くの教師たちが兼ね備える要件でもあった。

　なお、理想とは反対になるが、学級崩壊が教育問題になった1990年代後半
頃、ベネッセ教育研究所（当時）が実施した調査[12]によると、「授業が騒が
しく中断される」教師像として、中学生の多くは、「授業がつまらなく、わ
かりにくい先生」「生徒の気持ちがわからない先生」「決まりに厳しすぎる先
生」を指摘している。授業のうまさは理想として強く期待されていなかった
が、生徒を理解できない教師や厳しすぎる教師は敬遠され、学級崩壊の一因
になるのだろう。

5 ◎テレビドラマから見た理想の教師

1 ドラマの教師のタイプ

　今度は、教職志望者に少なからぬ影響を及ぼしているテレビの学園ドラマから理想的教師像を探ってみよう（ここでは、時代区分の関係から元号で表記する）。

　昭和40年以降に放映されたドラマに登場する教師は、「カッコよい教師」（40年代）、「人間性あふれる教師」（50年代）、「理想を追求する教師」（60年代）、「奮闘する女性教師」（平成初期）、「問題教師」（平成初期）、「超個性派教師」（平成5年以後）という6つのタイプに大別できる（表2-1）[13]。これら各タイプは社会的背景と決して無関係ではない。たとえば、昭和40年代は学園紛争の最中であり、デモシカ教師の存在が指摘された時期だが、その頃のテレビドラマにはスポーツマンタイプのやる気満々教師が活躍していた。

　また、昭和50年代は人材確保法の制定によって教師も給与生活者であることが社会的に確認され、同時に青少年問題の低年齢化が著しくなった頃だが、ドラマの中では所帯持ちの中年教師や個性豊かな人情型教師が描かれていた。

　このうち平成初期に登場した「問題教師」を除けば、主人公は理想的教師として視聴者に受けとめられたと考えられる。

　以下、タイプ毎にこれまでのドラマの特徴を追うことにしよう。

　（1）　教師のカッコよさをアピールした40年代

　昭和40年代の教師ドラマは青春ドラマとして位置づけられ、そこに登場する教師はカッコよく描かれていた。それはスポーツマンで、話のわかる教師、あるいは女生徒に人気のあるアイドル的存在として扱われ、教師という職業がカッコよく描かれていたのである。

　①　スポ根型教師（昭和40年代初）　青春ドラマの草分けとして知られる「青春とはなんだ」が昭和40年に放映され、本格的な学園ドラマがスタートした。このドラマは、閉鎖的な田舎町を舞台にして、新任教師として赴任した夏木陽介演じる型破りの青年高校教師がラグビーを通して生徒たちとの人間的交流を深め、立ちはだかる問題を一つひとつ解決する姿を描いた。この

表2-1　これまでに放映された主な教師ドラマ

	番組名	舞台	主演	放送局	時代背景
カッコよい教師	昭和40 青春とはなんだ	高　校	夏木陽介	ＮＴＶ	40　学園紛争激化、東大安田講堂
	41 これが青春だ	高　校	竜　雷太	ＮＴＶ	44　都立上野高校・麻布高校など高校でも学園紛争
	42 でっかい青春	高　校	竜　雷太	ＮＴＶ	
	44 あいつの季節	高　校	渡　哲也	ＴＢＳ	46　教職員給与特別措置法→教職調整額の創設
	45 おくさまは18歳	高　校	石立鉄男	ＴＢＳ	
	47 飛び出せ！青春	高　校	村野武範	ＮＴＶ	49　人材確保法制定→教員給与が行政職を上回る
	49 われら青春！	高　校	中村雅俊	ＮＴＶ	
	49 若い！先生	高　校	篠田三郎	ＴＢＳ	49～51　教職員給与の優遇措置実施
人間的教師	50 たぬき先生奮戦記	小学校	坂上二郎	フジＴＶ	50　主任の制度化
	51 たぬき先生騒動記	小学校	坂上二郎	フジＴＶ	52　宮城教育大武田忠助教授、青森県内の小学校に内地留学（55「サンキュー先生」は、元大学助教授の小学校教員）
	53 熱中時代―教師編	小学校	水谷　豊	ＮＴＶ	
	53 青春ド真中！	高　校	中村雅俊	ＮＴＶ	
	53 ゆうひが丘の総理大臣	高　校	中村雅俊	ＮＴＶ	
	54 あさひが丘の大統領	高　校	宮内　淳	ＮＴＶ	
	54 3年Ｂ組金八先生	中学校	武田鉄矢	ＴＢＳ	
	55 サンキュー先生	小学校	西田敏行	ＴＶ朝日	
	55 3年Ｂ組金八先生―(2)	中学校	武田鉄矢	ＴＢＳ	
	55 熱中時代―教師編Ⅱ	小学校	水谷　豊	ＮＴＶ	
	56 1年Ｂ組新八先生	中学校	岸田智史	ＴＢＳ	57　校内暴力のピーク
	57 3年Ｂ組貫八先生	中学校	川谷拓三	ＴＢＳ	58　非行件数の戦後第三のピーク、低年齢化の傾向
	58 2年Ｂ組仙八先生	中学校	サトウ宗幸	ＴＢＳ	
理想追求教師	59 スクール・ウォーズ	高　校	山下真司	ＴＢＳ	59　臨教審発足　戦後教育の見直しを検討
	59 うちの子にかぎって	小学校	田村正和	ＴＢＳ	
	62 はっさい先生	旧制中学校	若村麻由美	ＮＨＫ	62　臨教審最終答申提出
	63 教師びんびん物語	小学校	田原俊彦	フジＴＶ	63　特別免許状制度化
	63 3年Ｂ組金八先生―(3)	中学校	武田鉄矢	ＴＢＳ	
	平成1 教師びんびん物語Ⅱ	小学校	田原俊彦	フジＴＶ	1　学習指導要領改訂。校内暴力再び増加
女性教師	1 はいすくーる落書	高　校	斉藤由貴	ＴＢＳ	2　高校中退者史上最高
	1 愛し合ってるかい！	高　校	陣内孝則・小泉今日子	フジＴＶ	3　中野区富士見中いじめ事件
	2 スクール・ウォーズ―パート2	高　校	山下真司	ＴＢＳ	4　女性教員3年前に比べて増加。女性管理職2倍に
	3 学校へ行こう	高　校	浅野ゆう子	フジＴＶ	5　文部省「教員の心の健康調査研究協力者会議発足」
	4 教師夏休み物語	高　校	石橋　凌・鷲尾いさ子	ＮＴＶ	6　いじめ過去最高
問題教師	4 学校があぶない	小学校	田中　健	ＴＢＳ	7　文部省いじめ対策緊急会議報告
	5 高校教師	高　校	真田広之	ＴＢＳ	
	6 人間・失格	高　校	斉藤洋介他	ＴＢＳ	
	7 3年Ｂ組金八先生―(4)	中学校	武田鉄矢	ＴＢＳ	

超個性派教師	平成8 みにくいアヒルの子	小学校	岸谷五郎	フジTV	8　文部省調査研究協力者会議、教員採用選考試験で人物重視を提言
	9 職員室	中学校	浅野温子	TBS	
	10 GTO	高校	反町隆	フジTV	10　バタフライ・ナイフ事件社会問題化、学習指導要領改訂（小中）、不登校増加し続ける
	10 先生知らないの？	小学校	草彅剛	TBS	
	10 女教師	高校	高島礼子	TV朝日	
	11 ナオミ	高校	藤原紀香	フジTV	
	11 魔女の条件	高校	松嶋菜々子	フジTV	
	11 天国に一番近い男—教師編	高校	松岡昌宏	TBS	
	11 3年B組金八先生—(5)	中学校	武田鉄矢	TBS	12　『だから、あなたも生きぬいて』出版（極道の妻が弁護士に）
	12 伝説の教師	高校	松本人志・中居正広	NTV	
	13 さよなら小津先生	高校	田村正和	フジTV	13　「HERO」放映（高校中退の検事）が大人気
	13 3年B組金八先生—(6)	中学校	武田鉄矢	TBS	14　文科省「学びのすすめ」公表、中教審が特別免許状の活用促進及び社会人の教員採用の促進を提言
	14 ごくせん	高校	仲間由紀恵	NTV	
	15 ライオン先生	高校	竹中直人	NTV	
	15 僕の生きる道	小学校	草彅剛	フジTV	15　『不良少年の夢』出版（不良少年が母校の教師に）
	15 ヤンキー母校に帰る	高校	竹野内豊	TBS	
	16 3年B組金八先生—(7)	中学校	武田鉄矢	TBS	16　不適格教員数がピークに
	17 女王の教室	小学校	天海祐希	NTV	17　都立高で無免許教員の採用が発覚。以後各地でも発覚
	17 ドラゴン桜	小学校	阿部寛	TBS	
	17 みんな昔は子供だった	小学校	国仲涼子	フジTV	
	17 ごくせん—(2)	高校	仲間由紀恵	NTV	18　教育基本法全面改正、中教審、教員免許更新制を提言、宮崎県などスーパーティーチャー制度実施、『オール1の落ちこぼれ、教師になる』出版
	18 ガチバカ！	高校	高橋克典	TBS	
	19 生徒諸君！教師編	中学校	内山理名	TV朝日	
	19 3年B組金八先生—(8)	中学校	武田鉄矢	TBS	
	20 エジソンの母	小学校	伊東美咲	TBS	
	20 学校じゃ教えられない	高校	深田恭子	NTV	20　教員免許更新講習実施
	20 太陽と海の教室	高校	織田裕二	フジTV	21　民主党連立政権誕生
	20 ルーキーズ	高校	佐藤隆太	TBS	21　民主党マニフェストで「教員養成6年制」
	20 ごくせん—(3)	高校	仲間由紀恵	NTV	
	22,23 ハガネの女	小学校	吉瀬美智子	TV朝日	
	23 『スクール!!』	小学校	江口洋介	フジTV	
	24 黒の女教師	高校	榮倉奈々	TBS	24　大阪市立桜宮高校で、バスケ顧問教諭による体罰で生徒が自殺
	25 仮面ティーチャー	高校	藤ヶ谷太輔	NTV	
	26 夜のせんせい	定時制高校	観月ありさ	TBS	
	26 ごめんね青春	高校	錦戸亮	TBS	
	28 仰げば尊し	高校	寺尾聰	TBS	
	29 先に生まれただけの僕	高校	桜井翔	NTV	
	令和元 3年A組—今から皆さんは、人質です	高校	菅田将暉	NTV	

（注1）ここで取り上げたのは、東京をキー局として放映されたドラマのうちで筆者が視聴したものに限定した。
（注2）上記ドラマのほかに47年から放映している「中学生日記」があるが、長寿番組であるためここでは取り上げなかった。また、これらのほかにも、教師を扱ったドラマは多いが、ここでは省略した。

ドラマの続編である「これが青春だ」「でっかい青春」も同様の設定である。その後、このタイプの教師は昭和47年から49年頃に「飛び出せ！青春」「われら青春！」の２作の放映によって復活した。

　これらドラマの主人公は、いずれも熱血な新任の独身男性で、劣等生の生徒たちにも熱い情熱を注ぐことを惜しまず、スポーツをとおして生徒とふれあい、根性や青春を体当たりで教える教師であった。これらの放映時期はちょうど学園紛争最中であり、青白き青年たちが多かった時代である。そうしたムードがかえってスポーツと根性を求めたのかもしれない。

　②　アイドル型教師（昭和40年代中頃～末）　昭和44〜46年にかけては、教師が異性のアイドル的存在として位置づけられてくる。このタイプのドラマには「あいつの季節」「おくさまは18歳」などがある。前者は、ミッションスクールを舞台に、生物教師（渡哲也）と英語教師（栗原小巻）を中心に、若い世代の恋とセックスを軽快なタッチで描くものである（原作：石坂洋次郎『だれの椅子』）。後者は、昼間は高校教師（石立鉄男）と女生徒（岡崎友紀）の関係だが夜は夫婦という設定で、高校教師は学校では女生徒たちの憧れの的になり、その妻である女生徒がこのことに嫉妬するという設定である。「若い！先生」も異性にもてる教師を主人公にしていた。

　いずれのドラマでも教師は女生徒から見てカッコよい異性であり、スポーツマンの汗や泥臭さを完全に脱したアイドル的存在として描かれたのである。

　（2）　教師の人間性が求められた50年代

　昭和50年代になると、教師ドラマは青春ドラマから教育ドラマの色彩を色濃くしていき、その教師がカッコよさやスマートさを捨て、教師も人の子であり、給与生活者であり、また生徒の友達であったり、あるいは少しオッチョコチョイで涙もろい人間味ある存在として描かれる。この時期には、舞台が高校だけでなく、小学校（たぬき先生奮戦記・熱中時代・サンキュー先生）・中学校（３年Ｂ組金八先生などのシリーズ）へと多様化するが、このことは、教師が単なる生徒の憧れ以上の存在であることを意味している。

　①　生活者型教師（昭和50年代初め）　昭和50年代前半には、教師ドラマはいくつかの路線に分かれていく。まず、教師ドラマの中で特異な位置を占める「たぬき先生奮戦記」が登場する。「みんな、仲良くやりましょう」で

始まるこのドラマは、舞台設定を小学校にし、中堅の所帯持ちの教師を主人公に据えた点で、従来のタイプとは大きく異なる。坂上二郎が演じる「たぬき先生」は妻に先立たれ、残された娘を育てながら家庭と学校で起きる様々な問題に直面しつつ教師生活を送る。教師は聖職者と言われるが、実際には家庭を持ち生計を営んでいる一人の当たり前の人間であることを伝えた。折しもこのドラマが放映された前年は、教師の経済的優遇措置を図るための人材確保法が制定された年であった。

② 友達型教師（昭和50年代前半） かつての青春路線の系譜に属するものとしては、「ゆうひが丘の総理大臣」「あさひが丘の大統領」の２作があげられる。40年代前半の青春ドラマに比べて、教師と生徒との心理的距離がずっと近づき、むしろ両者は対等な関係、友人関係にも似た横の関係に近づいてきたのである。教師は生徒たちのガキ大将のように慕われ、生徒を代表する総理大臣や大統領として扱われた。

③ 熱中型教師（昭和50年代中頃） 熱中先生という言葉を流行させた「熱中時代」が教師ドラマブームを巻きおこした。これは、教師という職業を選んだ一人の青年（水谷豊）が、教育の現場で悪戦苦闘しつつ子どもたちを限りなく愛し、人と人との結びつきを大切にしながら懸命に成長していく。そんな新米教師の青春の姿をコミカルに描いたものであった。その青年教師の北野先生は、三流大学卒業の欠員補充教師で、ドジでオッチョコチョイで頼りないが人間味あふれるはみだし教師である。当時、小学生の７割近くが「好きな先生」「理想の先生」のタイプにあげたと言われる[14]。

④ 人情型教師（昭和50年代中頃～末） 金八ブームを巻きおこした「３年Ｂ組金八先生」は、「熱中時代」と並んでもっとも注目されるべきドラマの一つである。このドラマは、受験と進学、希望と失望、人生の選択などに悩み、凍てつく青春を送る桜中学３年Ｂ組生徒32人と新米教師金八先生（武田鉄矢）との交流をシリアスに取り上げたものである。金八は、スポーツマンではなく、容姿もスマートではないが、感激屋で涙もろく人情味あふれ、教育に対する情熱と生徒への愛情の深さは人一倍の教師である。そんな教師が生徒とともに悩み、傷つきながら教師という仕事に真剣に取り組む姿が大反響を呼んだ（最高視聴率41.6％）。

このシリーズにある「3年B組貫八先生」（川谷拓三）の神崎貫八は、人情にあつく感激屋で、単純で行動的なお人よしの人間臭い教師であった。

　ちょうどこの頃は、非行の低年齢化が進み、中学生にもその波が押し寄せ、また青少年の性が問題になり、教育問題が深刻視された時期であった。ちなみに、「不良少女と呼ばれて」（TBS・59年）、「転校少女Y」（TBS・59年）など現実に生起している教育問題を扱ったドラマも見られた。

　（3）　教育の理想を求める姿を描いた60年代（理想追求型教師）

　昭和59〜60年にかけて、田村正和演じる石橋先生が悪ガキに翻弄される姿を描いた「うちの子にかぎって」や山下真司が泣き虫先生と呼ばれて活躍する「スクール・ウォーズ」（京都市立伏見工業高校の実話のドラマ化）が放映されている。後者では様々な問題と格闘しながら自らの信念を貫こうとする教師の姿がお茶の間の感動を呼んだ。この頃は、校内暴力など青少年問題のピークが去ると同時に、受験戦争の波が小学校にも押し寄せてきて、改めて教育の在り方が問い直されようとした時期である。ちなみに、臨時教育審議会が設置されたのは昭和59年であった。

　「教師びんびん物語」は、名門私立小学校を舞台に、現実を無視した理想主義教師、徳川竜之介（田原俊彦）が周囲の人々を困惑させながら真の教育の在り方を求める姿を描いてみせた。

　これら教師たちは、まさに理想追求型教師だと言ってよい。

　（4）　女性教師への期待が高まる平成初め（奮闘型女性教師）

　昭和60年代から平成にかけては、女性教師を主人公にしたドラマが続いた。「はっさい先生」は、戦前の大阪の中学校を舞台に、江戸っ子の若い女性教師が生意気盛りの男子中学生をピシッと押さえていく物語である。これは戦前の物語であるが、平成から続出する以下の女性教師ドラマの先駆けとなった。

　「はいすくーる落書」は、工業高校の新米英語女教師いづみがツッパリや落ちこぼれ生徒を相手に大奮闘する姿を取り上げたドラマである。ここにきて女性教師が主人公として定着するが、このことは、中学・高校で女性教師の退職が増えてきた問題と関係するかもしれない。つまり、女性教師のハッスルぶりを示して彼女らにエールを送ったものと解されるからである。とも

あれ、男性中心の職場であった中学・高校で不良・ツッパリ生徒と立ち向かう女性教師の姿に、多くの人たちが熱い期待を寄せたのである。

　浅野ゆう子主演の「学校へ行こう」や、後述する藤原紀香主演の「ナオミ」も女性教師を主人公にしたドラマであった。

（5）　問題教師とスーパー教師が登場する現在

　平成も年が進むと、問題教師が登場するようになる。「学校があぶない」は、教師同士のいじめが原因でノイローゼになった教師の行動を描き、「高校教師」は、十分大人になりきれない教師が女生徒と禁断の愛を交わすストーリーである。「人間・失格」は生徒に対して執拗に病的ないじめを続ける教師を描いた。言うまでもないが、いずれの教師も理想的ではなく、教育者であることを放棄した問題教師である。これらのドラマが放映された時代は、病気休職教師のうち精神疾患によるものが3割を超え、心を病んだ教師が増えた頃であった。

　しかし、その後は型破りのスーパー教師が活躍するドラマが続出する。「みにくいアヒルの子」は、北海道からやってきた革ジャン姿でスーパーカブで通勤する粗野な小学校教師の玩助先生の生活を追ったドラマである。玩助先生は、乱暴だが、自分を曝け出しながら次第に子どもたちの心をつかみ、彼らに本気でぶつかっていく純真な教師であった。

　「先生知らないの？」は、元チーマーで暴力事件を起こして高校を中退した小学校教師を描き、「GTO」は、暴走族リーダーの経歴を持ち茶髪に耳ピアスという姿で勤務態度もいい加減な、高校教師鬼塚英吉の型破りな活躍ぶりを描いた。「ナオミ」は、従来の教師の常識を打ち破る大胆な態度で問題解決に立ち向かう、勇敢な高校女教師を主人公にしたドラマである。

　また、「伝説の教師」は、生真面目な教師（中居正広）と常識外れでトラブルばかりを起こす問題教師（松本人志）が、高校内の問題を意外な展開で解決していく姿を取り上げている。「先生知らないの？」と「GTO」は、前歴に問題性を持つ点で共通し、「伝説の教師」の中の非常識な教師は、前歴が不詳で教員免許状を持っていない教師であり、いずれのドラマも教師の前歴に対するマイナスイメージをセールスポイントに転化したところに特徴がある。

そのほか、ヤクザの組長の娘が女教師になる「ごくせん」や東大合格を目指すスーパー教師（正式には教諭でない）が登場する「ドラゴン桜」など超個性派教師もドラマ化されている。さらに、「女王の教室」では、過度に厳しい女性教師が主役とされた。

　これら超個性派と言ってよい教師は大胆で、従来の教師像から大きく逸脱しているが、現実に生起しがちな様々な学校の問題に本気で立ち向かう姿勢を強く持っている。昭和40年代から見られた青春ドラマの型破りな教師像がここにきて極限に達したと言えるであろう。

　これら個性派のスーパー教師の登場は、近年の教員採用選考試験における人物重視の傾向と無関係だとは思えない。人物重視には個性重視という視点も含まれるからである。同時に、指導力不足への対応強化や教員免許更新制の検討なども、これら教師が登場する時期に進められている。

　最近では、ガテン系の民間校長を描いた「スクール!!」、体罰を許された「仮面ティーチャー」など現実の教育事情を取り上げたドラマも登場している。

2　ドラマ教師の条件

　以上のように、昭和40年代から現在に至るまでの教師ドラマでは、それぞれの時代的影響を受けつつ様々なタイプの教師を描いてきた。しかしながら、「高校教師」などの一部ドラマを除けば、それらドラマのほとんどに共通する教師の条件が析出できる。

　第1に、主人公の教師はほとんど若く独身で、しかも、昭和40〜50年代までは男性が多かったことである。家庭生活に縛られずに、全力を教育に捧げられる教師の姿を表現しようとする意図がうかがわれる。

　第2に、教師としての経験を持たない新採用や非常勤職である場合が多いことである。教師としての未熟さや経験の浅さと、教育にかける熱意の純真さや新鮮な感覚とを結びつけようとしているわけである。

　第3に、現状改革型の教師が取り上げられていることである。旧い因習や権力に抗い、事なかれ主義やご都合主義に流されずに、自分の教育理念を信じつつ、その実現に向けて何とか現状を改善していこうと格闘する教師である。そこに「理性の教師」としての特質を見出すことができる。

第4に、子どもたちに深い愛情を注ぐことを惜しまない態度が見られることである。学校の管理職や町の有力者、保護者などの理不尽な圧力に負けず、常に子どもたちの立場に立って教育を考える、真の意味で子どもが好きだからこそ教師になったという、「愛の教師」の特質を備えているのである。

　最後に、学校内では異端なタイプに属する教師だということである。これは単なる変わり者というのではなく、自分の教育理念を実現していくためには、長いものに巻かれず、ときとして大勢を敵にまわし自分の信念を貫くタイプを意味する。いわば「意志の教師」にも似た姿勢が貫かれている。

　ようするに、ドラマの教師とは、権力や事なかれ主義に屈しない確たる教育理念を持ち、子どもたちの立場から常に教育のあるべき姿を求めて、純真な気持ちでその実現に全力を注ぐ熱意ある教師なのである。むろん、彼らは子どもを叱ったり、厳しく指導することも少なくないが、どんな場合にも子どもたちと価値的枠組みを共有しようとするやわらかな姿勢を持っている。そこに、唐澤（注1参照）が指摘した人格主義的な教師像のいくつかのタイプを重ね合わせることができ、また子どもたちが望む教師の姿を読み取ることができるのである。また、林屋らが指摘するように、「先生」と呼ばれる人たちが俗権からはずれた存在であるという姿を、ドラマ教師に見出すことができるのである[15]。

　したがって、ドラマの教師とは日本の伝統的な良き教師の姿を再現したものであり、その意味において多くの人々の共感を集める現代の理想的教師像だと言ってよい。

　ところで、実際に教員採用に関わる教育委員会はどのような教師を理想だととらえているのだろうか。

【東京都】
・教育に対する熱意と使命感をもつ教師——子どもに対する深い愛情、教育者としての責任感と誇り、高い倫理観と社会的常識
・豊かな人間性と思いやりのある教師——温かい心、柔軟な発想や思考、幅広いコミュニケーション能力
・子どものよさや可能性を引き出し伸ばすことができる教師——一人ひとりのよさや可能性を見抜く力、教科等に関する高い指導力、自己研さんに励

む力
・組織人としての責任感、協調性を有し、互いに高め合う教師——より高い
　目標にチャレンジする意欲、若手教員を育てる力、経営参加への意欲

【横浜市】

・教育への使命感や情熱を持ち、学び続ける教師
・「チーム学校」の一環として、ともに教育を創造する教師
・子どもによりそい、豊かな成長を支える教師

【大阪府】

・豊かな人間性——何より子どもが好きで、子どもと共感でき、子どもに積
　極的に心を開いていくことができる人
・実践的な専門性——幅広い識見や主体的・自律的に教育活動に当たる姿勢
　など、専門的知識・技能に裏打ちされた指導力を備えた人
・開かれた社会性——保護者や地域の人々と相互連携を深めながら、信頼関
　係を築き、学校教育を通して家庭や地域に働きかけ、その思いを受け入れ
　ていく人

　地方によって、求める教員像は異なるが、知識や指導力だけでなく、使命
感や愛情、豊かな人間性など人格に関わる要素も求められていることがわか
る。

　　注1）唐澤富太郎『教師の歴史』創文社、1955年、pp.270-271
　　　2）同書、pp.273-276
　　　3）陣内靖彦『日本の教員社会』東洋館出版、1988年、pp.111-116
　　　4）同書、p.7
　　　5）市川昭午『教育行政の理論と構造』教育開発研究所、1975年、pp.236-237
　　　　　リーバーマンの専門職の条件も本書からの引用である。
　　　6）橋本尚美（2015）「第70回　子どもたちの声から「教師」の仕事の意味と魅力
　　　　　を考える－HATOプロジェクト・教員の魅力プロジェクト「教員のイメージに関
　　　　　する子どもの意識調査」より。
　　　　　https://berd.benesse.jp/shotouchutou/opinion/index2.php?id=4644
　　　7）「キッズ@nifty」による「『先生』に関するアンケート調査」2021年8月
　　　　　https://kids.nifty.com/report/202107teacher/
　　　8）近藤邦夫『子どもと教師のもつれ』岩波書店、1995年、pp.180-185
　　　9）藤田英典「問われる教育の公共性と教師の役割」油布佐和子編『教師の現在・
　　　　　教職の未来』教育出版、1999年、pp.202-203

10）調査対象全員から延1,083項目（１人平均6.3項目）の回答を得た。1992年４月実施

11）たとえば、藤田秀雄「教員養成問題の総合的研究　㈱青年の求める教師像調査報告」『立正大学文学部研究紀要第３号』1987年、pp.32-44

12）『モノグラフ・中学生の世界－授業の荒れ（生徒調査）－』vol.65-2、ベネッセ教育総合研究所、2000年

13）佐藤晴雄「テレビドラマにみる現代の教師像」『学校経営』第一法規出版、1993年３月号、pp.94-104。ここでは、この拙稿を大幅に修正してある。

14）TVガイド編集部『テレビ40年　THE TV HISTORY OF FORTY YEARS』東京ニュース通信社、1991年

15）林屋辰三郎・梅棹忠夫・多田道太郎・加藤秀俊『日本人の知恵』中公文庫、1973年、p.20

【その他参考文献】

・亀井浩明『今、教師に求められるもの』教育出版、1991年

・佐藤晴雄「教職観と教師の専門性」坪田護・堀井啓幸・佐藤晴雄『教育経営概説』第一法規出版、1994年

・油布佐和子『教師の現在・教職の未来』教育出版、1999年

・陣内靖彦『メディアに描かれた教師像』東京学芸大学教育学研究室（陣内靖彦教授）、2000年３月

・「特集　教育改革はどう進むか」『教職研修』第413号、教育開発研究所、2007年１月

・佐藤晴雄「連載・ドラマの中の教師像」『総合教育技術』小学館、2009年５月号〜2010年３月号

第3章

教師と教員養成の歴史

▎1 ◎師範学校と教師の誕生▎

1　師範学校の創設

　わが国の近代における教員養成の歴史は、明治初期の師範学校創設に始まる。この時期になると、近世までの寺子屋で行われていた手習い的カリキュラムに基づく個別教授法から欧米型の近代的な教科カリキュラムによる一斉教授法への発展が見られるようになり、これら近代的な指導技術の習得が教師に求められるようになる。その要請に応えるために設置されたのが師範学校であった[1]。本章では師範学校と教員免許制度の歴史をたどりながらその教員養成の変遷を見ることにしよう。

　さて、1872（明治5）年に公布された「学制」は、小学校教員の資格について、男女ともに年齢20歳以上で師範学校卒業免状または中学免状を取得した者でなければその職に就けないことを記し、また中学校教員については、年齢25歳以上で大学免状を取得した者でなければならないと定めている。中学校の教員には大学卒業者であれば就けたが、小学校教員には原則として師範学校卒業という資格が設けられたわけである。

　文部省（当時）は「学制」公布直前の1872年5月、「小学校教師教導所ヲ建立スルノ伺」と題する建議を新政府に提出し官立師範学校の創設を求めている。この建議に基づいて、同年7月、東京に官立師範学校（1873（明治6）

年、東京師範学校に改称）が設立されたのである。

　こうして、わが国最初の師範学校は近代的な教員養成の基礎を築くことになる。東京師範学校は、アメリカ人のスコット（Scott, M. M.,）を教師に招聘して、アメリカの教授法を基にした小学校教育の方法を確立するとともに、生徒に対してそれを伝授することから第一歩を踏み出した。そして、1874（明治7）年に女子師範学校が、翌75年には東京師範学校中学師範科がそれぞれ設置され、大阪、宮城、愛知、広島、長崎、新潟の各地に官立師範学校が設置されていくが、その後の財政的理由から、それら官立師範学校は次第に廃止されるに至り、東京師範学校と女子師範学校を残すのみとなった。そこで、各府県が設置していた教員養成機関（教員伝習所や養成所など）は師範学校に改称され、半年から1年程度の修業年限で教師を速成していくのである。そして、1880（明治13）年の改正教育令は師範学校を各府県が必置すべきものと定め、教員資格を師範学校卒業証書と府県知事が授与する免許状の二本立てとしたのである。

　翌81年には「師範学校教則大綱」によって、師範学校は初等師範学科（小学初等科教員養成、修業年限1年）、中等師範学科（小学初等・中等科教員養成、同2年半）、高等師範学科（小学高等科を含む各等科教員養成、同4年）に分けられ、小学校の教員を養成する機関として明確に位置づけられる。

　その入学資格は年齢17歳以上に定められたが、事情によっては15歳以上でも差し支えないものとされた。卒業証書の有効期限は7年で切られていたが、その後の学力試験と品行等の検定を経るか、一定の条件を満たしている中等学科以上の卒業生であれば終身有効の証書に改められた。卒業証書は現在の教員免許状に代わる役割を果たしたのである。このような「師範学校卒業証書の有効期限限定主義の原則の採用は、卒業証書が教員資格を兼ね備えるものであることを明らかにするとともに、そこには品行要件を含む教員資格の改善が意図されていた」と言われる[2]。

　中学校教師については、東京師範学校に設置された中学校師範学科で養成が開始されていたが、1884（明治17）年の「中学校師範学校教員免許規程」に基づいて中学校師範学科および大学卒業者以外にも検定によって免許状が授与できるようになった。

小学校の場合も、当時の教員不足を補うために、師範学校卒業証書を持たない者でも相当の学力のある者や教員検定を経た者は府県知事から免許状が授与されれば教員になることができたのである。この免許状にも5年間の有効期限が設けられていた。検定制においても卒業証書の更新と同様に教師の品行が重視され、たとえば、改正教育令は品行が不正な者は教師になることができないと定めていたところである。

2 免許状主義の誕生と師範タイプの形成

　これまで、教員資格は師範学校卒業証書または免許状という二本立て方式を採用していたが、1885（明治18）年の「第3次教育令」によって免許状に一本化され、師範学校卒業生も免許状の取得が必須とされるように改められた。そして、86年には「小学校教員免許規則」が制定され、師範学校卒業生と小学校教員学力試験合格者に免許状を授与することが明確に定められたのである。わが国においては、このときから現在に至るまで教員資格は免許状主義を採用するようになったのである。免許状の有効期限は1890（明治23）年から終身有効になる。

　1886（明治19）年、森有礼文部大臣のもとで「師範学校令」が公布されると、府県立師範学校が尋常師範学校に衣替えして教員養成制度は全国的に整備されていく。その「師範学校令」第1条は、「師範学校ハ教員トナルヘキモノヲ養成スル所トス　但生徒ヲシテ順良信愛威重ノ気質ヲ備ヘシムルコトニ注目スヘキモノトス」とし、師範学校では「順良」「信愛」「威重」という3つの「気質」を備えた師範タイプの教員を養成することを明記した。

　「順良」とは目上には恭しく素直に従うことであり、「信愛」とは教師同士が仲良く信頼し合うこと、「威重」とは威厳をもって生徒に接することを意味している。森文相は、特にこの3気質を重視しながら人物教育に力を入れたと言われる。

　また、師範学校を尋常と高等の2つに分け、高等師範学校は東京に1校設置し、尋常師範学校は各府県に各1校置くものとされた。ここで、高等師範学校は尋常師範学校の校長および教員を養成し、尋常師範学校は公立小学校の校長および教員を養成する機関となる。そのうち尋常師範学校の教育内容

（学科）を見ると、倫理、教育、国語、漢文、英語、数学、簿記、地理歴史、博物、物理化学、農業手工、家事、習字図画、音楽、体操があり、このうち教育科の中に各教科の教授法と実地授業が課されていた（**表3-1**）。

3　教員養成機関の多様化

そして、1897（明治30）年の「師範教育令」の公布に基づいて、高等師範学校が師範学校・尋常中学校・高等女学校の教師を、女子高等師範学校が師範学校女子部・高等女学校の教師を、そして師範学校（尋常師範学校は師範学校に改称）が小学校教師をそれぞれ養成するところだと明確化された。このとき、従来からとられていた公費制を弾力化して、私費による入学も認めるよう改められ、その結果、師範学校数とその生徒数は急増していく。

また、1902（明治35）年には師範学校、中学校、高等女学校の教師を養成する臨時の機関として臨時教員養成所の設置も見られるようになり、教員養成機関は多様化してきたのである。

その後も師範学校は短期間に幾度となく改革の手を施されていくが、1907（明治40）年の「師範学校規程」によって、師範学校に予備科（修業年限1

表3-1　尋常師範学校　学科授業科目（明治19年）

体操	音楽	習字図画	家事	農業手工	物理化学	博物	地理歴史	簿記	数学	英語	漢文	国語	教育	倫理	学年	尋常師範学校授業時間配当表
三四	女三／男六	二	四	五	二	二	二	三	四	五	三			一	第一学年	
三四	三／六	二	四	五	二	二	二	三	三	四	二	一	二	一	第二学年	
三四	六	女二／男一	一	四	二	二	三	三	三	二			八	一	第三学年	
三四	三	六	六	二	二	五	六	三	三	二	三	二	四	一	第四学年	
二八													二八			

（資料）文部省編『学制百年史―資料編』

年）と本科を設け、本科をさらに第1部（同4年）と第2部（同男子1年、女子2年または1年）に分けるようになる。第1部は小学校卒業者または予科卒業者が入学し、第2部は中学校・高等女学校の卒業者が入学するものと定められる。

　これら師範学校卒業者は教師になる義務を課せられていたが、前記「規程」（第61条）によると、第1部のうち公費の場合は男子7年間、女子5年間、第2部は性別にかかわりなく2年間、そして私費の場合は3年間について、原則として師範学校のある同府県内の小学校に勤務する義務を負うものとされた。

　大正期に入ると、1925（大正14）年の「師範学校規程」により、予備科が廃止され、第1部が5年制に改められた。本科第2部は男子1年制のままとされたが、1931（昭和6）年には2年制になり、第2部単独の師範学校の設置も可能になる。第2部の改革は、「後年師範学校が専門学校程度の教育機関として改革される一つの機運を醸成すること」[3]になった。このほか、1935（昭和10）年には、青年学校教師の養成機関として青年師範学校が新設されている。

　1943（昭和18）年の「師範教育令」改正は、師範学校を官立に移管し、中学校卒業程度を入学要件とする3年間の専門学校程度の学校に位置づけた。その際、師範タイプの要件をなしてきた「順良」「信愛」「威重」という資質項目が外され、師範学校の目的は、皇道の道に則って国民学校の教師を錬成すべきことと改められ、同時に男女別の師範学校が男子部と女子部にまとめられた。その結果、全国に官立師範学校は56校になった[4]。

　こうして師範学校をはじめとする各種の教員養成機関は戦時体制を迎え、戦後、師範学校は大学に昇格するのであった。

　1949（昭和24）年、国立学校設置法の制定によって、各地の師範学校は国立の学芸大学（後に教育大学に改編。ただし、東京学芸大学のみ名称はそのまま残った）または国立大学の学芸学部（後に教育学部に改編）として生まれ変わったのである。

4 戦前の教師たち

　明治前期の教員出身層の中心は士族であったが、明治30年代以降になると
その層は農民層へと移行していく。農家の子弟などが自立の糧を得るために
教師をめざすようになったのである。しかし、この頃には、師範学校の地位
の低下が見られるようになったと言われる。中学校が各地に数多く設置され
るようになると、優秀な多くの子弟は師範学校よりも将来性のある中学校を
選択するようになったからである[5]。

　師範学校の生徒には経済的に豊かでない者が多かったが、その理由の一つ
に、1886（明治19）年の師範学校令以後は、師範学校生徒の学費等をことご
とく公費で賄うことになったことが考えられる。この公費による支給だけで
なく、教師への就職は義務とは言っても、それは見方をかえれば就職の保障
につながることになる。その意味で、家
計に余裕のない家庭の子弟のうち比較的
学力の高い者は師範学校ならば進学でき
たわけである。

　しかし、師範学校を卒業して教職に就
いても、戦前の教師は薄給のために経済
的に恵まれていなかったと言われるが、
実際の給与等の待遇はどうだったのか。
1900（明治33）年の「第３次小学校令」
は教師の俸給（給与）の標準額等を定め
ていたが、この頃の給与は判任官（高等
官の下に置かれる国家公務員）をかなり
下回るものであった。たとえば、1910（明
治43）年時点の給与額を見ると、「判任
官（全国で59,456人）の月俸は平均35円
であったのに対し、小学校本科教員
（90,259人）のそれは20.9円」であり、
また、師範学校本科生の初任給は大都市

公費負担の実情

　当時の師範学校では、「食
料、被服、学用品が皆な県
費で支給され、被服は上衣
はもとより下衣、帽子、靴、
靴下に至るまで給せられた。
また学用品も教科書は貸与
され、筆、墨、鉛筆、ペン軸、
ペン先、和洋罫紙類が毎週
与えられた上、なお１週間
手当てとして10銭ずつ給与
された」（唐澤富太郎『教師
の歴史』p.40より）ようであ
る。

　つまり、学費だけでなく、
生活に必要な物資が何から
何まで公費によって支給さ
れていたのである。いまか
ら見れば、羨ましいと思う
人も少なくないであろう。

勤務の場合でも中学卒業の判任官見習い程度だったようである[6]。

　いまでこそ、公立学校の教師の給与は大卒一般公務員を上回るが、明治から昭和の戦前に至るまで、教師の給与は現在でいう高卒程度の一般公務員くらいの額に抑えられていたことがわかる。それだけに教師の生活は慎ましくならざるを得なかったのである。

　こうした経済的に低位な待遇のために、戦前の教師は清貧的イメージでとらえられる傾向もあったが、それはプラスイメージばかりではなかった。師範タイプの教師は世の批判を浴び、蔑まれる面を持っていたのである。つまり、「一般に師範タイプと云えば着実性、真面目、親切などがその長所として評価される反面、内向性、裏表のあること、すなわち偽善であり、仮面をかぶった聖人的な性格をもっていること、またそれと関連して卑屈であり、融通のきかぬということなどが世の批判を浴びて来た」と言われる[7]。

　竹内途夫は、戦前の学校教育を受けた体験から、当時の教師の姿を次のように懐古している。

　「腕白小僧や餓鬼大将であっても、学校の教師は恐かった。だから一般の子供は、自分から進んで教師に近づくようなことはしなかった。というより、教師は近づけない存在だった。『三歩下がって師の影を踏まず』と説いて、教師自ら距離を置くことを子供に求めた（中略）教師は恐い存在ではあったが、偉い人間として子供たちが尊敬していたかというと、案外そうでもなかった。それは当時の社会構造なり、階級制度が子供にもわかりやすい仕組みになっていたからで、小学校の教師が社会的にどのくらいの位置におかれていたかの見当はついた。（中略）師範学校といっても、中学校に１年か２年を足したぐらいのもの、学校を卒業しても先生となって小学校に来る時は、短期現役をすませて伍長の位を持っていたから、本物の先生も兵隊でいえば伍長か軍曹ぐらいの偉さと思っていた。小学校の教師より中等学校の教師の方が偉く、それより偉いのは旧制高校や専門学校の教師で、その上いちばん偉いのは大学の教授であると思った」[8]

　このように、当時の教師は子どもに対して権威的な姿勢を崩さなかったが、子どもたちは教師の社会的地位の低さを理解していた様子がわかる。また、小学校教師と中学校教師等の「偉さ」の違いに触れているが、その違いのと

らえ方は、小学校と中学校の教師の職名の違いに起因するかも知れない。すなわち、1886（明治19）年の「公立学校職員ノ名称及待遇」に基づいて、尋常中学校の教師は「教諭」と称されていたが、小学校の場合には「訓導」とされていたのである。そうした職名の違いから、子どもたちは訓導よりも教諭の方が「偉い」と感じていたのであろう。

　また、ここで「本物の先生」と呼ばれているのは師範学校の第1部出身者のことだが、第2部出身者に比べて子どもたちには好評ではなかったようである。同じ著者は、次のように第1部出身教師と第2部のそれとを比較している（引用文中は「1部」および「2部」）。

　　「同じ師範出にしても、1部と2部とでは、かなりはっきりした違いがあった。いわゆる『師範タイプ』とは、1部出そのものの姿といっていいくらいで、真面目で融通のきかない堅物の教師は、たいてい農家の長男の1部出だった。師範の、特に1部を出た本物の教師は、なんとなくおもしろくないと子供たちは口を揃えた。（中略）文部省編纂の教科書通りに、真面目一方の授業がおもしろいわけはなかった。（中略）

　　同じ師範でも、2部出になると、1部よりずっとさばけていた。長男より次男、三男が多く、中学校の5年間を小学校の教師になるつもりで過ごした者は少なく、大部分が旧制高校や旧制高専を目指したが、なんらかの事情で2部に進むことになったのだと思う」[9]

　察するに、師範学校第2部出身者は旧制中学校で多様な教科を学んでいたせいか、第1部出身者よりも融通性を持ち視野が広かったのであろう。第2部の教師は先生らしくない部分を持っていたからこそ、子どもたちの評価が第1部出身者よりも良かったものと思われる。

　この指摘は現代の教師の在り方を考える上で重要な示唆を含んでいる。後述するように、今日の教員研修や教員採用においては、広い視野や柔軟な姿勢を持つ人間性豊かな人材が重視され、そのために研修に社会体験等を取り入れたり、採用の時に社会経験等を評価しようとする傾向にある。第2部出身教師のよさはこうした今日の教員施策に通じるものと考えられるのである。

┃2◎戦後の教員養成制度┃

1 戦後の教員不足と「開放制」の発足

　戦後、社会的混乱と窮乏の中で生活苦や教職への自信喪失のために多くの
教師が教壇を去っていった。その結果、「教員は、当時の制度下の有資格教
員のほか、高齢の退職教員の再採用によってもまかなえず、教員免許状を所
有しない中等学校卒業者等を助教として多数採用したが、そのなかには高等
女学校卒業者が多かった」[10] と言われる。まさに、戦後の教員政策は教師不
足への対応から始まり、教員養成を急務としていたのである。

　アメリカ教育使節団の勧告を受けて1946（昭和21）年設置された教育刷新
委員会は、1947年の建議で新制度の教員養成制度の在り方について次のよう
な結論を示した（主な点のみ）。

① 　小中学校の教員は、（a）教員養成を目的とする学芸大学を修了または
卒業した者、（b）総合大学および単科大学の卒業者で教員として必要
な課程を履修した者、（c）音楽・美術・体育・家庭・職業等に関する高
等専門教育機関の卒業者で教員として必要な課程を履修した者から採用
すること

② 　高等学校教員は主として大学卒業者から採用し、幼稚園および盲・ろ
う学校教員は①に準じること

③ 　現在の教員養成学校のうち適当なものは学芸大学に改めること

④ 　従前の学資支給制と指定就職義務制を廃止すること

⑤ 　教員養成に当たる学校は、官・公・私立のいずれとすることもできる
こと

　この建議によって、戦後、教員養成は大学教育で行うものとされ、官立（国
立）だけでなく、私立・公立のいずれにおいても可能となり、同時に教員養
成を目的とする学校以外でも教員養成ができるように改められたのである。
いわゆる「開放制」の導入である。「開放制」とは、旧師範学校を母体とし
た教員養成系の大学・学部だけでなく、それ以外の一般大学でも教員養成課

程の設置が認められた場合には、教員免許状取得に必要な単位を授与することができる制度のことである。こうして各都道府県に設置される国立大学には必ず学芸学部または教育学部を置いて、単科大学とする場合には学芸大学を設置することになった。しかしなお、教員不足を補うことができなかったため、教員養成大学・学部に2年制の養成課程を設け、さらに都道府県に臨時の教員養成所を設置させたのである。基本的に、それら教員養成大学・学部は小中学校の教師を養成するものであり、高等学校教師については一般大学・学部の課程で中学校とともに高等学校の教員免許を取得した者を供給源としていた。

　そして、1949（昭和24）年には教育職員免許法が制定され、教育長、校長、指導主事にも免許制が適用されるとともに、教員の普通免許状は「1級」と「2級」に区分された。その後、1954（昭和29）年の教育職員免許法改正によって、教育長、校長、指導主事の免許制は廃止されるが、教諭の免許取得に要する履修単位数が増やされるなどして教員制度は安定期に入る。そして、1966～67（昭和41～42）年度には、全国の学芸大学・学芸学部は教育大学・教育学部に改められ、現在に至っている。たとえば、北海道学芸大学は北海道教育大学に名称が変えられたのである。なお、この頃から国立教員養成大学において幼稚園教員養成課程の設置が進展していく。

　しかしながら、教師をめぐる経済的環境は進展せず、その生活は決して豊かだとは言えなかった。そうした理由もあって、教職を第一に志望する者は多いとは言えない状況が見られたのである。いわゆる「デモシカ教師」という言葉に象徴される教師、すなわち他の職に就けないから教職に就いたという教師の存在が話題になったのは昭和30年代中頃からである。

　「デモシカ」を採用しなければならないほどの慢性的な教員不足が昭和40年代まで続いた。そこで、政府は義務教育諸学校の教職員の給与を優遇することによってすぐれた人材を小中学校の教員として確保することを目的に、1974（昭和49）年、学校教育の水準の維持向上のための義務教育諸学校の教育職員の人材確保に関する特別措置法（人材確保法）を制定したのであった。その結果、公立小中学校の教員の給与は一般公務員よりも30％高額[11]とされ、現在ではその増加率が下がったものの一般公務員に比べて高い。さらに、こ

の法律の制定をさかのぼる1971（昭和46）年には、国立及び公立の義務教育諸学校等の教育職員の給与等に関する特別措置法（当時）が制定され、これによって基本給の一律４％の教職調整額が給料の一部として支給されるようになったので、教師の経済的環境は格段に改善されたのである。

　こうした教師環境の改善も手伝って、昭和40年代終わり頃から教職志望者が増加傾向に転じ、特に中学校と高等学校でその傾向が著しくなり、今日に至っては、小学校から高等学校まですべての段階で供給が需要を大きく上回る状況になったのである。

2　教育職員免許法の大改正

　そうした教職の需給関係の大きな変化という社会的背景の下で、教師の専門性確保と実践的指導力の育成を図る観点を重視するために、1988（昭和63）年に教育職員免許法が改正され、これまでの免許制度が大きく塗り替えられた。

　その主要な改正点は、まず、免許法制定時からとられていた教諭の普通免許状の「１級」と「２級」という２つの区分が「専修」「１種」「２種」という３つの種類に改められたことである。それぞれの免許状の基礎資格は、「専修」が修士の取得者、「１種」が学士の取得者、「２種」が準学士（現在は、短期大学士）の取得者とされる。この改正以前は、大学卒業の場合、幼稚園と小中学校免許状については「１級」とされ、高等学校では「２級」とされていたが、改正後はすべての校種で「１種」として扱われ足並みを揃える形になった。

　つぎに、履修単位数の増加等による免許基準の

免許状のグレード変更

　1988年の免許法改正によって、各校種の免許状のグレードは以下のように改められた。現在の免許制度では、高等学校に「２種」免許状が設けられていないことに注意。

	旧免許状	現行免許状
小学校教諭、中学校教諭、盲・聾・養護学校教諭（現・特別支援学校教諭）、幼稚園教諭、養護教諭	—	専修免許状
	１級免許状	１種免許状
	２級免許状	２種免許状
高等学校教諭	１級免許状	専修免許状
	２級免許状	１種免許状

引き上げが図られ、教科に関する科目と教職に関する科目の最低履修単位数がすべての校種で増やされた。この最低履修単位数から見た限りでも教員免許状の取得が以前に比べて難しくなったことがわかる。

　そのほか、学校における「社会人の活用」という観点から、教科の一部については免許状を有しない者を充てることができる特別非常勤講師制度が新設されている。教諭の普通免許状の基準を引き上げながらも、同時に免許を持たない者にも教師の仕事の一部を開放するという、ある意味で相反する方向性を含む改正が行われたのである。

▎3◎教員養成の現状▎

　その後、1997（平成9）年の教育職員養成審議会（現在は中央教育審議会に統合された）は、第1次答申「新たな時代に向けた教員養成の改善方策について」をまとめ、「教職教養」を重視することを提言した。具体的には、「教科に関する科目」をほぼ半減し、中学校を中心に「教職に関する科目」の比重を高め、中学校の場合には、それを19単位から31単位に増やした。その方針の一環として、「教職の意義等に関する科目」および「総合演習」を新設した。教育実習については、中学校教員免許状の場合にはその期間を2週間から4週間に延長し、単位数も3単位から5単位に増加させた。この養成カリキュラムは2000（平成12）年入学生から適用されることになった。

　さらに、2006（平成18）年の中教審答申「今後の教員養成・免許制度の在り方について」は、教職課程の質的水準の向上策の一つとして、「教職実践演習」の創設を提言したので、2010（平成22）年度入学者からこの演習が必修化された。これは、「教員として求められる4つの事項（使命感や責任感、教育的愛情等に関する事項　社会性や対人関係能力に関する事項　幼児児童生徒理解や学級経営等に関する事項　教科・保育内容等の指導力に関する事項）を含めることとすることが適当」だとし、指導方法に「役割演技（ロールプレーイング）やグループ討議、事例研究、現地調査（フィールドワーク）、模擬授業等を取り入れること」が提言されている。そのほか、教育実習の改

善・充実、「教職指導」の充実なども提言している。

　この法改正によって、教員免許状取得に必要な科目と単位数が改められ、各大学等で教員養成カリキュラムが編成・実施されたが、岩田らの調査（学生および初任者対象）[12]によると、小学校教員養成に関して、「資質・力量を身に付ける上でよかった」科目群は、「実習・体験諸科目」（教育実習等）が最も多く、「教職専門」が続くが、「一般教養」だと回答した者は少ないという実態にある。

　そして、2015（平成27）年12月に文部科学大臣に提出された中教審答申「これからの学校教育を担う教員の資質能力の向上について 〜学び合い、高め合う教員育成コミュニティの構築に向けて〜」は、以下のような背景の下で、教員のスキルアップを図り、環境整備を図るよう提言した。

　まず、新たな知識・技術の活用が求められるなど社会環境の急速な変化や教員の大量退職・採用などの学校を取り巻く環境変化に対応し、またカリキュラム・マネジメントに必要な力やアクティブ・ラーニングの視点からの授業改善のための力が必要だというのである。そのために、教員の養成・採用・研修の一体的改革を推し進めるべきことを提言した。

　そして、教員研修・養成に関わる新たな教育課題として、①アクティブ・ラーニングの視点からの授業改善、②ICTを用いた指導法、③道徳教育の充実、④外国語教育の充実、⑤特別支援教育の充実を明記した。この答申を受けて2016（平成28）年12月の教育職員免許法施行規則の一部改正がなされ、大学で取得すべき教職員免許状科目が**表3-2**に示したように大きく変更された。まず、従来の「教科に関する科目」と「教職に関する科目」の区分を廃し、科目区分を大くくり化して、現行の8科目区分（表中左欄の「教職の意義等に関する科目」から「教科又は教職に関する科目」）を5つに整理した。科目の新たな事項としては、特別支援教育に関する事項、学校インターンシップ（教育実習の一部に読み替え可能）、大学設定科目（教科や旧教職科目等）などがある。全体的に、教科に関する科目が重視され、単位数が増やされた。

　この新課程は、2019（平成31）年度以降の入学者から適用されている。

表3-2　大学で修得すべき教員免許状科目・単位数（2019（平成31）年度入学者から適用）

第1欄		第2欄	第3欄				
免許状の種類	所要資格	基礎資格	大学において修得することを必要とする最低単位数				
			教科に関する科目及び教科の指導法	教育の基礎的理解に関する科目	道徳、総合的な学習の時間等の指導法及び生徒指導、教育相談等に関する科目（2019（平成31）年度入学者から適用）	教育実践に関する科目	大学が独自に設定する科目
幼稚園教諭	専修免許状	修士の学位を有すること。	16	10	4	7	38
	1種免許状	学士の学位を有すること。	16	10	4	7	14
	2種免許状	短期大学士の学位を有すること。	12	6	4	7	2
小学校教諭	専修免許状	修士の学位を有すること。	30	10	10	7	26
	1種免許状	学士の学位を有すること。	30	10	10	7	2
	2種免許状	短期大学士の学位を有すること。	16	6	6	7	2
中学校教諭	専修免許状	修士の学位を有すること。	28	10	10	7	28
	1種免許状	学士の学位を有すること。	28	10	10	7	4
	2種免許状	短期大学士の学位を有すること。	12	6	6	7	4
高等学校教諭	専修免許状	修士の学位を有すること。	24	10	8	5	36
	1種免許状	学士の学位を有すること。	24	10	8	5	12

4 ◎教員免許制度改革の動向

1 教員免許更新制の実施

2002（平成14）年の中教審答申「今後の教員免許制度の在り方について」は、これまでの教員免許制度の新たな在り方を示したものである。ここでは、①教員免許状の総合化・弾力化の方向性、②教員免許更新制の可能性、③特別免許状の活用促進の3点に触れ、それぞれの具体的方策について提言している。

中教審は、このうち教員免許更新制をいったん見送り、代わって10年経験者研修の導入と免許状失効措置の強化という方法で教員の適格性を確保することとなる。

教員免許更新制については、一度見送られたものの、2006（平成18）年の中教審答申は免許更新制の意義と在り方を具体的に説きながらその実施を提言することになる。同年に設置された教育再生会議も更新制を強く求めた。

その後、2007（平成19）年3月の中教審答申「教育基本法改正を受けて緊急に必要とされる教育制度の改正について」は教員免許更新制の導入を改めて提言し、2007（平成19）年に教育職員免許法が改正されて、翌2008（平成20）年度から更新講習は実施されている。この更新制の実施によって110年間以上続いた終身有効の免許制度を抜本的に替えることになった。2009（平成21）年には9月からの新しい政権の中心的担い手になった民主党は、教員免許更新制廃止を含めた教員養成制度の抜本的見直しを図る方針であることを明らかにした。更新制度に対しては日本教職員組合などが廃止を求めていただけでなく、研究者や学校現場からもその実施を疑問視する声もあった。

かくして導入された教員免許更新制に伴う教員免許更新講習は、以下の概要で実施されてきた。

① 目的　教員免許更新制は、その時々で教員として必要な資質能力が保持されるよう、定期的に最新の知識技能を身につけることで、教員が自信と誇りを持って教壇に立ち、社会の尊敬と信頼を得ることをめざすものである。

②　免許状の有効期間　普通免許状または特別免許状の有効期間は、所要資格を得てから10年後の年度末まで。ただし、旧免許状所持者が2009年4月1日以降に普通免許状または特別免許状を新たに授与された場合も、当該免許状には有効期間は定められない。ただし、2009年3月31日以前に免許状を授与された者は、当該有効期間を定めないとされるが、更新講習を修了しなければ免許は失効することとされていた。

　教員免許更新制をめぐってはいくつかの課題が指摘されている。2017（平成29）年、「講習の内容」のうち「教育の最新事情に関する事項」の時間数の短縮や10年経験者研修が廃止され、これに替えて中堅教諭等資質向上研修が創設されたところである。

2　教員免許更新制の廃止

　しかしながら、中教審において教員免許更新制は教育委員会などが実施する他の研修との重複などの負担感が課題視されるようになり、その検証が求められた（答申「『令和の日本型学校教育』の構築を目指して」2021（令和3）年1月）。その後、2021年に中央教育審議会「令和の日本型学校教育」を担う教師の在り方特別部会が免許更新制について改善策を検討した結果、教員免許更新制を発展的に解消して、「新たな教師の学びの姿」を実現することによって教師の専門職性の高度化を進めていくよう提言した。この新たな教師の学びとは、主体的な姿勢の尊重、協働的な学び、学校における様々な場面を学びの場とすること、学びの成果の可視化などスタイルの多様性を重視した学びのこととされる。

　そして、2022（令和4）年2月に「教育公務員特例法及び教育職員免許法の一部を改正する法律案」が閣議決定され、同年5月に国会で教育職員免許法の一部改正案が可決・成立した。その施行は2022年7月1日とされたことから、有効な免許状は手続なく有効期限のない免許状として扱われる。免許更新を行わなかった場合には、「失効」となっているが、再授与申請を行うことによって有効期限のない免許状になる。これに伴い教員免許更新講習の受講が不要になったことが、教育公務員特例法の一部改正によって、以下のような新たな研修方法の実施が求められることとなった。

① 任命権者は、校長及び教員ごとに研修等に関する記録を作成しなければならない（同法第22条の５）。
② 指導助言者（教育委員会等のこと）は、校長及び教員に対し資質の向上に関する指導助言等を行うものとする。その場合に、校長及び教員の資質の向上に関する指標及び教員研修計画を踏まえるとともに、①の記録に係る情報を活用する。
③ 指導助言者は、独立行政法人教職員支援機構（NITS）や大学等に情報の提供その他の協力を求めることができることとする。
④ 教員研修計画に、資質の向上に関する指導助言等の方法に関して必要な事項を加える。

なかでも、任命権者である都道府県教育委員会や指定市教育委員会は研修記録の作成が求められることになるが、この記録とは以下の通りとされる。
・当該校長及び教員が受講した研修実施者実施研修に関する事項。
・大学院修学休業により当該教員が履修した同項に規定する大学院の課程等に関する事項。
・文部科学省が認定した任命権者が開設する講習で修得した単位。
・その他当該校長及び教員が行った資質の向上のための取組のうち当該任命権者が必要と認めるものに関する事項。

以上のように、教員免許更新廃止によって、その代替策として研修記録の作成や資質向上のための取組が教育委員会に課されることとなったのである。

注1）唐澤富太郎『教師の歴史』創文社、1955年、p.9
　　2）牧昌見「免許制度の成立」国立教育研究所編『日本近代教育百年史第１巻　教育政策（1）』1974年、p.1131
　　3）文部省編『学制百年史』帝国地方行政学会、1972年、p.503
　　4）同書、p.599
　　5）注1）、p.91
　　6）陣内靖彦『日本の教員社会』東洋館出版社、1988年、pp.102-103
　　7）注1）、p.55
　　8）竹内途夫『尋常小学校ものがたり』福武書店、1991年、pp.37-40
　　9）同書、pp.43-44
　　10）注3）、p.756

11）教職員人事問題研究会編『教職員人事と学校運営』ぎょうせい、1996年、pp.192-194

12）岩田・別惣・諏訪編『小学校教師に何が必要か』東京学芸大学出版会、2013年、pp.79-80

教員の任用と服務

第4章

▌1 ◎教員の配置と任用 ▌

1 　教職員配置の原則

（1）　学校教職員の種類

　学校とは、教師を含む様々な職員によって支えられながら各種の教育活動を展開する有機的組織である。校長や教頭ならびに教諭等の教育職のほかに、事務職員や栄養士等の行政職、そして用務職員や調理職員等の業務職が学校に配置され、直接または間接的に学校教育に従事している。

　それら職員は職種毎に任用され、所定の職務に従事しているが、学校の種類（校種）や規模に応じた配置の在り方が定められている。学校職員は、各学校に必ず置くべきもの（必置職員）、特別な事情がある場合には置かなくてもよいもの（原則必置職員）、そして任意に置くもの（任意設置職員）という3種に分けられる。たとえば、校長および教諭は全校種で必置職員とされるが、小中学校の教頭は特別な事情があれば置かなくてもよい原則必置職員であるように、職種と校種によってその扱いは異なる。

　表4-1は、学校種別にそれぞれの職種の配置基準を示したものである[1]。表中に示していないが、幼稚園は小中学校に準じた配置原則になっている。なお、学校医、学校歯科医、学校薬剤師は非常勤として置かれる必置職員であり、また栄養教諭や栄養士、調理職員、警備員等も任意に置かれる。

表4-1　教職員の種類

職　　　　　種	小・中学校	高等学校	中等教育学校	特別支援学校
校　　　　　長	○	○	○	○
副　　校　　長				
教　　　　　頭	△	△（副校長を置くとき）	△	△
主　幹　教　諭				
指　導　教　諭				
教　　　　　諭	○	○	○	○
養　護　教　諭	△	△（置くよう努めなければならない）	△（養護をつかさどる主幹教諭を置くとき）	○
栄　養　教　諭				
助　　教　　諭	◇	◇	◇	◇
養　護　助　教　諭	◇		◇	◇
講　　　　　師	◇	◇	◇	◇
実　習　助　手	―	○（必要に応じて相当数を置く）	―	
寄　宿　舎　指　導　員	―	―	―	○（寄宿舎を設けている場合）
事　務　職　員	△			△
技　術　職　員	―			
学　校　用　務　員				
学　　校　　医	○	○	○	○
学　校　歯　科　医	○	○	○	○
学　校　薬　剤　師	○	○	○	○

○：必置職員
△：特別の事情がある場合は置かないことができる。
◇：教諭、養護教諭に代えて置かれる職員
無印：任意設置の職員
（資料）学校管理運営法令研究会編『第六次全訂新学校管理読本』第一法規、2018年を参考に作成した。

（2）　教諭等の配置定数

　このように、教育職員には様々な種類のものがあり、その配置基準とそれぞれのなすべき職務が定められている。校長および副校長・教頭を除く教諭の配置定数は、各学校設置基準の中で定められており、小学校では各学級毎に専任の教諭1人以上を、中学校でも1学級当たり教諭1人以上を置くことが基準とされている。高等学校の場合は高等学校設置基準に基づいて、生徒収容定員を40で割った数以上で、教育上支障のない範囲の数の教諭を置くものと定められている。なお、公立義務教育諸学校の場合には、義務教育標準法に基づいて、学校規模に応じて学校教育法施行規則の基準を上回る配置定数が定められている。また、休職者や産休等に関わる臨時教員、ティーム・ティーチングなどのために置かれる補助教員はこの定数から除外される。

なお、本章では、任用や服務、勤務条件等に関する法制度を取り上げることから、「教師」という言い方をせずに、「教員」と記すことにした。

2　教職員の資格

（1）　積極的要件

　教員の資格には、備えるべき資格である積極的要件と、該当すべきでない欠格事由である消極的要件とがある。積極的要件には教員免許状を有することなどが該当し、教育職員免許法第３条で「教育職員は、この法律により授与する各相当の免許状を有する者でなければならない」と定められている。

　教員免許状とは教員としての資格を公証する書面であり、これには、①普通免許状（専修、１種、２種）、②特別免許状、③臨時免許状の３種類がある。大学の教職課程を履修した者に授与されるのは普通免許状であり、これには教諭免許状と養護教諭免許状がある。

　特別免許状とは、教職への社会人登用を目的にしたもので、専門的な知識・技術等を有する者のうち都道府県レベルで実施される教育職員検定に合格した者に授与されるが、普通免許状とは異なり、その免許を授与した都道府県においてのみ効力を持つなど一定の制約が加えられている。臨時免許状には助教諭免許状と養護助教諭免許状がある。

　なお、現在は、免許状を持たなくても所定の各教科等を担任できる特別非常勤講師制度があり、この制度を活用すれば授業等の教育活動の一部について社会人等が非常勤講師になることも可能である。

（2）　消極的要件

　消極的要件は、学校教育法第９条に校長または教員の欠格事由が示され、また公務員として共通の欠格事由が地方公務員法第16条で定められ、さらに教員免許状授与に関する欠格事由は教育職員免許法第５条に列記されている。

　学校教育法第９条は、①成年被後見人又は被保佐人、②禁錮以上の刑に処せられた者、③免許状失効の日から３年を経過しない者、④免許状取り上げの処分を受け、３年を経過していない者、⑤日本国憲法施行以後において、日本国憲法またはその下に成立した政府を暴力で破壊することを主張する政党その他団体を結成し、またはこれに加入した者については、校長や教員（教

頭等を含む）となることができないと定めている。

　地方公務員法第16条でもこれとほぼ同様の欠格事由を定めているが、ここでは、「②禁錮以上の刑に処せられ、その執行を終わるまで又はその執行を受けることがなくなるまでの者」とされ、教員の場合よりも緩やかな事由になっている。つまり、欠格事由は一般公務員よりも校長・教員の方がより厳格に扱われる。教員免許状の取得に関する欠格事由は、上記に加えて、①18歳未満の者、②高等学校を卒業しない者（文部科学大臣が同等以上と認めた者は除く）、③免許状失効後３年を経過しない者という条件が付される。

┃2◎教員の身分と任用┃

1 教員の身分

　公立学校の教員は地方公務員、国立大学附属学校教員は国立大学法人職員、私立学校教員は学校法人の職員という身分をそれぞれ有するが、教員の圧倒的多数は公立学校に所属する地方公務員である。公立学校の教員は原則としてその服務、人事に関しては地方公務員として扱われるが、勤務態様の特殊性から一部については教育公務員特例法（教特法）等に基づく特例が設けられている。特に、公立義務教育諸学校に勤務する教員の身分関係は複雑である。

　現在、市町村立小中学校（義務教育諸学校）の教員の場合、その身分は当該学校の設置者である市町村に属するが、その任命権者は都道府県教育委員会または指定都市教育委員会になる。一般的な地方公務員の場合には、所属する地方公共団体の長が当該職員の任命権者になるが、教員の場合には地方教育行政の組織及び運営に関する法律（第37条、以下「地教行法」）によって特例が設けられているからである。

　市町村の財政規模の格差などによって学校運営に必要な人員の確保に影響が表われることがないように、また広域的な人事交流を図っていくために、都道府県または指定都市の教育委員会に任命権が付与されているのである[2]。したがって、教員採用選考は都道府県または指定都市の教育委員会の教育長

が実施するものと定められている。その給与は都道府県によって支給されていることから、市町村立小中学校の教員は「県費負担教職員」と呼ばれる。ただし、この給与のうち3分の1は国が負担することとされる。

2 教員の任用

　序章で述べたように、公立学校の教師になるためには、まず教員採用選考試験の合格が必須条件になるが、この段階では採用が保障されているわけではない。合格者は都道府県教育委員会の採用候補者名簿に登載され、採用の機会を待つことになる。市町村立学校教員の場合、その候補者名簿の中から適切な人材が市町村教育委員会による面接等の所定の手続きを通過して初めて採用決定となる。都道府県立学校や指定都市立学校の場合には、任命権者である当該地方公共団体の教育委員会がそのまま任用手続きを行う。この採用という行為は、職員の任用の方法の一つである。

　任用とは、任命権者が特定の人を特定の職に就かせることを言い、この方法には、採用、昇任、降任、転任がある。

　　（1）採　　　用

　採用とは、それまで職員でなかった者を新たにある職に任命することをいう。たとえば、大卒者が新規に教職に就く場合である。普通、公務員の採用は「競争試験」によることを原則とするが、教員の場合には教育公務員特例法で「選考」によるものと定められている。「競争試験」が試験成績の上位者から合格者を順次決定していくのに対して、「選考」は競争試験に馴染まない特定の職種について行われるもので、競争試験以外の能力の実証に基づく試験だと定義されている。

　その特定の職とは、①法令に定める免許や資格を要する職種、②学識または経験を要する職種の場合である。教員は前者に属する職種である。むろん、筆記試験などの競争試験も併用されるが、これは「選考」のための一つの手段にほかならない。そのほか、面接や適性検査、実技テスト、書類審査などの結果と合わせて総合的に合否が決定される。したがって、筆記試験の成績上位者が必ずしも合格するとは限らない。

　そして、採用が決まっても法律上は正式採用ではなく、条件附採用となる。

その期間は一般公務員だと6か月間だが、教員の場合は初任者研修の期間に合わせて1年間とされている。その期間を良好な成績で職務を遂行したときには正式採用となるが、その際に特別な手続きを要しない。

（2）昇　　任

昇任（昇格）とは、ある職員をその職に属する職種を同じくする上位の職級に属する職に移すことをいう。たとえば、教諭が教頭になったり、教頭が校長になる場合が昇任である。

この昇任も「選考」に基づいて行われる。現在では、管理職選考試験（多くは筆記試験と口述試験の併用であり、これに書類審査を加えることもある）を実施する教育委員会も少なくないが、日常の勤務成績や適性判断などに基づいて「選考」を行う教育委員会もある。昇任選考試験を受験するためには、教職経験年数や年齢等の資格要件を満たしている必要がある。

（3）降　　任

降任（降格）とは、昇任とは逆に、ある職員をその職に属する職種と同じくする下位の職級の職に移すことをいう。校長が教頭に、あるいは教頭が教諭になることがこれに該当する。

一般的には、当該職員に対するペナルティーとして行われるものであり、たとえば、最近では、教職員に対するセクハラ行為によって校長から教諭に降格された事例あるいは、校長・教頭が管理職として明らかに適格性を欠くと認められた場合に教諭などに降格される事例も見られる。

このほか、都道府県の中には、管理職の自己申告による降任を認める人事を行っているところが少なくない。

（4）転　　任

転任とは、昇任や降任することなく、ある職にある職員を他の職に任命することである。特に、任命権者を同じくする転任を配置転換（または、配置換え）と言う。人事異動によって教員の勤務校が代わる場合が該当する。その意義としては、学校間や地域間の教育格差を解消し、校務運営の円滑化を図るとともに、年齢・性別・教科などに関する教員構成の偏りを是正し、また教職員集団の刷新を促すこと、そして教師自身にとっては意欲の向上や職能成長を図ることにあると言われる。なお、公立学校教員が他県の採用選考

試験を改めて受験し、その結果採用されるようなケースは転任には当たらず、退職者が他地域で新たに採用されたものと扱われる。

　なお、近年、非正規教員の増加が問題視されている。専任でない非正規教員が増えている背景として、今後の児童生徒数減少傾向に不確定要素があるため人員調整可能な教員を多めに採用すること、また教員の年齢構成を考え、教員不足による一時的な大量採用を控えて非正規で充てることなどが指摘されている[3]。

3　任命権者と服務監督者

　これら任用を行うのは任命権者である。いわゆる「県費負担教職員」である市町村立学校の教員は当該市町村職員の身分を有するが、指定都市以外は、市町村が属する都道府県教育委員会が任命権者になる。任命権者は、地方公務員法によって、職員の任命、休職、免職、懲戒等を行う権限を有する者とされるが、「県費負担教職員」の任免（任命と免職の意）については市町村教育委員会の「内申」をまって行われなければならない[4]。そして、学校長は任免に際して、教職員に対する服務監督権を持つ市町村教育委員会に「意見具申」を行うことができるが、これは市町村の「内申」を拘束するものではない。

　つまり、校長が市町村教育委員会に「意見具申」を行い、これに必ずしも拘束されないが市町村教育委員会はその意見を参考にした上で、都道府県教育委員会に「内申」を行い、都道府県教育委員会はこの「内申」を参考にしながら最終的な任免行為を行う仕組みがとられている（地教行法第38条、第39条）。

図4-1　県費負担教職員の任免の流れ

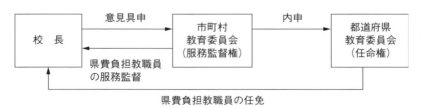

東京都教育委員会が2000（平成12）年４月に導入した教員人事考課制度は、自己申告と業績評価からなる考課制度であるが、ここでは区市町村教育委員会が第１次評価者に位置づけられ、従来の服務監督、内申等に関わる制度を新たにしたものである。

　なお、公務員の服務監督は原則として任命権者が行うが、「県費負担教職員」の場合には特例として当該市町村教育委員会が行うものとされる（図４-１）。

┃3◎教員の服務┃

　公立学校教員は地方公務員法（以下「地公法」）によって服務の根本基準や義務等の遵守すべきことが定められ、国立学校教員は国立大学法人等の就業規則などによって同様の定めに従うこととされる。私立学校教員は、それぞれの学校法人の規則に基づいて服務の基本的な在り方が定められる。ここでは、公立学校教員の服務の在り方を述べよう。

1　服務の根本基準

　まず、公務員たる者は、「全体の奉仕者として公共の利益のために勤務し、且つ、職務の遂行に当つては、全力を挙げてこれに専念しなければならない」（地公法第30条）のである。これは服務の根本基準とされ、公務員になるときにすべての職員は、この根本基準を自覚し、憲法等法令を遵守することなどを約束する服務の宣誓を行わなければならない。たとえば、地方公務員の場合、右のような様式により服務宣誓が行われる。この様式は各地方公共団体で現在もそのまま用いられている。多くの学校では、新採用教員がこれに署名し、校長室等でこれを読み上げる形で服務宣誓が行われている。

2　職務上の義務

　公務員の服務上の義務は、職務上の義務と身分上の義務とに大別できる。職務上の義務とは、職員が職務を遂行するに当たって守るべき義務のことを

言い、法令や上司の職務命令に従う義務、職務に専念する義務からなる。

（1）法令および上司の命令に従う義務

教員を含む職員は、その職務を遂行するに当たって、法令、条例、地方公共団体の規則および地方公共団体の機関の定める規程に従うとともに、上司の職務上の命令に忠実に従わなければならない（地公法第32条）。公立学校教員は、国の法令と自らが属する地方公共団体の条例等を遵守する義務がある。また、その場合、教諭にとっては教頭または副校長（教頭が置かれていない場合）が直接の上司となるが、職務の指揮監督関係にある校長や教育委員会教育長も職務上の上司になる。しかし、他教育委員会や他校の管理職は職務上の上司とはならない。

服務宣誓の様式
—地方公務員の例

宣誓書

私は、ここに、主権が国民に存することを認める日本国憲法を尊重し、且つ、擁護することを固く誓います。

私は、地方自治の本旨を体するとともに公務を民主的且つ能率的に運営すべき責務を深く自覚し、全体の奉仕者として、誠実且つ公正に職務を執行することを固く誓います。

　　年　月　日

　　氏

　　名

　　印

（地方自治庁次長通知昭和26年より）

職務命令の形式は、口頭によるものでもかまわないが、特に正確を期すべき場合には文書によることもある。

（2）職務専念義務

職務専念義務とは、職員が勤務時間および職務上の注意力のすべてをその職責遂行のために用い、当該地方公共団体がなすべき責を有する職務にのみ従事しなければならないことを言う（地公法第35条）。ただし、法律や条例に特別の定めがある場合にはその義務が免除される（一般に、「職専免」や「職免」と呼ばれる）。免除になる事由には、休職、停職、育児休業、休日、休暇、そして研修などがある。この研修とは職務命令によるもの以外に、学校の休業中などに勤務場所を離れて行うものを言うが、当然この期間中は研修以外の用務に充てることはできない。自宅研修は特段の理由がない限り認められないようになった。ただし、学校完全週五日制が実施され、土曜勤務分の夏

季休業中のまとめどり（土曜勤務時間分を夏季休業中に休みとして充当）が廃止されたことに伴い、2002（平成14）年に文部科学省通知が発せられた。

3 身分上の義務

　身分上の義務とは、職務の内外を問わず、公務員としての身分を有する限りにおいて遵守すべき義務のことを言い、当然、勤務時間以外の私生活の場面にも及ぶ。この義務には、信用失墜行為の禁止、秘密を守る義務、政治的行為の制限、争議行為の禁止、営利企業等の従事の制限がある。

（1）　信用失墜行為の禁止

　信用失墜行為の禁止とは、職員がその職の信用を傷つけ、または職員の職全体の不名誉となるような行為をしてはならないことを言う（地公法第33条）。職務にまったく関係ない行為や勤務時間以外の時間についても義務は及ぶ。信用失墜行為に該当する例には、一般的に、法令違反、犯罪はもちろんのこと、公序良俗に反する行為が該当する。たとえば、酒気帯び運転や暴力行為などは信用失墜行為に当たる。特に、児童生徒に人格的影響を直接及ぼす教師には、一般公務員よりも厳しい判断がくだされることが多い。

（2）　秘密を守る義務（守秘義務）

　これは、職員が職務上知り得た秘密を漏らしてはならないことを言い、その職を退いた後にも適用される義務である（地公法第34条）。その秘密とは、プライバシーに関する情報、行政目的を喪失させるような事項、事後に公開を予定しているが事前に非公開とすべき事柄などがある。学校では、児童生徒の成績評価および個人的家庭的事情に関する情報、教職員の人事記録等の情報、試験問題などが守秘義務の対象とされる。

（3）　政治的行為の制限

　職員は政治的中立の立場から公務を執行していくために、自らが属する当該地方公共団体の区域において、政党など政治的団体の役員に就任することやその勧誘運動を支持することが禁止されている。これには特定政党や地方公共団体の執行機関を支持しまたは反対するための投票の勧誘や不支持の運動、署名運動、寄附金募集、地方公共団体の施設や資金の利用などの行為も含まれる（地公法第36条）。教員の場合には、地方公務員の身分を有するが、

その職務の性質から当該地方公共団体の区域以外においてもそれら行為は一切禁止され、国家公務員と同様に扱われる。

(4) 争議行為の禁止

職員は、ストライキやサボタージュ（怠業）、その他争議行為をし、地方公共団体の活動の能率を低下させるような行為をしてはならず、またそのような違法行為をそそのかしてはならないとされる。公務員の持つ「全体の奉仕者」性の観点から、争議行為は住民の共同利益に重大な影響を及ぼすものと考えられるからである。特に、学校では、教員の争議行為によって授業など学校業務だけでなく、児童生徒の人格にもマイナスの影響を与えることになる。その代償措置として、公務員には、法律等により身分保障と勤務条件が定められ、また人事行政を行う人事委員会が設けられている。

(5) 営利企業への従事等の制限

職員は、勤務時間の内外を問わず、任命権者の許可を受けなければ営利企業等の事業に従事できない。具体的には、営利を目的とする私企業や団体等の役員を兼ねること、自ら営利を目的とする私企業を営むこと、そして報酬を得て事業や事務に従事することなどが制限対象になる（地公法第38条）。営利活動によって、勤務時間においては本来の職務に専念するための集中力が阻害され、勤務時間外においては公務の公正な運営に悪影響を及ぼすおそれがあるからである。

しかし、公務の能率および公正に支障をきたす恐れがないと認められる事例については、任命権者の許可があればその制限は解除される場合がある。教育公務員については、その能力を広く社会に活用できるようにするため、任命権者が本務に支障がないと認めた場合には、「教育に関する他の職を兼ね、又は教育に関する他の事業若しくは事務に従事すること」（教特法第17条）を認める特例が設けられ、その制限が一定程度緩和されている。公立学校教員が私立学校の非常勤講師を兼ねる場合などは特例に該当するが、学習塾講師を兼ねることは認められない。ただし、原稿執筆や講演による収入を得る行為は、地方公務員法が想定していないことから、営利企業への従事等とはみなされない。

│4◎身分保障と分限・懲戒│

1 身分保障と分限

　職員が「全体の奉仕者」として全力をあげてその職務に専念できるために
は、その身分保障が不可欠になる。したがって、職員は地方公務員法によっ
て、自らの意思による場合を除いて、法令等に定めのある事由以外にその意
に反して不利益な処分を受けることはない。この身分保障は争議行為の禁止
の代償措置の一つに位置づけられる。

　しかし、そうした身分保障にも限界があり、一定の事由が認められる場合
には、職員の意に反して身分上の不利益処分である「分限」処分が行われる。
「分限」は降任、免職、休職、降給、失職などの処分に分類されるが、すべ
ての職員に対して公正でなければならず、地公法（第 28 条）では次の事項
のいずれかに該当した場合に限って「分限」処分がなされる。

　懲戒処分等については、**表 4-2** に示してあるように、「体罰」によるもの
が 2019（令和元）年度の 142 人から 2020（令和 2）年度では 104 人と減少
している。

　（降任、免職の事由）

　①　勤務実績が良くない場合

　②　心身の故障のため、職務の遂行に支障があり、又はこれに堪えない場合

　③　①および②以外でその職に必要な適格性を欠く場合

　④　職制若しくは定数の改廃又は予算の減少により廃職、又は過員を生じ
　　　た場合

　（休職の事由）

　①　心身の故障のため、長期の休養を要する場合

　②　刑事事件に関し起訴された場合

　このように「分限」は客観的に止むを得ない事由により、その職員の意に
反して身分上の変動をもたらす処分であるから、義務違反や過失等に対する
ペナルティーである「懲戒」とは性格を異にする。

2 懲　　戒

　職員には前述のような各種義務が課せられるが、それらに反したときは公務員の秩序維持を目的として、当該職員に一定の制裁措置を与えることができる。その制裁措置は「懲戒」（地公法第29条）と呼ばれ、次の事由に該当する場合に行われる。

① 　法律・条例等の法令で定める規程に違反した場合
② 　職務上の義務に違反し、又は職務を怠った場合
③ 　全体の奉仕者たるにふさわしくない非行のあった場合

　「懲戒」処分の種類には、戒告、減給、停職、免職の４つがある。戒告とは、職務上の義務違反に対して、その将来を戒めることを申し渡すことである。減給は俸給の一定率額を一定期間にわたって減じて支給する処分である。停職は、職員としての身分を保有させながら、一定期間職務に従事させないことである。免職とは、公務員としての身分を一方的に剝脱する行為で、もっとも重い懲戒処分である。なお、懲戒に至らない義務違反に対する制裁措置に訓告があるが、これは不利益処分には該当しないとされる。

　これら分限処分や懲戒処分などの不利益処分に対して、職員は不服の申し立てができるという救済措置もとられているが、不利益処分とみなされていない訓告についてはこの制度が適用されない。

　近年では、児童生徒に対する教員の性犯罪・性暴力が目立つようになったことから、2021（令和3）年6月に教育職員等による児童生徒性暴力等の防

表4-2　教職員の懲戒処分等の状況

	令和元年度		令和2年度	
	懲戒処分	訓告等	懲戒処分	訓告等
交通事故	204人	2,283人	157人	1,975人
体罰	142人	408人	104人	289人
性犯罪・性暴力等	228人	45人	178人	22人
上記以外の理由	256人	1,110人	271人	1,104人
合　　計	830人	3,846人	710人	3,390人

（資料）　文部科学省「令和2年度公立学校教職員の人事行政状況調査について」

止等に関する法律が公布され、2022（令和4）年4月から施行された。この法律は、児童生徒等の尊厳を保持するため、教育職員等による児童生徒性暴力等の防止等に関する施策を推進することによって、児童生徒等の権利利益の擁護に資することを目的とし、「教育職員等は、児童生徒性暴力等をしてはならない」とした。そして、児童生徒性暴力等が懲戒免職処分になり得るものと定め、国及び地方公共団体に児童生徒性暴力の防止措置を講じるよう求めている。

5 ◎ 勤務条件

1 勤務時間と休憩時間

　勤務時間とは、労働基準法でいう労働時間のことで、職員が職務に専念する義務を負う時間のことを言い、職員の給与支給の根拠となるものである。通常は1日または1週間の勤務に服すべき時間を意味するが、広義には超過勤務（残業）、宿日直勤務等の時間を含めることもある。

　地方公務員は、労働基準法第32条第1項の適用を受けて1週間40時間以内とされ、この基準に基づき各地方公共団体の条例で勤務時間が決められている。2002（平成14）年の完全学校週5日制の実施以降、教員の勤務時間は一般公務員と同様に毎週40時間勤務に改められた。ところが、2008（平成20）年の人事院勧告は、民間企業では1日7時間45分、1週38時間45分程度の勤務が定着していることを理由に、公務員についても同等の時間に改めるよう勧告した。2009（平成21）年度から国家公務員に実施されたが、同年以降、公立学校教職員にもその短縮が適用されるようになっている。なお、私立学校教員の勤務時間は、基本的に労働基準法に基づいて各学校法人によって定められている。

　学校における勤務時間の割り振りは任命権者の権限に属するが、学校教職員の場合には条例等に基づいて校長に委任するのが一般的である。その割り振りとは、①勤務を要する日（以下「勤務日」）の特定、②勤務日における

勤務を要する時間数の決定、③勤務日における勤務終始時刻の決定、④勤務日における休憩時間の配置などを行うことである[5]。学校内では、学校の実情に応じて、教員、事務職員、業務職員などの職種を考慮して勤務時間は割り振られる。

　また、休憩時間とは、職員（労働者）の心身の疲労回復を目的に、職員を一時的に勤務から解放する時間で、勤務時間数に応じて付与される。これは、使用者が勤務時間とは別に、①勤務時間の途中に（途中付与の原則）、②一斉に与えなければならず（一斉付与の原則）、③自由に利用させなければならない（自由利用の原則）という3つの原則が適用される。しかし、教員の休憩時間は、その職務の特殊性から、給食指導等のために昼食時間に与えることが困難なときには、放課後に付与することも可能であるが（図4-2の下段参照）、勤務時間に含まれない。2006（平成18）年の地方公務員法の改正以前は、休憩時間とは別に、軽度の疲労回復のための手休めの時間として、条例を根拠に休息時間が設けられていたが、人事院勧告によって廃止されるようになった。

2　時間外勤務と教職調整額

　職員が正規の勤務時間を超えて勤務した場合には、その代償として時間外勤務（超過勤務）手当が支給されるが、教員の場合には、家庭におけるテストの採点や教材作成、修学旅行や遠足などがあるためその勤務時間のとらえ方が困難なことから、超過勤務手当制度が馴染まないと判断されている。

図4-2　教員の勤務時間（7時間45分勤務の例）

（注）役所勤務の場合、昼の休憩に15分の非勤務時間を加えて、退勤を15分遅くすることもある。

こうした教員の勤務と勤務態様の特殊性に基づき、その給与その他の勤務条件について特例を定めた、公立の義務教育諸学校等の教育職員の給与等に関する特別措置法（以下「給与等特別措置法」）が1971（昭和46）年制定された。この法律によって、幼稚園、小学校、中学校、高等学校に所属する教員に対して、給料月額の４％の「教職調整額」を支給することとし、同時に時間外・休日勤務手当を制限し、現在に至っている。

　時間外勤務を命じることができる場合を、①生徒の実習に関する業務、②学校行事に関する業務、③教職員会議に関する業務、④非常災害等やむを得ない場合に必要な業務に制限した。これは、「歯止め条項」とも呼ばれ、このほかに時間外勤務を命じられないことになったが、これらに該当する場合の時間外勤務については超過勤務手当が支給されないことになっている。なお、国立及び私立学校の場合にはその手当が支給されることになる。

3　年次有給休暇と時季変更権

　年次有給休暇とは、労働基準法で年間に一定日数与えるよう規定されたもので、職員が希望する時季に理由を問われることなく使用できる有給休暇のことである。ふつう、休息、娯楽、能力啓発などのために使用される。

　地方公務員には、年間20日まで年次有給休暇を与えることができ、前年の未使用日数を翌年に20日以内の範囲で繰越すことが可能である（最長40日）。年次有給休暇は使用者が時季変更権を行使しない限り成立し、その使用目的も労働者の自由とされる（最高裁判決昭和48年）。この時季変更権とは、労働基準法第39条第５項に基づいて、請求された時季に有給休暇を与えることが事業の正常な運営を妨げる場合には他の時季に与えることができるという権限のことである。ただし、授業が予定されている程度の事由では時季変更権は行使されず、年次有給休暇は成立することになる。

4　育児休業等

　公立学校教職員を含む地方公務員の育児休業は子が３歳に達するまで、男女を問わず取得できるが、その間給料は支給されないが、期末手当等（＝賞与）は支給される。ただし、子が１歳に達するまでは（総務省令で定める要

件を満たす場合は延長できることがある）、地方公務員等共済組合法に基づいて育児休業手当金が給料月額の40％支給される。この取得率は女性教員の場合には該当者の96.5％であるが、男性では1.8％にすぎない（文部科学省「教育職員の育児休業等及び介護休暇の取得状況 平成27年度」より）。

　このほか、任命権者の承認を受けて、小学校就学の始期に達するまでの子を養育するために勤務時間を短縮できる育児短時間勤務や、任命権者の承認を受けて、小学校就学の始期に達するまでの子を養育するために、１日当たり２時間まで勤務しないことができる部分休業制度もあるが、これらは給料支給額が減じられることから男女ともに取得率は２％未満と低い。

5　給与と各種手当

　職種に応じた勤務の対価として支給されるのが給与である。給与には、給料以外に教職調整額や各種手当（扶養手当、地域手当、住居手当、管理職手当など）も含まれるが、旅費等の実費弁償は含まれない。一般的に、公務員の場合には、職級に応じて定められる「級」と年齢や勤務年数に応じて定められる「号給」からなる給料表に基づいて基本給が決められ、勤務年数や勤務成績に応じて昇給していく。国立学校ではそれぞれの学校を所管する国立大学法人等の規則に基づいて支給額が定められている。

　公立学校教員については、それぞれの地方公共団体が支給基準を定めている。私立学校教員の場合には、それぞれの法人規定によって支給されるので、学校によってその支給額は異なっている。

　現在、教員の給与は一般公務員の場合よりも優遇する措置がとられているが、かつては聖職観に基づいた清貧思想の影響もあり、むしろ一般公務員に比べて低い状態に置かれていた。しかし、教職を魅力あるものとし、すぐれた人材を確保することをねらいに、1974（昭和49）年に人材確保法が制定され、３次にわたる給与改訂を経て教員給与の改善が図られた。かくして、教員給与は一般公務員の給与水準に比較して必要な優遇措置が講じられるようになり、現在では一般公務員を上回る給与が支給されている。

　本来、公務員の給与は原則として、身分を置く地方公共団体が負担し決定するが、義務教育諸学校教員など「県費負担教職員」は市町村職員としての

身分にありながらも、その給与が、市町村立学校職員給与負担法（以下「給与負担法」）によって、都道府県の条例に基づいて都道府県で負担されている。教育の機会均等の観点から、市町村間の財政格差による給与格差をなくし、都道府県内の義務教育諸学校教員の給与を均一にすることが必要だからである。これは設置者管理主義の例外とされる。なお、義務教育費国庫負担法に基づいて、その給与の2分の1は国庫負担とされていたが、中央教育審議会ではこの制度をめぐって賛否両論も出され、慎重に審議された結果、現在は、3分の1を国庫負担とする形で、国庫負担制度は維持されている。

　ただし、最近は、地方公共団体が国庫負担によらず給与を全額負担すれば、独自の判断で義務教育諸学校の教員を置くことも可能になった。

　注1）学校管理運営法令研究会編『第五次全訂新学校管理読本』第一法規、2009年、
　　　　p.14
　　2）渡辺孝三『学校経営管理法』学陽書房、1978年、pp.313-314
　　3）佐藤昭彦『非正規教員の研究〜「使う捨てられる教師たち」の知られざる実態』
　　　　時事通信社、2022年
　　4）都道府県教育委員会が市町村教育委員会に対して内申を求め最大限の努力を払ったにもかかわらず、内申をしないというような異常な場合には、内申がなくても任命権を行使できるとした文部省通達がある（文部省初中局長通達、1974年）。
　　5）注1）、pp.130-131
【その他参考文献】
・永岡順編『学校経営』有信堂高文、1983年
・野崎弘編『学校管理講座3　教職員』第一法規出版、1984年
・佐藤晴雄「校務分掌と事務職員の役割」永岡順・小林一也編『校務分掌（新学校教育全集第23巻）』ぎょうせい、1995年
・日本教師教育学会編『緊急出版 どうなる日本の教員養成——2016.12.4 Symposium Report』学文社、2017年
・佐藤晴雄監修、学校運営実務研究会編『新教育法規解体新書PORTABLE——校務に役立つ知識とトラブル対処法』東洋館出版社、2014年

教師の役割と仕事

第5章

┃1 ◎教師の法的役割と役割意識┃

1 法的に見た教師の役割

　学校教育法第37条は、教師（教諭）の職務について、「児童の教育をつかさどる」と規定している（中学校および高等学校等にも準用）。この「つかさどる」とは、一定の仕事を自己の担当すべき事柄として処理することを意味する。つまり、学校教育法によれば、教諭は児童生徒の教育を一定の責任をもって行うことが認められているのである。ちなみに、事務職員の職務は「事務に従事する」とされていたが、2017（平成29）年の法改正によって「事務をつかさどる」に改められた。

　この「教育をつかさどる」とは、どう解釈すべきなのか。その解釈に関する議論は次のように大きく分かれる。

① 教諭の職務を児童生徒の教育に限定解釈して、学校事務や施設管理等の業務を教諭の職務ではないと解釈するもの

② 教諭の主たる職務内容が「児童生徒の教育をつかさどる」ことなのであって、それに付随する業務も教諭の職務になりうると解釈するもの

　このうち①の解釈によれば、教諭は学習指導や生徒指導などの教育指導のみに専念すればよいことになるが、今日の行政実例や判例によれば、教諭の職務を②のように解釈する説が有力とされている[1]。多様な校務を限られた

表5-1 教師の法律上の職務規定

教 諭	児童（生徒）の教育をつかさどる
助教諭	教諭の職務を助ける
講 師	教諭又は助教諭に準ずる職務に従事する
養護教諭	児童（生徒）の養護をつかさどる
養護助教諭	養護教諭の職務を助ける
栄養教諭	児童（生徒）の栄養の指導及び管理をつかさどる

教職員で組織的に遂行するためには、教諭にも教育指導以外の校務を分担させることが必要だからである。

　また、「教育をつかさどる」という規定を、憲法上の「学問の自由」の観点から教師の教育権の独立を認容したものと解釈する見解がある。たしかに、「従事する」のではなく「つかさどる」のであるから、学校教育法は教師にある程度の自主的な判断と選択に基づく教育活動を認めていることになるが、教育の機会均等保障の観点に照らせば、教師がまったく自由に教育活動を行えるとは現行法の解釈から導き出されない。

　したがって、「教育をつかさどる」という条文は、教師が学校組織の一員である以上、上司たる校長・管理職の指揮の下で職務に努めなければならないが、創意工夫を生かし、自主的な姿勢を大切にしながら教育に臨むべきことをうたったものと解されるのである。

　このほか、法令に照らすと、教師には児童生徒に対する懲戒が認められており、また授業において検定済みの教科書を使用する義務が課せられているが、これらも教師の法的役割に数えることができる。

2 教師の仕事に対する自己イメージ

　教師は自らの職業をどう認識しているのだろうか。本書では教職観について述べたところであるが、ここでは自己イメージをもう少し具体的に見ていくことにしよう。

　ベネッセ教育総合研究所が受託して実施した調査（愛知教育大学の委託

図5-1　教員自身の「学校の先生」の仕事のイメージ

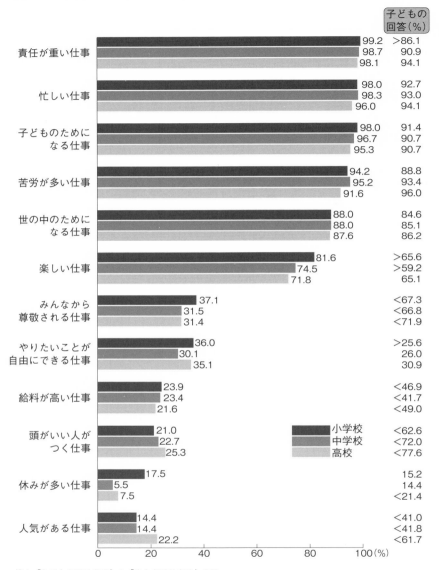

注1　「とてもあてはまる」＋「まああてはまる」の％。
注2　「子どもの回答」の数値は、2014年12月に、愛知県の小学6年生・中学3年生・高校3年生2,092名（有効回収数）を対象に実施した「教員のイメージに関する子どもの意識調査」で、「『学校の先生』の仕事は、どんな仕事だと思いますか」と尋ねた結果。
注3　教員と子どもの回答に10ポイント以上差があるものを＜＞で示している。
（資料）ベネッセ教育総合研究所『教員の仕事と意識に関する調査』2016年

（図5-1））[2] によると、「Q.『学校の先生』の仕事とは、どんな仕事だと思いますか」という問いに、全校種ともに9割以上が「責任が重い仕事」「忙しい仕事」「子どものためになる仕事」「苦労が多い仕事」と回答している。「子どものためになる」を除けば、マイナス・イメージを有する項目で占められる。ただ、「世の中のためになる仕事」が8割以上で、「楽しい仕事」が7割以上にランクし、苦労が多いけど、楽しく世のためになるという肯定的な回答も少なくない。

　一方、数値の低い項目を見ると、「人気がある仕事」「休みが多い仕事」「頭がいい人がつく仕事」「給料が高い仕事」「やりたいことが自由にできる仕事」「みんなから尊敬される仕事」というプラス・イメージに関する項目が並んでいる。つまり、これらデータを総体的に読み込めば、多くの教師は多忙さや苦労の多さ、責任の重さに耐えながらも世の中や子どものためになると考えて、そこに楽しさを感じながらも、社会からの評価や処遇がよいとは思わず、あまり自由がない仕事だとイメージしている。多忙さや苦労が教師の自虐的な姿勢を形成していると考えられそうである。

　ただ、興味深い点は、「みんなから尊敬される」「頭がいい人」「人気がある」については教師の回答値が子どもの回答に比べて著しく低いことである。子どもは教師が思うほど教職をマイナスにイメージしていないことになる。実際、本書の序章で取り上げたように、小中学校には人気のある職業になっているのである。子どもによるイメージは社会によるイメージと重なる部分があると言えよう。

┃2◎教師の仕事の特質と内容┃

1　教師の仕事とは何か──教師の仕事の特質

　「教育をつかさどる」という教師の職務は日々の仕事によって具体化され、遂行されることになる。第1章で述べたように、教職すなわち教師の仕事は児童生徒を教え、育てるという点において他の一般的な仕事にはない特殊性

を有しているが、その特殊性をどうとらえたらよいのか[3)]。

① 子どもの視線を浴びて常に緊張感を強いられている…疲れた姿など見せられない

② 心身の未発達な子ども相手の仕事である…示範的な態度が求められる

③ 一定の時間内で多様な仕事をこなす…たとえば、授業、給食指導、清掃指導、児童生徒との交流、部活動指導、校内会議などを1日に行う

④ 勤務時間と休憩・休息時間のメリハリがつきにくい…どこからが休憩なのか区別しにくい

⑤ 仕事のやり貯めがきかない…事務ならやり貯め・先送りはできるが

⑥ 自己都合や病気などで休みにくい…子どもたちは毎日学校にやってくる

⑦ 職務規範が私生活にも及びやすい…勤務後も学校付近では思い切りストレス発散ができない

⑧ 職場の人間関係が狭く、授業など個業的な仕事が大半を占める…学校は孤島、教室も孤島になりがち

これらは、役所等の事務職などには見られない諸点である。ようするに、未成熟な人間を相手にそのほぼ半日の生活の一切を面倒みながら人間形成をはかるところに教師の仕事の特殊性があると言えよう。

2 教師の授業におけるICT活用

2019（令和1）年度に閣議決定された文部科学省のGIGAスクール構想により児童生徒にタブレット端末が普及するようになって、授業におけるICT活用が全国的に進展し、さらに2020（令和2）年から全国の学校に影響を及ぼしたコロナ禍がその活用に拍車を掛けることとなった。そこで、ベネッセ教育総合研究所の調査から「授業で教員がICTを用いて行う学習指導」（教員の回答）の様子を見ると（**図5-2**）[4)]、小・中・高校のいずれの場合も「授業に必要な資料をインターネットで調べる」が最も活用率が高くなっていて、Googleなどの検索エンジンが主として用いられている。活用率が低いのは、「学習履歴から一人ひとりの習熟度にあつた指導を行う」や「ICT機器を用いて解答するテストを行う」で、2割前後の活用にとどまる。

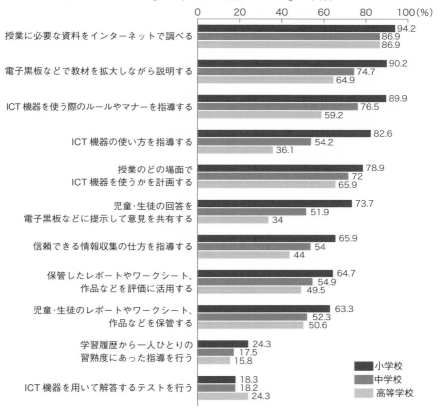

図5-2　授業で教員がICT機器を用いて行う学習指導
　　　　－「よく行っている」＋「ときどき行っている」の回答－

授業に必要な資料をインターネットで調べる
94.2
86.9
86.9

電子黒板などで教材を拡大しながら説明する
90.2
74.7
64.9

ICT機器を使う際のルールやマナーを指導する
89.9
76.5
59.2

ICT機器の使い方を指導する
82.6
54.2
36.1

授業のどの場面で
ICT機器を使うかを計画する
78.9
72
65.9

児童・生徒の回答を
電子黒板などに提示して意見を共有する
73.7
51.9
34

信頼できる情報収集の仕方を指導する
65.9
54
44

保管したレポートやワークシート、
作品などを評価に活用する
64.7
54.9
49.5

児童・生徒のレポートやワークシート、
作品などを保管する
63.3
52.3
50.6

学習履歴から一人ひとりの
習熟度にあった指導を行う
24.3
17.5
15.8

ICT機器を用いて解答するテストを行う
18.3
18.2
24.3

■ 小学校
■ 中学校
□ 高等学校

（資料）ベネッセ教育総合研究所『小中学校の学習指導に関する調査2021』及び『高等学校の学習指導に関する調査2021』

　全体的に小学校教員の活用率が高く、なかでも「電子黒板」の利用が他校種に比べて高く、またICT使用のマナーやルール、使い方の指導も高くなっている。一方、高等学校では「授業に必要な資料をインターネットで調べる」を除いて活用率が低い傾向にあることから、講義型授業が未だ根強く定着しているものと考えられる。

（1）　教育課程と教師の役割

①　教育課程の編成　教育課程の編成は教師にとってもっとも重要な役割の一つである。教育課程は、「学校教育の目的や目標を達成するために、教

育の内容を児童の心身の発達に応じ、授業時数との関連において総合的に組織した学校の教育計画」のことである[5]。その領域等は、①各教科、②道徳（高等学校の場合は除かれる）、③特別活動、④総合的な学習の時間、⑤外国語活動（小学校・特別支援学校）、⑥自立活動（特別支援学校）からなる。

　教育課程は年度毎に各学校によって編成されるが、その編成に当たっては、①法令および学習指導要領の示すところに従うこと、②児童生徒の人間としての調和のとれた育成を目指し、地域や学校の実態および児童生徒の心身の発達段階と特性を十分考慮することを原則としている。つまり、学校がまったく自主的に独自の教育課程を編成することが許されているわけではなく、その編成に際しては法令等や学校の実態等に即すことが要請されるのである。

　教育課程の編成主体は各学校ないしは校長[6]とされるが、その編成に際しては、児童生徒の実態を具体的に理解し、実際の教育活動を展開している個々の教師も関わることとなる。たとえば、教育課程委員会や各教科委員会、学年会などの校内組織のメンバーとして関係領域の編成を担っている。

　②　指導計画の作成　　教育課程をより具体化して、指導目標、指導内容、指導手順、指導方法、使用教材、指導の時間割等を定めたものが指導計画と呼ばれる。指導計画は、長期計画、学期計画、月案、週案など指導の期間別の個別計画に分類されたりする。これは教師の教育指導のためのシナリオになる。実際には指導計画は教育課程と区別されないこともあるが、その作成は教師の重要な役割になる。

　（2）　学習指導と授業

　教師の役割は「教えること」だと言われる。「教えること」とは、学習指導において学力の形成を目的として、また生徒指導において人格形成を目的に行われる。学習指導とは、授業を中心に教材を媒介とした教師と児童生徒の相互作用の過程で展開される教育活動である。特に、授業は教師にとって最も重要な仕事に位置づけられる。

　授業の時間は時間割の中で各教科や道徳、学級活動毎に「校時」の中に設定され、学級担任や教科担任によって進められる。1校時は学校教育法施行規則中の別表によって小学校で45分、中学校と高等学校では50分と定められている。

以下に、授業に関するポイントを見ていくことにしよう。

①　授業の細目標の設定と設計　授業には、1回毎に細目標が設定されるが、これは単元の目標を児童生徒の状況に即して具体化したものである。これら目標をもっとも効果的に達成させるために、教師は学習内容、教材、メディア、指導方法、学習の場所（校庭や学校外などの場合もある）、学習形態、学習時間などの要素を決定し、授業の設計を行うのである[7]。設計された授業は「授業案」に示されるが、授業者としての教師は授業案にすべて拘束されるのではなく、児童生徒の反応を見極めながら適宜変更を加えつつ授業を展開していく。

それでは、ベネッセ教育総合研究所の調査[8]から、授業を進める場合の教師の指導観について見ていくことにしよう。図5-3は、指導観を、「教科書や指導要領の内容を、とにかく最後まで扱うこと」または「一通り終わるまでやれなくても、基本的な考え方を身につけさせること」という二項対立的な回答の結果を表している。

小学校と中学校の教員は「最後まで扱う」者が多く、1998（平成11）年以降、その割合は20ポイント前後増えている。学力向上が期待されているからであろう。これらとは対照的に、高校教員は約7割が「基本的な考え方」を選択している。高校の場合には、生徒の進学や就職を重視し、教科書の消化よりも生徒のニーズに応じた授業を重視している様子が見出される。なお、この点については、前述した「心がけている授業」では高校教師は「教師主導の講義形式」の選択率が小中学校教師よりも相対的に高いという結果と一見矛盾しているようにも思える。おそらく、講義形式をとりつつも、教科書の消化には強くこだわらないのが高校教師の特徴なのだろう。

②　教材の効果的活用と教科書使用義務　教材のうち主たるものが教科書である。教科書とは、「教育課程の構成に応じて組織排列された教科の主たる教材として、教授の用に供せられる児童又は生徒用図書であつて、文部科学大臣の検定を経たもの又は文部科学省が著作の名義を有するもの」（教科書の発行に関する臨時措置法第2条）である。

学校教育法によって、小学校、中学校、高等学校、特別支援学校の教師は教科書を必ず使用するよう定められている。つまり、教師には授業で教科書

図5-3　教員の指導観―教育内容、学校・教員の役割―

■ 教科書や指導要領の内容を、とにかく最後まで扱うこと
□ 一通り終わるまでやれなくても、基本的な考え方を身につけさせること

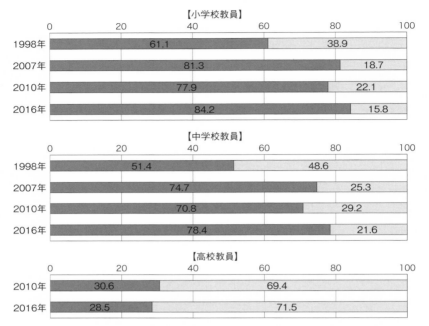

【小学校教員】

年	■	□
1998年	61.1	38.9
2007年	81.3	18.7
2010年	77.9	22.1
2016年	84.2	15.8

【中学校教員】

年	■	□
1998年	51.4	48.6
2007年	74.7	25.3
2010年	70.8	29.2
2016年	78.4	21.6

【高校教員】

年	■	□
2010年	30.6	69.4
2016年	28.5	71.5

（資料）ベネッセ教育総合研究所「第6回学習指導基本調査 DATA BOOK（小学校・中学校版）」2016年。左記データを用いてグラフを作成し直したものである。

を使用する義務が課せられるが、高等学校と中等教育学校後期課程、特別支援学校、特別支援学級の場合には、一定の条件の下で、教科書以外の教科用図書の使用も認められている。

　そのほか、授業では、教科書以外にも有益適切な教材を使用できる。この教材は補助教材と呼ばれ、これにはワークブック、ドリル、副読本などがある。教科書や各種補助教材をいかに効果的に活用するかは教師の力量次第である。

　③　**テストと教育評価**　テストは児童生徒の学力等の定着度を評価するために、授業の一環として実施されるが、その実施と採点は教師の重要な仕事になる。教育評価はテストなどの学習結果に基づいて行われ、その実施時期

から、診断的評価、形成的評価、総括的評価に分類される。

　診断的評価は、授業等に先立って実施されるもので、現時点の児童生徒の学習到達度をあらかじめ把握することを目的にするものである。形成的評価は、学習の途中で実施され、学習活動の改善や指導方法の修正を目的とする。総括的評価は、学期末や学年末に実施され、最終的な学習到達度を明らかにするための評価である。一般的に、通知表等は学期や学年の総括的評価の結果を記したものである。なお、通知表には「所見欄」が設定されている。

　また、教育評価を方法別に見ると、相対評価（集団に準拠した評価）と絶対評価（目標に準拠した評価）に分けられる。相対評価は、集団における児童生徒の学業の相対的位置を５段階や３段階などで示すものである。絶対評価は、個々の児童生徒の学習状況を段階や点数で表すものである。

　現在、小中学校では絶対評価による「観点別評価」と「評定」が行われ、高校では従来どおり絶対評価による「評定」のみが行われている。

所見欄の書き方

　あるベテラン教師は、児童生徒の具体的な姿が目に浮かぶ所見が望ましいとし、以下の事柄を盛り込むとよいと述べている。

・今学期「いいな」「成長したな」と感じた生徒（児童）の姿

・生徒が頑張っていたときの具体的なエピソード

・評定（数字）では表せない、学習の姿

・委員会活動や行事での活躍

・今後への期待

（出所）前川智美『中学教師１年目の教科書』明治図書、2022 年、pp.86-86。

（3）　生徒指導と特別活動

　生徒指導に関しては学習指導要領に相当する基準はないが、文部科学省が作成した『生徒指導提要』が参考にされている。『提要』は、生徒指導の意義について、「生徒指導とは、一人一人の児童生徒の人格を尊重し、個性の伸長を図りながら、社会的資質や行動力を高めることを目指して行われる教育活動のことです。すなわち、生徒指導は、すべての児童生徒のそれぞれの人格のよりよき発達を目指すとともに、学校生活がすべての児童生徒にとって有意義で興味深く、充実したものになることを目指しています。生徒指導

は学校の教育目標を達成する上で重要な機能を果たすものであり、学習指導と並んで学校教育において重要な意義を持つものと言えます」と述べている。すなわち、①すべての児童生徒を対象にしていること、②児童生徒の人格の発達をめざすこと、また、③学校生活が有意義で充実したものになることを目的としていること、④学習指導と並んで重要な位置づけにあることだとしている。

　生徒指導は教育の重要な機能の一つであるから、学校の教育活動のあらゆる領域で行われることになる。道徳や特別活動はもちろん、教科の授業の中でも行われる。授業中の児童生徒の態度形成、グループ学習などを通した人間関係の改善も生徒指導の機能としてとらえられる。

　児童生徒の問題行動に際しては、教師に懲戒権が認められている。学校教育法第11条は、「校長及び教員は、教育上必要があると認めるときは、文部科学大臣の定めるところにより、児童、生徒及び学生に懲戒を加えることができる。ただし、体罰を加えることはできない」と定めている。ここで言う「教員」には副校長・教頭、教諭、助教諭、講師が含まれる。

　法的効果を伴う懲戒は、訓告、停学、退学に分けられるが、学校の設置者と校種によってその可否が決められている（下図参照）。また、体罰とは肉体的苦痛を伴う懲戒のことを言い、たとえば、教師による暴力はもちろん、用便に行かせないこと、給食の時間に食事をさせないこと、過度の肉体的疲労を与えることなども該当する。体罰はどんな場合であっても一切禁じられているのである。

　なお、停学と外形が似ている処分に出席停止があるが、これは懲戒とはその目的を異にし、他の児童生徒の学習に

●・・・・・・・ **児童生徒に対する懲戒** ・・・・・・・●

　児童生徒に対する懲戒のうち、校種や設置者等の違いによって下表のようにその可否が定められている。義務教育学校においては、学習権保障の観点から、停学はすべて禁止されているが、退学は私立・国立では可能である。受皿としての公立学校があるからである。（表中の「○」は可能、「×」は不可能を表わす。）

懲戒の種類＼校種	小学校 公立	小学校 私立・国立	中学校 公立	中学校 私立・国立	高等学校 公立	高等学校 私立・国立
訓告	○	○	○	○	○	○
停学	×	×	×	×	○	○
退学	×	○	×	○	○	○

大きな支障が生じる場合に、その原因となる児童生徒の出席を一定期間停止するものである。性行不良と感染症の場合に行われる。

　生徒指導は生徒指導主事だけに任される仕事ではなく、すべての教師が学校生活のあらゆる場面で積極的に取り組むべき仕事なのである。

　前述のように生徒指導は統合的な活動だとされるので授業や学校の日常生活においても行われるが、とりわけ特別活動との関連が強い。教師にとってこの特別活動の指導も重要な仕事の一つになる。特別活動は、学級活動（高校はホームルーム活動）、児童会活動（中高は生徒会活動）、クラブ活動（小学校のみ実施）、学校行事からなる活動である。学級活動等は担任が主に担当するが、その他の活動はすべての教師が役割分担に基づいて適宜関わることとなる。また、特別活動には属さないが、教育課程外の部活動の顧問も教師の仕事になっている。

（4）　学級経営と学級担任

　学級は、原則として、同一学年の児童生徒によって編成される学校の単位組織であり、児童生徒にとっての学習と生活のための基礎集団になる。

　学級編成は、①生年月日、②心身の発達、③知能指数、④社会性、⑤学業成績、⑥通学区域、⑦名字の50音順、⑧その他教育的要因（兄弟数、家庭環境など）に基づいて行われる。この学級編成から始まる経営活動が学級経営であり、担任教師にとって授業と並ぶ日常的な仕事になる。

　学級経営とは、「学級の教育目標の実現に向けて学級風土の形成を図り、学級における学習と生活の成立を企図する諸条件を総合的に調整する準備と手続きから成る」営為であり、「学級担任を中心とする創造的実践活動」だと言われる[9]。学級経営に関する担任の仕事には以下のようなことがある。

①　学級目標の設定　いわゆる「学級のきまり」や「クラス目標」などと呼ばれる学級目標を年度当初に設定する。学級目標の設定は、学校目標や学年目標を具体化したものであると同時に、当該学級の児童生徒の実態に即したものでなければならない。

②　児童生徒の理解と人間関係の改善　学級内の児童生徒の性格や学力、家庭環境、行動特性などを十分把握し、席替えや班分けなどの工夫により彼らの人間関係を良好にするよう努めることである。

③　学級指導と学級活動の実施　朝の会（ショートホームルーム＝SHR）や帰りの会の実施、学級活動の指導、学習態度の指導、給食指導など学級内の活動を担当し、また児童生徒の事故や問題行動の処理にも当たる。

④　教室環境の整備　教室内の机のレイアウト、児童生徒の作品や時間割等の掲示、動植物の飼育と栽培、共用教材・教具の管理、照明設備の点検、教室内の設備の安全性の確認などを行う。

⑤　学級事務の処理　出席簿による出席の確認、指導要録の記載、通知表の記入、学級費等の会計処理などを行う。

⑥　保護者・PTAとの連絡・協力　学級の児童生徒との連絡、学級懇談会・保護者会の開催、個人面談の実施、家庭訪問の実施、学級だよりの発行、PTA行事等への参加と協力などを行う。

⑦　学級経営の評価　学級経営案の作成とそれに基づいた学級経営評価を行い、当該年度の達成状況を確認するとともにその結果を次年度に生かす。

着席時のよい姿勢

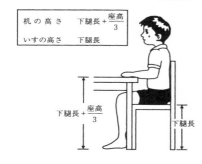

| 机の高さ | 下腿長 $+\dfrac{座高}{3}$ |
| いすの高さ | 下腿長 |

①　机の高さ…いすに深く腰かけ、両腕を体にくっつけ、ひじを直角に曲げて、机の上に乗せたとき、前腕が水平に乗せられる。
　・てのひらが上がったら高すぎる。
　・てのひらが下がったら低すぎる
②　いすの高さ…いすに深く腰かけたとき、足の裏全体が床にぴったりとつき、ひざが直角に曲がる。
　・ひざの部分が上がったら低すぎる。
・ひざの部分が下がって、足の裏がぴったりつかないときは高すぎる。
③　座りかたは「姿勢のグー、チョキ、パー」…
・グー　深く腰をかけ、机とおなかの間隔をグーでとる（背筋を伸ばす）
・チョキ　両手をチョキにして、4本の指を机のへりに乗せる（正面を向き）
・パー　左右の手をパーにして手前の机のへりから前に並べた距離（約30cm）に本を立てておく（正しい読書姿勢のはじまり）

出典：織井道雄『新版小学校学級担任必携』文教書院、1997年、p.140より引用。

その評価は自己評価や校長による評価などの方法がとられたりする。

　このように学級経営に関する担任の仕事は多様であり、授業以外の多くの時間を占めている。なかでも、学級担任制をとる小学校の教師にとって学級経営は一層重要になる。

　（5）　校務分掌と学校経営

　教師の仕事は学級内にとどまるものではなく、学校全体にも及んでいる。学校の校務に対する責任は校長に属するが、各教師も校務を分担しなければならない。校長の責任と指導性の下に、各教師が自らの専門性と経験を生かしながら校務を分担して処理することを校務分掌と呼んでいる。

　校務分掌は学校の規模や教師の数、環境などに応じて組織されるため、各学校によってその態様はまったく異なる。たとえば、教育指導・研究組織と事務組織に大別し、それぞれに具体的な部を設置したりする（**図5-4**参照）。教師は、通常複数の部などに属し、学級単位の仕事とともに学校全体に関わる仕事にも従事することになる。

　校務分掌は学校経営を支えるきわめて重要な要素であり、教師はこれを通じて学校レベルの経営に関わることになる。したがって、仮に、生徒指導部に属せば、担任学級に限らず全校の児童生徒の生徒指導に関する仕事を担当しなければならない。そのほか各種委員会も校務分掌として示される。ただ

図5-4　校務分掌組織の例（ある小学校の場合）

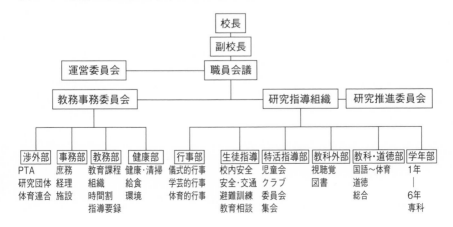

し、特定教科の授業だけを担当する非常勤講師は校務分掌への関わりを要しない。

2015（平成27）年の中教審答申「チームとしての学校の在り方と今後の改善方策について」が提言した「チームとしての学校」によって、校務分掌組織にも新たな形に変わることになるだろう。「チームとしての学校」とは、「校長のリーダーシップの下、カリキュラム、日々の教育活動、学校の資源が一体的にマネジメントされ、教職員や学校内の多様な人材が、それぞれの専門性を生かして能力を発揮し、子供たちに必要な資質・能力を確実に身に付けさせることができる学校」だとされる。それぞれの教職員の特性を生かし、さらにこの答申では、外部の多様な人材も取り込む体制づくりが求められたのである。

　（6）　学校評価と学校経営評価

学校評価は、教育課程評価と狭義の学校経営評価を合わせた概念であり[10]、学校が設定した教育目標がどの程度達成できたか、教育活動の問題点はどこにあるのかを見極めるための営為である。

現在、学校評価は様々な形態で実施されている。教職員自身が行う学校自己評価、保護者や住民等が行う学校関係者評価が普及し、また学校や地域によっては児童生徒による授業評価や外部の専門家等が行う第三者評価が実施されている。教師は自らの実践や勤務状況などが他者から評価される時代になったのである。法的には、学校教育法第42条によって、「学校運営の状況について評価を行い、その結果に基づき学校運営の改善を図るため必要な措置を講ずることにより、その教育水準の向上に努めなければならない」と定められている。また、同法第43条によって、保護者や地域住民などに対して、「教育活動その他の学校運営の状況に関する情報を積極的に提供するものとする」と定められている。学校評価は学校による情報提供を前提として実施されるものであるから、両者は表裏一体の関係にあると言える。

学校評価は従来にも増して重視されるようになり、こうした動向を受けて、文部科学省は2006（平成18）年３月に「学校評価ガイドライン」を策定し、何度かの改訂を経て、最新版が2016（平成28）年に公表された。

以上のほかにも教師の仕事はあるが、少なくとも教育指導だけに限られる

ものではなく、広く学校経営全体に及ぶことに留意する必要がある。また、それは定型的な仕事のように割り切れないものであり、児童生徒との接触過程で質・量ともに変容することもある。そこに教師の仕事の創造性があると言えよう。

｜3◎教師の仕事の実際｜

1 教師の1日

　教師の仕事の実際の流れを1日単位および1年単位毎に大雑把に記しておこう。まず、1日と言っても曜日や時期で異なるが、おおよそ次のような毎日を過ごしている。

（1）　出勤から午前の授業

　教師の1日は登校途中の児童生徒との挨拶から始まる。むろん彼らの登校以前に出勤する教師は少なくない。出勤後には、教員室でわずかな時間にお茶を飲み、素早く教室の換気や点検を行いつつ、授業の準備も忘れない。職員の朝の打ち合せに参加して、朝の貴重な時間が慌ただしく過ぎる。欠席する児童生徒の連絡を受けるのもこのときである。

　教室に到着すると、出席をとって朝の会（ショートホームルーム＝SHR）を始める。朝会があれば校庭に児童生徒を集合させ、終わると再び教室に戻る。ここで児童生徒の顔をよく見て健康状態を把握する。欠席者の確認をして、今日の予定を伝えておく。

　小学校教師ならそのまま第1校時の授業を開始し、中高校の教師だと職員室にいったん戻ってから他の教室に向かう。授業は児童生徒にわかりやすいか、彼らが楽しく学習しているか、ここは強調しておきたいなどと考えながら展開していく。板書も丁寧かつ効果的に行うよう留意する。

　授業がすむと、短時間の休み時間には児童生徒とコミュニケーションを図る。遊んだり、話を聞いたり、助言しながら彼らと接触するのである。日直指導、係指導も休み時間を利用する。あるいは職員室で小休止できる日もと

表5-2　教師の1日の仕事

始業前	○出勤簿に捺印する ○教室等の環境を点検し、安全などの確認をする。
朝の会	○出席簿により出席者を確認し、欠席者・遅刻者の理由を確認する。（授業中の早退者についても同じ） ○児童・生徒の健康観察を行い、健康状態を把握する。 ○1日の予定を確認し、連絡事項を伝える。 ○日直を中心とした自主的な活動にも援助する。 ○室内での過ごし方を指示し、安全に注意させる。 ○児童・生徒や保護者からの提出物を集約する。
授業等	○学習で校外へ出る場合は、必ず学年会で共通理解をもち、事前に校長・教頭へ届け、終了後はすぐに報告する。 ○学習の始業時には、出欠席の確認、健康観察を行う。（遅刻、早退者、保健室利用者等） ○授業中の健康管理、安全確保には十分注意する。 ○授業等で困った時は、独断をさけて、先輩や同僚に相談する。 ○やむをえず指導案・週案を変更する場合には、その旨を記録しておく。 ○給食や清掃の指導をきちんと行う。
休み時間	○できるだけ児童・生徒とのふれあいに心がける。 ○質問等にも応じる。 ○次時の準備をする。
帰りの会	○児童・生徒や保護者に伝えることや配布する文書等を確認する。 ○1日の生活や学習等について反省させる。（日直を中心とした自主的な活動にも援助する） ○あすの予定、準備について確認する。（　　　　　　〃　　　　　　　）
放課後	○児童・生徒を全員帰したあとの戸締まり、火気使用後の始末に十分留意する。 ○学級の事務処理や成績物の処理をし、返却・掲示は早めに行う。 ○必要があって児童・生徒を放課後残す場合は、必ず教師がつくことはもちろんのこと、事前に関係職員・家庭にも連絡をとっておく。 ○教育相談を積極的に行い、個人のもつ悩みや困難の解決を援助する。 ○今日の学習指導や児童・生徒の指導について反省し、明日の学習の準備（教材研究、教具準備等）などをする。
その他	○出張等で学校をあける場合は、児童・生徒の指導について、同学年の教師をはじめ関係する教師に連絡しておく。 ○校務分掌は、責任をもって進めるとともに、提出物・調査物等は期限内に処理する。 ○研究会・研修会には意欲的に参加し、PTA活動にも進んで協力する。

（資料）神奈川県立総合教育センター編『平成12年度 小学校・中学校研修の手びき―新採用教員のために―』神奈川県教育委員会、2000年、pp.87-88

きにはあるが、気が付くと次の授業の開始時間になっている。第2校時が終了すると15分の「業間」時間である。小学校だとこの時間に全校プログラム

が計画されたりする。縄跳び、一輪車、剣玉、ドッジボールなど簡単なレクリエーションプログラムを児童生徒と一緒に楽しむ。中学校や高等学校の教師の場合は、この時間に一服できるとはいえ、何か問題が起これば直ちに教室に向かうのである。

（2）　昼休みから午後の授業

第3校時、第4校時が終われば昼休み。給食ならば、小学校の教師は、配膳や食事の仕方、片付けなどの指導も忘れず、安全指導や衛生指導に留意する。また児童との楽しい会話にも加わる。特に、低学年担当教師は大変である。そして、昼食後に清掃があれば、その指導にも当たる。清掃の仕方からサボりがちな児童生徒への指導、清掃後の点検を行う。

第5、第6校時の授業をこなして、帰りの会では翌日の持ち物の指示など連絡事項を確認するとともに今日の反省を行う。問題があればその改善に努める必要がある。空き時間があれば、教材の準備や事務書類の作成に充てる。欠席した児童生徒の家庭連絡帳に所見を記載するのもこの時間を活用する。曜日によっては第6校時やその後の時間に職員会議や各種委員会、学年会が開催される。会議では、司会や記録係が割り当てられ、必要があれば提案を行う。そのための資料収集やコピー等の準備も当然行うことになる。

（3）　放課後から帰宅まで

放課後、中学校や高等学校だと部活動の指導もある。部活動のない児童生徒が無事帰宅するよう注意を促し、規定時間までには帰宅させなければならない。この間に児童生徒から相談を持ち掛けられればそれに応じる。教室から児童生徒がいなくなったら、教室の点検をし、忘れ物や教室内の異常がないかを確かめる。その後、下駄箱の点検を行い、異常がないかも確認しておく。

保護者等からの来校相談があれば、親身になって対応する。校長に連絡事項や相談があれば校長室をたずねて、助言を求める。

その後には、教員室や担任する教室に戻って、校務分掌の処理や学級事務、明日の授業の準備、宿題の点検、テストの採点を行う。この仕事や職員会議が長引くと、規定の退勤時間を大幅に過ぎることもある。最後に教室の電気、戸締まりなどを確認して、ようやく充実した1日が終わる。

言うまでもなく、教師によって仕事の態様や量は異なるが、多くの教師は以上のように日々を送っているのである。

2 教師の1年（学級担任として）

（1）　1学期

　教師の仕事は、前年度の終わり頃から始まる。教育課程を編成するからである。そこには時間割編成、学級担任や校務分掌の割当ても含まれる。新年度に入ってからは、転入してきた教師がいれば、職員全員で迎える。新たな気持ちで入学式や始業式に臨み、新入生や進級生と対面する。新入生の担任はとても慌ただしい時期である。

　教室では、あらかじめ作成しておいた座席表に基づいて、児童生徒を着席させる。担任として入学生や進級生を教室に迎え、自己紹介を行いながら新年度の抱負を語り、また1年間の計画を児童生徒に伝えたりする。

　1か月も経てば、学級の児童生徒の特性が十分理解できるようになる。児童生徒もお互いに人間関係が築かれ、担任にも親しんでくる。必要があれば、席替えや班の再編成も試みる。家庭訪問を計画し、一人ひとりの保護者等と話しながら児童生徒の理解を深める。

　行事の準備にもそろそろ取り組む頃になる。健康診断は、毎年6月末までに実施しなければならない（学校保健安全法施行規則第5条）。5月から6月にかけては、春の遠足や運動会、自然教室、高等学校では修学旅行などの行事が目白押しになる。それらの計画は行事委員会や学年会を中心に進めるが、他の教師も協力していく。この頃、中学校や高等学校では中間テストも実施される。学校によっては、この時期に教育実習生を迎える。担当教師は実習生の指導と事後の指導にも追われるが、それは自らの仕事を見つめ直す絶好の機会にもなる。

　春の行事が終わると、もうすぐ期末である。中学校と高等学校は期末試験を実施する。テスト問題の作成や採点処理に多くの時間を費やすことになる。7月中旬には、1学期の成績処理を行い、通知表の記載に余念がなくなる。夏休みを目前にした児童生徒は何となく気持ちが浮わつきがちなので、普段よりも目配りの効いた生徒指導に努める。必要があれば学級懇談会を実施し

て、保護者に担任として意向を伝えておくとよい。

　夏休み直前の１学期の終業式では、長期休業中の指導、注意事項などが伝えられるが、各教室でもその確認と宿題等の連絡を行う。児童生徒にとって期待と不安の種である通知表を手渡しながら、一人ひとりに声をかける。翌日からは児童生徒にとっては待望の夏休みとなるが、教師の仕事はこれで一段落というわけではない。学校によってはプール教室や部活動の指導を行うよう求められ、夏季休業中の学習教室にも関わる場合が珍しくない。教育委員会や教育センターが開催する経験者研修へも参加して自らの資質の向上に努めることも大切である。長期休業中も出勤が求められるので、旅行などに行くときには有給休暇や厚生休暇（特別休暇）を用いることになる。

　（2）　２学期

　２学期の始業式の前日は全員出勤日である。これからの予定を確認し、２学期の仕事がスタートする。この時、席替えを考えてもよい。始業式では児童生徒のたくましくなった姿を見ながら、２学期の注意事項を伝える。教室では、一人ひとりの声を聞きながら心身の異常やその他問題点の有無を把握するよう努める。中学校や高等学校では、特に夏休み後に非行や問題行動が起こりやすいので、夏休み中の生徒の状況を十分つかむよう心がけなければならない。２学期開始直後は夏休みの余韻が残っているので、児童生徒に対して気持ちを引き締めて学校生活を送るよう注意を促すことが大切である。

　10月から11月には秋の行事や校外学習が続いている。文化祭や学芸会、運動会、社会見学、小中学校の修学旅行、交通安全教室などが予定される。そのたびに教師は企画立案、進行、協力依頼や渉外、保護者への周知、事前指導と事後指導、行事の評価、協力者へのお礼をはじめ多様な仕事に追われる。そのほか、この頃に教育実習生を迎える学校も少なくない。受験指導にも親身に応じることになる。１学期開始当初と並んで教師が最も充実した時期である。

　12月に入った当初には学校はしばし落ち着きを見せるが、年末に近付くにつれて再び慌ただしさを呼び戻す。期末テストの作成と採点、通知表の記載など学期末お決まりの仕事が待っている。また、受験生用の調査書の作成を依頼されたりする。２学期の終業式の日には教室の児童生徒一人ひとりに連

絡事項を伝え、新年を迎える意味なども語ったり、風邪やインフルエンザの予防指導も併せて行う。終業式を終えて、12月29日から1月3日までは教師にとって勤務を要しない日になるので、少しは休養できる。

　（3）　3学期

　3学期は教師が昨年の仕事を振り返り、学年を締めくくる学期である。行事は少ないが、期間が短いので、各教師は日々の活動を確認しながら授業に臨むことが大切になる。教師は、教科書を終えるよう授業の進度を調整しながら、児童生徒が学習目標を達成できるよう留意しなければならない。

　1月末から2月までは入試の時期でもある。調査票の作成、受験の直前指導、進学校の最終的な相談などを行う。そのために保護者との接触機会が多くなる。同時に、インフルエンザによる学級閉鎖も行われるようになるので、教師としても自らの健康に留意しておく。

　3月になると、学年の総括評価を通知表に記載しなければならない。3学期分だけでなく、この1年間の記録を振り返り、児童生徒一人ひとりの学習の状況や特別活動の状況など正確に記すのである。いよいよ卒業式の準備に入る時期でもある。卒業式には教師全員が協力する。お楽しみ会や謝恩会にも参加して、卒業生との最後の交流を図る。また、卒業式や終業式が近づく頃には、1年間の作品など返却物を児童生徒に手渡す。最終的には、児童生徒の体操着や運動靴、教材、文具などが教室内に残らないように彼らに持ち帰りを指示する。

　卒業式を経て学年終業式を終えて、一人ひとりの児童生徒の顔と様子を思い浮かべながら今年度の仕事を反省して、ようやく1年間の仕事が終了する。このとき、教師としてのやりがいをもっとも強く感じるのである。そして、短い春休みは新しい年度の準備に充てて過ごすのである。

　さて、教師の1年間は長いようで短い。慌ただしい時期には毎日が早く過ぎてほしいと願うが、学年末を迎える頃にはあっという間に1年が過ぎたように感じるものである。教師にとって1年間とは、多忙感と充実感が同時進行する毎日の連続なのである。

　なお、最近は、小中学校で2学期制を導入している地域も見られる。

4 ◎生涯学習社会における教師への期待

1 多様化する教師の役割期待

　これまで述べてきたところであるが、教師の役割とは、学校内における教育指導と学校・学級経営を中心にしている。だが、生涯学習社会において教師の役割は学校内の業務以外にも多くを期待され、その仕事は多様化しつつある。

　生涯学習社会の中で学校に期待される新たな役割とは、生涯学習の基礎づくりと生涯学習機関の場としての学習機会の提供という2つに集約できる。まず、生涯学習の基礎づくりの観点からは、生涯にわたる人間形成の基礎を培うため、基礎的・基本的な内容の指導を徹底し、個性を生かす教育の充実を図るとともに、自己教育力の育成を図ることが期待されている。教師にはそうした新たな教育指導の姿勢が求められるのである。そのためには、「開かれた学校づくり」の観点から、家庭・地域社会との連携に努めなければならない。

　「総合的な学習の時間」の創設を機に、地域にある人材や学習素材、学習の場を積極的に求めて、それを活用していくことが不可欠になっている。したがって、教師には、それら地域の教育資源を把握し、活用するためのコーディネーターとしての役割が期待されてくる。つまり、教師の仕事は学校内だけでは完結しなくなり、積極的に外部と関わることが求められてくるのである。

　後者の視点からは、「幅広く地域の生涯学習のための役割を果たすよう、その教育機能を、社会や地域に広げることが期待」（生涯学習審議会答申、1992年）されている。具体的に言えば、学校の施設開放にとどまらず、教師には地域子ども会や成人教育活動の指導など本務以外の指導的役割がますます強く期待されてくる。

　このように、今日の教師には、児童生徒の教育指導とならんで、地域の生涯学習への協力、子どもの校外活動との連携、地域との連携、さらに教師自

身の地域参加が求められるのである。2006（平成18）年に全面改正された教育基本法は第13条で「学校、家庭及び地域住民等の相互の連携協力」という条文を盛り込んだことから、地域連携はすべての学校にとって必須課題になったのである。家庭・地域連携はこれからの教師に強く期待される役割になる。

2 「開かれた学校づくり」と教師

「開かれた学校づくり」は学校の施設開放だけを意味する訳ではない。学校の機能（教師の教育力、研究蓄積等）、保護者・地域への情報提供・説明責任など対外的に「開いていく」と同時に、外部から様々な要素を取り込んでいくことも必要になる。たとえば、地域の教育資源（人材や環境等）を活用したり、保護者や地域住民などの外部の意向を運営に反映させるのである。そのための制度として創設された学校評議員制度は、2000（平成12）年度にスタートし、各教育委員会等の判断によって設置されるようになり、さらに、2004（平成16）年度からは、コミュニティ・スクールが制度化され、「開かれた学校づくり」が本格的に推進されるようになってきた。

コミュニティ・スクールとは、地教行法を根拠法令とする学校運営協議会を設置する学校の通称であり、地域によっては地域運営学校とも称され、保護者や地域住民等のステイク・ホルダー（利害関係者）が学校運営に参画することを可能にした制度のことである。学校運営協議会は、①校長が作成した学校の基本方針を承認すること、②教育委員会や校長に学校運営に関する意見を述べること、③当該校の教職員の任用に関して任命権者に意見を申し出ることなどを役割とする。2021（令和3）年5月現在、全国の11,856校で導入されている。国が策定した第3期教育振興基本計画（2018（平成30）年）ではコミュニティ・スクールの導入の促進及び運営の充実を図るよう求めている。

コミュニティ・スクールは地域連携や学校改善に関する成果を上げている[11]。

学校評議員制度は制度上は合議体とされておらず、評議員が個別に活動することを基本としていたが、学校運営協議会は合議体とされ、そこには校長や教職員も委員として加われる制度とされた。

注1）学校管理運営法令研究会編『第六次全訂新学校管理読本』第一法規、2018年、p.44

2）ベネッセ教育総合研究所（愛知教育大学受託、教員養成ルネッサンス・HATOプロジェクト特別プロジェクト 教員の魅力プロジェクト）『教員の仕事と意識に関する調査』2016年、p.11

3）佐藤晴雄「ゆとりある教師は楽しく働く」『悠』第14巻第15号、ぎょうせい、1997年8月号、pp.22-25

4）ベネッセ教育総合研究所『小中学校の学習指導に関する調査2021』『高等学校の学習指導に関する調査2021』（2022年3月）。

5）文部科学省『小学校学習指導要領解説　総則編』東洋館出版社、2008年

6）各都道府県の条例によると、教育課程の編成主体を「校長」と定めている例が多い。

7）水越敏行監修、吉崎静夫編『授業設計と展開の改善』国立教育会館、1998年、p.6

8）ベネッセ教育総合研究所、『第6回学習指導基本調査 DATA BOOK（小学校・中学校版）』2016年、p.10

9）天笠茂「学級の経営」葉養正明編『教育の制度と経営－4訂版』学芸図書、2009年第2刷、p.105

10）堀井啓幸「学校教育目標と学校評価」坪田護・堀井啓幸・佐藤晴雄『教育経営概説』第一法規出版、1994年、p.119

11）佐藤晴雄『コミュニティ・スクールの成果と展望』ミネルヴァ書房、2017年

【その他参考文献】前川智美『中学教師1年目の教科書』明治図書、2022年。

第6章

管理職・主任の役割

1 ◎校長の役割と権限

1 校長と学校管理機関

（1） 校長の権限

　校長は学校という一国一城の主（あるじ）とも比喩されるように、学校を代表する最高責任者で、学校管理職に位置づく。また、それは教育活動の経験を永年積んだベテラン教員であり、その経験と研鑽によって培われた資質能力は日々の指導・助言を通して教職員の職能成長を促し、学校の創造的、能率的経営を担っている。この意味で校長は学校の職制上の代表としてだけではなく、スクールリーダーとしても位置づけられるのである。また、最近は、すぐれた経営感覚を持つ人材を幅広く確保する観点から教員経験者以外からも校長の任用が可能になった。民間企業社員や行政事務職、学校事務職などからの任用である。いずれにせよ、校長の在り方は学校経営を良くも悪くもする大きな要因になる。

　さて、学校教育法第5条に基づいて、学校は法令に特別の定めがある場合を除いて、その設置者が管理することとされている。大学以外の公立学校は地方公共団体、私立学校は学校法人、国立学校は国立大学法人等がそれぞれの管理機関となるが、大学以外の公立学校については、設置者たる地方公共団体が直接管理を行うのではなく、地方教育行政の組織及び運営に関する法

律（以下「地教行法」）第21条により、当該地方公共団体に置かれた教育委員会が管理することと定められている。つまり、市町村立小中学校の管理機関は当該学校を設置した市町村の教育委員会であり、都道府県立学校のそれは当該都道府県の教育委員会になるのである。

いずれの場合の管理機関も学校に対して以下のような権限を有する。

① 物的管理…学校の校舎・校庭等の施設・設備の維持管理、教材・教具等の保管管理

② 人的管理…教職員の任免および身分取り扱い、服務監督等の管理

③ 運営管理…学校の組織編制、教育課程、学習指導、教科書等の取り扱いなどの運営管理

公立学校の場合には教育委員会がこのような学校の施設や活動全般にわたって権限を有するのである。その場合、教育水準の維持・確保の観点から、設置者たる地方公共団体の教育委員会は管理する学校間に著しい格差が生じないようある程度の統一した関わりを持つ必要がある。なお、学校管理職には、校長のほかに副校長、教頭などの職がある。また、東京都は、2008（平成20）年度から、先進的な取り組みを推進したり、困難な課題を持ったりする学校に統括校長を置くことを定めた。統括校長は給料表の「級」は校長と同じだが、それよりも上位の職だとされる。

（2） 学校の裁量権

教育委員会に権限があると言っても、学校という教育機関が特定の地域において、児童生徒という個別具体的な人間を対象に教育活動を展開していくためには、学校は教育行政と一定の距離を維持しながら自主性・自律性を確保し、自らの判断によって創意工夫を図ることが重要である。とりわけ、伝統的な学校に見られた画一的・硬直的な学校経営の見直しを図り、地域や子どもの実態に応じた特色ある学校づくりを推進する観点から学校の自主・自律性の確保が一層重視されている。その場合、学校が法令等に反しない範囲において主体的判断によって具体的事項に関して決定する権限を学校の裁量権という。

また、学習指導要領との関係については、学校による授業1単位時間の決定、時間割の弾力的編成、「総合的な学習の時間」の実施等に関して各学校

が主体的に判断して行うなどの形で学校の裁量権の枠が広げられたのである。さらに、2000（平成12）年1月に学校教育法施行規則が改正されて、従来、慣行として実施されてきた職員会議は、「校長が主宰する」ものと定められるようになり、いわば校長の補助機関であることが明確になった。このように、学校は教育委員会との関係において自主性・自律性を確保する方向にあり、その下で校長の権限の拡大が図られつつある。

（3）　学校管理規則

　学校管理機関の職務権限のうち、学校が自主的に決定、処理すべき事項と教育委員会の判断により決定、処理すべき事項とをあらかじめ明確にしておく必要がある。このために、地教行法第33条第1項は、「教育委員会は、法令又は条例に違反しない限度において、その所管に属する学校その他の教育機関の施設、設備、組織編制、教育課程、教材の取扱その他学校その他の教育機関の管理運営の基本的事項について、必要な教育委員会規則を定めるものとする」としている。通常、そのような管理機関（教育委員会）と学校との事務分担の明確化を定めた教育委員会規則を、「学校管理規則」と呼んでいる。

　学校管理規則によって校長の職務権限とされた事項に関しても、学校の管理運営に何らかの問題がある場合や教育行政の必要性から学校の管理運営に一定の変更を求める必要が生じたときには、教育委員会は校長に対して指揮監督を行うことができると解釈されている。その場合には、校長は、職務上の上司である教育委員会の命令や法令等に従う義務がある。ただし、あくまでも学校の自主性を尊重するという原則の上で指揮監督がなされるべきことは言うまでもない。

2　校長の職務権限

　校長の職務については学校教育法で「校長は、校務をつかさどり、所属職員を監督する」（第37条第4項）と明記されている。つまり、学校の代表として校務を処理する責任を有することと、学校に所属するすべての教職員の勤務について監督することが校長の役割なのである。

（1）　校務掌理権

　校務とは、学校が学校教育として事業を遂行するために必要なすべての任務を言うが、具体的には以下の事項に関するものがある[1]。

①　教育課程に基づく学習指導など教育活動に関するもの

②　学校の施設設備や教材教具に関するもの

③　教職員の人事に関するもの

④　文書の作成処理や人事管理事務、会計事務など学校の内部事務に関するもの

⑤　教育委員会などの行政機関やPTA、社会教育団体などとの連絡調整に関するもの

　このような校務を処理する権限は校長に属するが、一般的にこの権限のことを校長の「校務掌理権」と呼んでいる。もちろん、これらすべての校務を校長一人が処理するわけではなく、校務分掌を定めて所属教職員に役割分担させているが、最終的な権限と責任は校長にあることを校務掌理権として認めているわけである。

　なお、校務の範囲にそれぞれの教員が行う教育活動は含まれないとする見解もあるが、現実に教育活動が施設設備の管理や人事、事務などに関する事項と切り離しては成り立たないことを考えれば、上記のようにそれが校務に含まれると考える方が妥当であり、実際にこの考えに基づいた説が有力とされる[2]。

（2）　教職員の服務監督権

　法制度上、校務の掌理と並んで校長に課せられているもう1つの職務は、職場の管理職として所属職員を監督することである。この所属職員とは、県費負担教職員はもちろん市町村固有職員（市町村長が任命する職員。たとえば、給食調理員や事務職員の一部など）を含む学校内のすべての職員のことを指している。これら職員に対する監督権は、職務上の監督と身分上の監督の2領域に及ぶものと解される。

①　職務上の監督　これは、主として教職員の職務遂行に関する監督のことを言う。つまり、教職員が適切に日々の職務を遂行しているかを見極め、していなければ遂行させるよう促し、必要があれば職務命令を発するなどの

行為のことである。むろん、すでに前章で「職務上の義務」について記したとおり、法令等および上司の職務上の命令に従う義務、職務に専念する義務に関しての具体的、実際的な監督は校長の役割とされる。

しかし、教師の「教育をつかさどる」という職務には、その教育権の観点から校長の監督が及ばないとする一部の説も見られるが、法的にはその職務すなわち教育活動にまで校長の監督が及ぶものと解釈するのが定説である。その場合でも、校長は各教師の主体性や創造性を尊重すべきである。ここに校長のリーダーシップの重要性が見出されるのである。

② 身分上の監督　身分上の監督とは、法制上は「信用失墜行為の禁止」「秘密を守る義務」「政治的行為の制限」「争議行為の禁止」「営利企業への従事等の制限」など、公務員の身分上の義務に関して対象とされるが、具体的には教職員の任用、給与、勤務時間、分限・懲戒、服務、研修、人事評価などに関して校長が事実行為として監督することになる。これは、勤務時間の内外を問わず監督すべきものである。

県費負担教職員のこれら監督に関しては、本来はその服務監督権は市町村教育委員会にあると定められているので、校長は学校における事実行為としての監督に基づいて自らの意見を教育委員会に具申する権限を持つだけである。しかし、事務委任によって具体的には校長にその権限が委ねられているのが通例である。

(3) 校長の職務内容

以上のように校長には2つの職務が課せられるが、この具体的な職務は、その性質上、次の2つに分けてとらえることができる[3]。

① 校長の職務として定められているもの　これは法令によって、そもそも校長の固有の権限として定められている職務で、次のようなものがある。

(a) 教育課程の実施や評価に関するもの…教育課程の編成、授業終始時刻の決定、指導要録の作成

(b) 就学、入学、進学および卒業に関するもの…入転学の許可、退学又は休学の許可、出席状況の把握、就学猶予免除を受けた子女の相当学年への編入決定、高校進学に際しての調査書等の送付、課程修了および卒業の認定、卒業証書の授与

(c) 児童生徒の懲戒

(d) 児童生徒の安全に関すること…非常災害時などの授業停止、感染症の感染防止のための出席停止、児童生徒の就業が修学にさしつかえないことの証明

(e) 教職員に関すること…勤務場所を離れての研修の許可、免許外教科担任の申請、教職員の任免その他進退に関する意見の具申

(f) 学校の組織運営に関すること…学校評議員、職員会議の主宰

② 学校管理機関〔教育委員会〕が校長に委任、命令したもの　本来は学校の管理機関たる教育委員会の職務権限に属するが、教育委員会規則や内部規則などの法令によってあらかじめ明示して校長に委任または命令する職務がある。地域によってその内容は異なるため一概には言えないが、たとえば次のような事例が見られる。

(a) 学校施設の目的外使用の許可（学校開放など）

(b) 設備物品の管理

(c) 所属職員に対する職務命令、研修命令ほか

　もちろん、これ以外にも地域の実状に応じて多様な職務が校長に委任されている。今後は、校長の権限が上記以外にも拡大されるようになり、それだけ学校の自主・自律性が強まることが予想される。

3 校長に求められる資質・能力

　言うまでもなく、多くの校長は教育経験を積んだベテランであり、あるいは教育行政の経験を有する人物でもある。近年は民間企業等から採用される校長も存在するようなった。経営者としての資質が求められるようになったことが関係しているのである。それでは、教育委員会はどのような資質・能力を有する人物を校長等に求めているのだろうか。

　東京都教育委員会の「学校管理職育成指針」によれば、副校長を含めた学校管理職には、次のような能力が求められると言う（一部省略または要約した）[4]。

① 学校の経営者としてすぐれた人物…課題解決能力・実行力、リーダーシップの発揮、常に危機意識を持つこと、毅然とした姿勢で学校改革を

推進すること、教育方針等の発信、保護者や地域住民の学校に対する要望の収集、職員の状況の掌握など

②　外部と円滑に連携、折衝できる人物…保護者、地域、関係機関等への教育内容の理解を図り信頼を高めること、学校教育計画策定や教育活動に地域社会の参加を促すこと、教育委員会等との連携、折衝を行うことができること

③　優秀な人材を育成できる人物…職員の適性や能力、特性を把握し生かして人材育成ができること、人事考課を十分理解してその制度を効果的に活用することなど

④　教育者として高い見識がある人物…高い教育理念を持ち学校経営ができること、学習指導力・生活指導力・学級経営力等の専門性を有していること、教育に対する都民の期待を把握し、その職責の重さを自覚して実行することなど

また、校長を公募する方針をとっている大阪市では、校長に「求める人物像」として、以下の要素を示している（一部省略または要約した）[5]。

①　市の教育施策を実現できる人

②　子どもの目線に立ち、子どもたちの最善の利益を実現することができる人

③　保護者および地域住民との連携および協力を図り、学校や地域の実情に応じた特色ある教育実践を創造し、子どもたちの活気にあふれる学校づくりのできる人

④　リーダーシップを発揮して管理職を中心とした学校組織マネジメント体制を構築でき、教職員の能力、適性および勤務意欲の向上を図るよう支援し、安定した学校運営を行うことができる人

⑤　教育的識見、高い倫理観や柔軟な発想、企画力を有し、常に向上心をもって教育者として研究と修養に努めることができる人

東京都と大阪市の例を見ると、そこには、学校経営のリーダーとしてリーダーシップを適切に発揮できること、地域など外部との連携に努めること、教職員を生かし育成できること、教育的見識が高いことという４つの要素を見出すことができる。なかでも、近年は、地域連携等の外部との関わりを校

長等に求める例が目立つようになってきている。

　また、今後は「チームとしての学校」づくりを推進するためのリーダーシップの発揮が求められるようになる。

　ちなみに、2021（令和3）年度現在の公立学校の校長の平均年齢は、小学校54.3歳、中学校・義務教育学校54.7歳、高等学校・中等教育学校55.9歳であり、これら校種間に著しい年齢差はない。

▌2◎副校長・教頭の役割とリーダーシップ▌

　副校長は、学校において校長に次ぐ地位に置かれる管理職である。副校長が置かれていない場合は、教頭がその地位にある。副校長と教頭は校長の職務を内部から支える役割を担い、外部からは校長候補者として見られる。なぜなら、指導主事等の一部の例を除けば、一般的に、副校長や教頭は、校長になるためにはまず通過しなければならない職に位置づけられているからである。最近は、東京都や横浜市などのように、教頭に替えて副校長を置くところも増え、また神奈川県立高校のように副校長と教頭を併置する場合もある。

1　副校長の職務

　近年、一部の公私立学校にも副校長が置かれている。現在の副校長は、教頭とは異なる職務規程がなされ、その職務が「校長を助け、命を受けて校務をつかさどる」ことにあるとされる（学校教育法第37条第5項）。つまり、校長の命令の下で、校務についてある程度自律的に遂行する権限が与えられているのである。そして、校長に事故があるとき（病気や事故など）はその職務を代理し、校長が欠けたとき（中途退職や死亡など）にはその職務を行うこととされ、校長に次ぐ地位にあることが明確にされている。

　もともと副校長は、従来から国立大学附属学校や一部の公私立学校（横浜市など）に置かれていたが、法的には教頭の別称にすぎなかった。その後、2007（平成19）年の中教審答申「教育基本法の改正を受けて緊急に必要とさ

れる教育制度の改正について」は、学校に副校長を置くことができると述べ、その職務を「校長を補佐し、校務を整理するとともに、校長から任された校務について自らの権限で処理すること」と示した。

　教頭があくまでも校長の職務補佐役であるのに対して、副校長は校長の職務の一部をあらかじめ担当するところに両者の違いがある。たとえば、事務職員以外の職員を監督する例などが見られる。

　副校長は、2007（平成19）年の学校教育法の一部改正によって制度化されることになった。改正された法では、その職務は前述の中教審答申の文言を変え、校務を「つかさどる」という表現にされたのである。

　副校長は、教頭を欠いて置かれる場合と、教頭とともに置かれる場合がある。前者の場合の副校長は、「校長を助け、命を受けて校務をつかさどる」とする職務規程に則して教頭の職務も遂行することになる。ただし、教頭には「教育をつかさどる」ことが記されているのに対して、副校長にはその職務が明記されていない。しかし、実際には教育をつかさどることを学校管理規則で記している例がある（たとえば、東京都立学校の管理運営に関する規則）。

2　教頭の職務

　教頭の職務に関して、学校教育法第37条第7項では、「教頭は、校長（副校長を置く小学校にあつては、校長及び副校長）を助け、校務を整理し、及び必要に応じ児童の教育をつかさどる」とされ、さらに同条第8項によって、「校長（副校長を置く小学校にあつては、校長及び副校長）に事故があるときは校長の職務を代理し、校長が欠けたときは校長の職務を行う」と定められている。つまり、教頭の職務とは、校長・副校長を助ける補佐と校務の整理、児童生徒の教育をつかさどること、そして校長・副校長に事故あるときの代理と校長・副校長が欠けたときの代行という3つに分けられるのである。

　①　校長の補佐と校務の整理　上記の条文で「校長を助け」とあるように、校長の職務を補佐することが教頭の第1の職務となるが、このことは教頭自らがその権限を有することを意味するものではない。しかし、単なる手伝い役を意味するのではなく、補佐として校長の命を受け、所属職員に対して命

令を発し得ることを言うのである。また、「校務を整理し」とは、校長の校務掌理権を具体化していくための実質的な業務のことを指し、具体的には、「学校全体の仕事を調整すること」や「校長の校務の処理の準備的・調整的・整理的な作業をすること」[6] を意味するものと解されている。

　②　**校長の職務代理と代行**　そして、校長（および副校長、以下同じ）に事故あるとき、たとえば病気休暇、休職・停職、長期海外出張、その他校長からの意思表示が求められないときなど一定期間にわたり校長が職務を行うことができなくなった場合には、校長に代わってその職務を代理することが教頭の任務になる。

　校長が欠けたときとは、校長の死亡、退職・辞職、免職、失職などを意味し、この場合、教頭は対外的に職務遂行の責任を負い、校長の職務を代行することになる。この代理と代行の性格は明確に区別してとらえられていない。

　以上を簡潔にまとめると、校長が校務をつかさどり、副校長はその命を受けて校務をつかさどり、教頭が校務を整理することになり、そして、副校長が校長を代理・代行し、さらに副校長に事故があり、あるいはそれが欠けたときに教頭が代理・代行する立場にある。

　③　**児童生徒の教育**　また、「必要に応じ児童の教育をつかさどる」とあるのは、教員の欠員・欠勤や発病等不慮の事故が生じたときに教育活動を担当教員に代わって行うことを言う。この教育活動には、教科等の授業や学級・学年活動、生徒指導などが含まれる。現在は、教頭を教諭の定数からは外し、別枠として配置している。地域によって異なるが、教頭が書写を担当したり、妊娠中の女性教諭に代わって体育などを担当したりする例が多い。ただし、教員免許状を有しない民間人教頭の場合は、教育をつかさどることは認められない。

3　複数教頭制

　学校教育法（第37条第8項）は、学校に2人以上の教頭を置く場合には、校長がその職務を代理・代行する権限を持つ者をあらかじめ定めるとしている。高等学校においては、全日制、定時制、通信制の各課程にそれぞれの教頭を置くこととされている。このように、1つの学校に2人以上の教頭を配

置する制度を「複数教頭制」と言う。

　複数教頭制が導入されるのは、大規模校、僻地・離島などの分校、2つ以上の課程（定時制と全日制など）を持つ高等学校などの場合である。いずれも物理的に1人の教頭では校長の職務補佐を十分に遂行し得ないと認められるときである。複数配置の場合、学校運営の円滑化を図るために、各教頭の職務にかかわる役割分担をそれぞれ明確にしておくことが要求される。神奈川県立高校の場合、副校長と教頭を併置するのは複数教頭制の変形に当たると言ってよい。なお、複数副校長の配置も可能である。

4　副校長・教頭のリーダーシップ

　まず、教頭のリーダーシップについて述べておこう。教頭は校長と教諭との中間に位置することから独自のリーダーシップの発揮が期待される。今日、教頭のリーダーシップは「調整機能」に関わるものとしてとらえられている。その調整機能とは、「ヘッドシップによってではなく、適切なリーダーシップの発揮によって『準機能』（enfunction）する」ものだと言われる[7]。教頭の調整機能としてのリーダーシップは、垂直的（タテの）調整と水平的（ヨコの）調整との両方を含んでいる。垂直的調整とは、校長の学校経営上の意思や方針などを教職員に伝達し、具現化されるように指導する方向とともに、その反対に教職員の意思や意見を取りまとめてそれを校長に具申しながら校長の意思に反映させるような双方向の調整を意味している。つまり、職階上の上下関係の意思調整を図ることなのである。

　一方、水平的調整は、校務分掌上の校内各部門領域間（たとえば、各教科指導部、生徒指導部、学年会など）のヨコの意思疎通や意見統一を図るための調整である。各部門では、それぞれ独自に方針や計画を定めるであろうから、学校全体のレベルにそれらが持ち込まれると矛盾や競合などが生じやすいので、教頭がそれら相互の連絡調整を図る必要がある。

　このように教頭は学校経営の調整者として、校長と教職員との仲介者の立場から両者の意思交流を円滑にし、統一ある学校経営を進める上できわめて重要な役割を持つ点に、校長とは異なるリーダーシップの在り方が見出される。

　今度は、副校長の場合であるが、教頭が置かれていない学校の場合には前

述の教頭と同様のリーダーシップの発揮も期待されることになる。

　副校長にはどのようなリーダーシップが期待されるのか。基本的には教頭と同様のリーダーシップが求められるであろうが、校長の命により特定事項をつかさどる場合には、自律的に遂行する責任者という立場になる。副校長は、従来、校長が行っていた教職員の服務に関する事項の一部を行うことや学校外への対応を担当することなどがある。したがって、その限りにおいて副校長は校長と同等に職務を全うする立場にあるので、校長と同様なリーダーシップが期待されることになる。そのほか、教頭と併置されている学校の副校長は、校長と教頭との連絡調整に関するリーダーシップが求められるのである。

┃3◎ミドルリーダーの種類と機能┃

　現在、主幹教諭や主任等はミドルリーダーと称され、校長のリーダーシップを支える中間層の教員として、その役割が注目されつつある。2016（平成28）年の教育公務員特例法の一部改正により、従来の10年経験者研修を改めて中堅教諭等資質向上研修を実施するものと定められたが、この研修はミドルリーダーを対象にするものである。ここでは、主幹教諭等のミドルリーダーについて取り上げておこう。

1　主任の制度化

　学校には校長や教頭などの管理職以外に、「指導職」として主任が置かれる。これは、1971（昭和46）年の中教審答申が、校務を分担するために必要な職制を定めて校内管理組織を確立すべきことを提言したのを受けて、1976（昭和51）年から文部省令改正により制度化されたものである。それ以前から学校には各種主任が実態として置かれていたが、校務分担組織の確立の必要性が指摘されるようになり、また主任職の責任に応じた処遇の確保を図るために、特定の主任等（主事や長を含む）が制度化されたのである。主任の制度化を示した文部省令の内容は以下のとおりである。

① 学校においては、調和のとれた学校運営が行われるためにふさわしい校務分掌の仕組みを整えるものとすること
② 従来各学校に設置されていた各種の主任等のうち、特に全国的に共通した基本的なものである教務主任、学年主任、生徒指導主事等について、それらの設置を規定したこと
③ 主任等の職務内容は、それぞれの職務に係る事項について連絡調整および指導、助言に当たることを明確にしたこと

　この主任職の制度化に対しては、賛否をめぐる議論が見られた。しかし、それ以前から学校における職層をめぐる論争があった。1965（昭和40）年の「学校単層重層構造論争」がそれである。これは職員組織制度が単層であるべき（単層構造論）か、それとも重層であるべき（重層構造論）かをめぐって宗像誠也と伊藤和衛との間で展開された論議である。

　単層構造論は、校長以外のすべての教員はすべて同様の職務を担うものであり、何ら職制上の差異が認められるべきでないとする考えで、一方の重層構造論は学校経営合理化の観点から経営、管理、作業の3機能を明確化し、それぞれの機能を担う職制として校長・教頭（経営）、主任（管理）、そして一般教員（作業＝教育活動）を位置づけ、その職務権限を明らかにする必要があり、学校の職制は校長・教頭－主任－一般教員という重層構造であるとする見解である。

　ここでその論争について詳細に述べることをしないが、少なくとも主任の制度化に際しても、単層か重層かとする見解が表明されたところである。ともあれ、主任職の制度化によって、主任職が管理職と一般教員との間に位置する職制だと認知されるようになり、現実的に学校は重層構造化されたのである。

　なお、東京都では、「主任教諭」を職務給「3級」に位置づけている。

2　各種主任とその職務

　主任職は、校長や教頭のように独立した職として置かれるのではなく、学校の必要性に基づいて設置されるもので[8]、校長による職務命令に基づく職とされる。つまり、中間管理職等の職階上の職ではないため、ある学校の教

務主任が他校に異動した場合に、主任ではなくなることもあり得るわけである。

　現在、制度化された主任にはどのようなものがあるのだろうか。校種別に学校教育法施行規則で規定されている主任は以下のとおりである。

① 　小学校 …教務主任、学年主任、保健主事、事務主任

② 　中学校 …教務主任、学年主任、保健主事、生徒指導主事、進路指導主事、事務主任

③ 　高等学校…教務主任、学年主任、保健主事、生徒指導主事、進路指導主事、学科主任、農場長、事務長

なお、主任手当が支給されることもある。また、事務主任・事務長は事務職員をもって充て、保健主事は教諭または養護教諭をもって充てるが、それ以外はすべて教諭をもって充てることとされている。

　主任は、指導助言、連絡調整を行いながらリーダーシップを発揮することが役割として期待されるが、各種主任の主な職務は学校教育法施行規則で以下のように規定されている。

① 　教務主任…校長の監督を受け、教育計画の立案その他の教務に関する事項について連絡調整および指導、助言に当たる。

② 　学年主任…校長の監督を受け、当該学年の教育活動に関する事項について連絡調整および指導、助言に当たる。

③ 　生徒指導主事…校長の監督を受け、生徒指導に関する事項をつかさどり、当該事項についての連絡調整および指導、助言に当たる。

④ 　進路指導主事…校長の監督を受け、生徒の職業選択の指導その他の進路の指導に関する事項をつかさどり、当該事項について連絡調整および指導、助言に当たる。

⑤ 　保健主事…校長の監督を受け、小学校（中学校・高等学校）における保健に関する事項の管理に当たる。

⑥ 　事務主任…校長の監督を受け、事務をつかさどる。

　このほかに、必要に応じて校務を分担する主任を置くことができるとされ、実際の学校には、規模と特性に応じて、たとえば視聴覚教育主任、給食指導主任、各教科担当主任など多様な主任職が置かれている。

3 主幹教諭・指導教諭の設置

　東京都は、学校における新たな職制として、2003（平成15）年度から「主幹」（現在は、「主幹教諭」）を創設した。この主幹は東京都独自の制度であったが、その後の法改正によって主幹教諭が制度化されたことに伴い、東京都は2007（平成19）年度から主幹教諭に改め、また他の都道府県等でも主幹教諭を設置するようになった。主幹教諭の具体的な役割は、「校長・副校長の補佐機能、調整機能、人材育成機能及び監督機能を果たすとともに、経営層である校長・副校長と実践層である主任教諭等との間で調整的役割を担い、自らの経験を生かして主任教諭等をリードする指導・監督層の教員」だとされる（東京都公立学校採用案内のホームページより）。ここには記されていないが、児童生徒の教育をつかさどることもその職務とされる。したがって、主幹教諭には、ⅰ）管理職の補佐、ⅱ）管理職・主任教諭との連絡調整、ⅲ）主任教諭等に対する指導、ⅳ）授業等の教育活動という役割が求められることになる。

　主幹教諭の名称は、都道府県によって異なり、たとえば、神奈川県は総括教諭、大阪府・市は首席、京都市は副教頭などの例がある。これは任意設置であるが、今後、これら制度が浸透すれば学校も企業組織のように重層化し、ピラミッド型の組織のようになるであろう。

　学校教育法第37条は、主幹教諭および指導教諭の職務を以下のように定めている。

主幹教諭　「校長（副校長を置く小学校にあつては、校長及び副校長）及び教頭を助け、命を受けて校務の一部を整理し、並びに児童の教育をつかさどる」（設置県・指定都市数：58（設置率86.1％）〔2021年3月現在〕）[9]

　一方、2007（平成19）年6月の学校教育法一部改正によって「主幹教諭」が制度化され、同時に「指導教諭」も創設された。

　主幹教諭は、教頭が行う校務の整理の一部を担当し、教頭の補佐的な役割を果たす立場になり、同時に教諭として教育をつかさどることになる。まさに教頭と教諭（特に主任）との間に位置し、教諭としての職務を担いつつ、教頭の職務を部分的に担う立場に置かれる。

指導教諭　「児童の教育をつかさどり、並びに教諭その他の職員に対して、教育指導の改善及び充実のために必要な指導及び助言を行う」（同：23（同34.3％））

　指導教諭に関しては、校長等の管理職をめざさなくても、給与上の措置を管理職と同等程度にするための制度になる。つまり、これまでは教諭のままで定年を迎えると、校長等との給与格差が見られたため、指導力の高い教諭が管理職に昇任する傾向があったので、その指導力が教育指導の場面で生かされにくくなるという問題があった。

　そこで、指導教諭になれば管理職との給与格差がほとんど解消されることになるため、定年まで教諭でいることを望む教諭の指導力が生かされやすくなる。職務については、他の教職員に対する指導的役割を担うこととされる。

　ただし、いまだ指導教諭の配置数は少ない実情にある。

4　主任の機能

　主任は、経験をある程度有する中堅教諭が充てられる傾向が見られるように、いわば教員の代表として位置づけられる職位だと言える。その一般的な機能には、①校長の監督を受けて、管理職の補佐的業務を遂行すること、②担当事項についての連絡調整を行うこと、③担当事項に関する指導、助言を行うことがある。教頭が校務一般について校長を補佐するのに対して、主任は特定の担当事項に関して校長・教頭の補佐を務め、また、それに関する指導、助言を管理職の補佐という立場から同僚教職員に対して行うことを任務にしていると考えてよい。

　管理職と異なり、主任は日々教育活動等に従事し、その経験を通して実際の業務に精通しているわけであるから、管理職に比べてより具体的、実際的な連絡調整や指導助言が期待され、一般教職員の生の意見をいち早く把握することが求められる。ここに主任機能の重要な意義が見出されるのである。

　注1）学校管理運営法令研究会編『第五次全訂新学校管理読本』第一法規、2009年、p.34

　　2）牧昌見『学校経営の基礎・基本』教育開発研究所、1998年

3）注1）、pp.35-36

4）東京都教育委員会の「学校管理職育成指針」2013年5月、p.3

5）大阪市立小学校・中学校・高等学校の校長の公募要領（http://www.city.osaka.
lg.jp/shimin_top/category/705-3-1-0-0.html）、2014年7月

6）長谷川央編著『教頭の役割と実務』文教書院、2000年、pp.28-29

7）高倉翔「学校経営における教頭の調整機能」『教育委員会月報』、1982年12月号

8）学校管理運営法令研究会編、前掲、1）、p.47

9）文部科学省『令和2年度公立学校教職員の人事行政状況調査について』2022
年3月更新。

【その他参考文献】

・高階玲治編『誰もが活用したい「学校の自己評価・外部評価」100の実践ポイント』
教育開発研究所、2004年

・小島宏・寺崎千秋編『教育三法の改正で学校はこう変わる』ぎょうせい、2007年

・八尾坂修編『主幹教諭』教育開発研究所、2008年

・入澤・岩崎・佐藤・田中編著『学校教育法実務総覧』エイデル研究所、2016年

第7章

教師の職場環境

1 ◎教師の勤務実態

1 教師の勤務時間

　教師という仕事の特殊性は教師の職場環境にも影響している。教師は学校の、閉ざされがちな人間関係の中で、無定量かつ無限定の仕事をこなし、人間相手ゆえに予測できない仕事にも全力を尽くさなければならない。職場では、人間であることよりも教師であることが優先され、常に範たる存在としての振る舞いが要求される、いわば特殊な環境で勤務しているのである。実際に、教師の職場環境とはどのようなものなのか。本章では、教師の勤務時間や人間関係の特質を示しつつ、そのライフサイクルについて述べていくことにする。

　最初に、教師の勤務実態を各種データに基づいて明らかにしておこう。第5章で述べたように、教師は、毎朝、規定時間よりも早めに出勤し、1日に4校時から6校時分の授業を担当し、昼休みもゆっくりとくつろげず、学校内外の会議にも頻繁に出席するなど多忙な毎日を送っている。退勤時間以後にも残業があり、自宅に帰ってからも教材づくりやテストの採点に追われる。運動部や音楽関係の部活等の顧問になったり、あるいは地域やPTAなどから要請があれば、勤務時間外や土曜・休日にも出勤しなければならない。生徒指導に関わる問題が起これば、自宅から呼び出されるのも珍しくなく、ま

た、年次有給休暇が思うように消化できないことも多い。その結果、精神疾患等におちいる教師も現れる。

　むろん教師の個人差や勤務校の環境によって勤務状況は異なるので、その平均的実態を主に文部科学省の委託調査（実施は東京大学)[1] のデータから探っていくことにしよう。

　（1）出勤・退勤時間

　第4章で述べたように、2008（平成20）年の人事院勧告によって、ほとんどの公立学校教職員の勤務時間は1日7時間45分に短縮されるようになっている。ところが、学習指導要領の改訂の影響もあり、教員の勤務時間はむしろ増加傾向にある。**表7-1**は教員の一日あたりの学内勤務時間を2006（平成18）年度と2018（平成28）年度を比較したデータを示している。この数値を見ると、小中学校共に「教諭」の勤務時間が増加していることがわかる。いずれの職種・校種でも平日は10時間以上勤務しているのである。

　平日1日当たりの在校時間（持ち帰り時間を含まない）を前記調査の2018（平成30）年発表の確定値（**表7-2**）に基づいて見ると、小学校11時間15分、中学校11時間32分となり、2006（平成18）年調査よりもいずれも増加してい

表7-1　教員の1日当たりの学内勤務時間

時間：分

平日	小学校			中学校		
	28年度	18年度	増減	28年度	18年度	増減
校長	10:37	10:11	+0:26	10:37	10:19	+0:18
副校長・教頭	12:12	11:23	+0:49	12:06	11:45	+0:21
教諭	11:15	10:32	+0:43	11:32	11:00	+0:32
講師	10:54	10:29	+0:25	11:16	11:04	+0:12
養護教諭	10:07	9:38	+0:29	10:18	10:01	+0:17

土日	小学校			中学校		
	28年度	18年度	増減	28年度	18年度	増減
校長	1:29	0:42	+0:47	1:59	0:54	+1:05
副校長・教頭	1:49	1:05	+0:44	2:06	1:12	+0:54
教諭	1:07	0:18	+0:49	3:22	1:33	+1:49
講師	0:57	0:17	+0:40	3:10	1:25	+1:45
養護教諭	0:46	0:07	+0:39	1:10	0:19	+0:51

〔資料〕文部科学省『教員勤務実態調査（小・中学校）報告書』および『教員勤務実態調査（高等学校）報告書』より（小・中学校調査は2016年10月～11月のうち連続する7日間実施、高等学校は同年11月27日～12月10日実施）

る（小学校＋43分、中学校＋32分）。ちなみに高校の場合、2006年調査では9時間49分であった。担任の有無等別では、担任は小学校11時間27分、中学校11時間50分となり、担任の負担増が見出される。また、土日勤務は、小学校1時間07分、中学校3時間22分となり、中学校では部活動指導のために勤務時間が長いという特徴がある。校種別内訳は、授業が長いのは言うまでもないが、これ以外では、いずれも授業準備と生徒指導の長さも目立つが、中学校の場合には部活動（クラブ活動）が小学校に比べて長く、成績処理は、

表7-2　教諭の1日当たりの学内勤務時間（持ち帰り時間は含まない。）の内訳

時間：分

	勤務時間：平日		勤務時間：土日	
	小学校	中学校	小学校	中学校
朝の業務	0：35	0：37	0：02	0：01
授業（主担当）	4：06	3：05	0：07	0：03
授業（補助）	0：19	0：21	0：01	0：00
授業準備	1：17	1：26	0：13	0：13
学習指導	0：15	0：09	0：00	0：01
成績処理	0：33	0：38	0：05	0：13
生徒指導（集団）	1：00	1：02	0：02	0：01
生徒指導（個別）	0：05	0：18	0：00	0：01
部活動・クラブ活動	0：07	0：41	0：04	2：09
児童会・生徒会指導	0：03	0：06	0：00	0：00
学校行事	0：26	0：27	0：09	0：11
学年・学級経営	0：23	0：37	0：03	0：04
学校経営	0：22	0：21	0：03	0：03
職員会議・学年会などの会議	0：20	0：19	0：00	0：00
個別の打ち合わせ	0：04	0：06	0：00	0：00
事務（調査への回答）	0：01	0：01	0：00	0：00
事務（学納金関連）	0：01	0：01	0：00	0：00
事務（その他）	0：15	0：17	0：02	0：02
校内研修	0：13	0：06	0：01	0：00
保護者・PTA対応	0：07	0：10	0：03	0：03
地域対応	0：01	0：01	0：02	0：01
行政・関係団体対応	0：02	0：01	0：00	0：00
校務としての研修	0：13	0：12	0：00	0：01
会議・打合せ（校外）	0：05	0：07	0：00	0：01
その他の校務	0：09	0：09	0：01	0：04

〔資料〕文部科学省『教員勤務実態調査平成28年度（小・中学校）分析結果及び確定値』（2018年）より（小・中学校調査は2016年10月～11月のうち連続する7日間実施、高等学校は同年11月27日～12月10日実施）
※勤務時間については、小数点以下を切り捨てて表示。そのため合計時間数が全体数と一致していない。
※「教諭」には主幹教諭・指導教諭を含む。

中学校では2006年調査よりも少し長くなっている（小学校33分（±０分）、中学校38分（＋13分））。

　１週間の総勤務時間（学内）は、小学校では「56時間〜60時間未満」がもっとも多く、中学校では「60時間〜65時間未満」がもっとも多くなる（**図7-1**）。ただし、前述したように中学校は全体的に勤務時間が長く、60時間以上が小学校よりも多くを占めている。担当授業数を見ると、小学校の場合、「21〜25コマ」34.2%、「26コマ以上」40.9%で、中学校の同様の時間は49.9%、20.8%となり、小学校教員よりもやや少ない。中学校教員の勤務負担の多さは部活動指導が土日のみならず平日でも行われていることによる。

　（2）時間外勤務と部活動

　時間外勤務時間のうち、持ち帰りを含まない学内勤務時間は、実勤務時間から所定外勤務時間７時間45分を差し引いた時間になるが、これは小学校３時間増、中学校２時間50分増になる。その背景には2008（平成20）年の学習指導要領改訂に伴う授業時数増がある。特に、中学校教員は時間外の部活動指導が主な原因で時間外勤務が増える訳だが、前述の調査によると、部活動の顧問を担当している中学校教員の割合は84.5%となり、ほとんどの教員が顧問に就いている実態にある。部活動の週平均日数は、「６日」（49.1%）がもっとも多く、次いで「５日」（19.4%）、「７日」（15.1%）となるので、週５日以上が83.6%にも達する。外部指導者を導入している例もあるが、多くの部活動には教員顧問が関わっているのである。しかも、競技系の球技や武道、コンクールに関わる芸術関係の顧問が全体の約８割を占めている。文部科学省勤務実態調査によれば（**図7-2**）、中学校の運動部顧問の場合、指導を要する部活動の１日当たりの活動時間は、「０時間」が平成18年度の33.0%から平成28年度には19.8%に減少し、「30分〜１時間未満」から「１時間30分〜２時間未満」がこの10年間に目立って増加していることがわかる。

　そうした教員の勤務過剰の実態に対応するため、文部科学大臣は2017（平成29）年６月に中央教育審議会に「新しい時代の教育に向けた持続可能な学校指導・運営体制の構築のための学校における働き方改革に関する総合的な方策について」と題する諮問を行い、これを受けて中教審は同年７月に「学校における働き方改革特別部会」を設置して、答申に向けた審議を行ったの

図7-1　一週間の総勤務時間の分布　①教諭（主幹教諭・指導教諭を含む。）

> ● 1 週間当たりの教諭の学内総勤務時間について、小学校は 55〜60 時間未満、中学校は 60〜65 時間未満の者がしめる割合が最も高い。

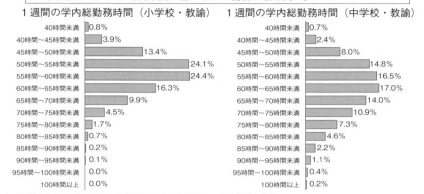

1 週間の学内総勤務時間（小学校・教諭）

区分	割合
40時間未満	0.8%
40時間〜45時間未満	3.9%
45時間〜50時間未満	13.4%
50時間〜55時間未満	24.1%
55時間〜60時間未満	24.4%
60時間〜65時間未満	16.3%
65時間〜70時間未満	9.9%
70時間〜75時間未満	4.5%
75時間〜80時間未満	1.7%
80時間〜85時間未満	0.7%
85時間〜90時間未満	0.2%
90時間〜95時間未満	0.1%
95時間〜100時間未満	0.0%
100時間以上	0.0%

1 週間の学内総勤務時間（中学校・教諭）

区分	割合
40時間未満	0.7%
40時間〜45時間未満	2.4%
45時間〜50時間未満	8.0%
50時間〜55時間未満	14.8%
55時間〜60時間未満	16.5%
60時間〜65時間未満	17.0%
65時間〜70時間未満	14.0%
70時間〜75時間未満	10.9%
75時間〜80時間未満	7.3%
80時間〜85時間未満	4.6%
85時間〜90時間未満	2.2%
90時間〜95時間未満	1.1%
95時間〜100時間未満	0.4%
100時間以上	0.2%

※「教諭」について、平成28年度調査では、主幹教諭・指導教諭を含む。
※ 1 週間当たりの正規の勤務時間は38時間45分。
※上記グラフは、勤務時間から本調査の回答時間（小学校64分、中学校66分）を一律で差し引いている。
（資料）文部科学省委託調査「平成29年度教員勤務実態調査研究」より

図7-2　部活動・クラブ活動の 1 日当たりの活動時間（平日　教諭）

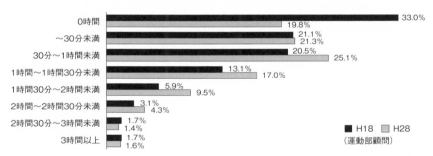

区分	H18	H28
0時間	33.0%	19.8%
〜30分未満	21.1%	21.3%
30分〜1時間未満	20.5%	25.1%
1時間〜1時間30分未満	13.1%	17.0%
1時間30分〜2時間未満	5.9%	9.5%
2時間〜2時間30分未満	3.1%	4.3%
2時間30分〜3時間未満	1.7%	1.4%
3時間以上	1.7%	1.6%

（運動部顧問）

【資料】（株）リベルタス・コンサルティング『平成29年度文部科学省委託研究「公立小学校・中学校等教員勤務実態調査研究」調査研究報告』2018年。

である。この答申によって、今後、勤務時間の管理や業務の見直しなどが図られることが期待される。

　教員の指導環境を調査したOECDの『教員環境の国際比較―OECD国際教員指導環境調査（TALIS）』[3]（**表7-4**）によると、中学校教員の 1 週間当たりの仕事時間合計は平均38.3時間であるが、日本の場合、56.0時間と調査対象国内で最長である。最短はイタリアの30.0時間となっている。仕事の主な

表7-4 教員（中学校等教員）の1週間の仕事時間－主な国との比較－

	仕事時間合計	主な仕事の内容		
		指導（授業）に使った時間	一般的事務に使った時間	課外活動に使った時間
日本	56.0	18.0	5.6	7.5
シンガポール	45.7	17.9	3.8	2.7
イングランド	46.9	20.1	3.8	1.7
アメリカ	46.2	28.1	2.6	3.0
フランス	37.3	18.3	1.4	1.0
フィンランド	33.3	20.7	1.1	0.4
イタリア	30.0	16.8	1.9	1.0
参加国平均	38.3	20.3	2.7	1.9

出典：国立教育政策研究所編『教員環境の国際比較－OECD国際教員指導環境調査（TALIS）2018年調査結果報告書』明石書店、2019年より。

内容を見ると、「指導（授業）に使った時間」は平均20.3時間、日本18.0時間、イタリア16.8時間であり、仕事時間合計では日本とイタリアは大きく差があったものの、「指導」の時間は両国に差がないようである。日本の教員はイタリア等の多くの諸外国に較べて、指導（授業）以外の「事務」や「課題活動」に多くの時間を費やしている傾向が指摘できる。このことが多忙感につながっていると考えることができよう。

2 夏休みの勤務

これまで教師にとって夏季休業は自宅研修期間として活用できたが、学校週5日制の完全実施により、その期間中の勤務が厳密に扱われるようになった。2002（平成14）年7月、文部科学省通知「夏季休業期間等における公立学校の教職員の勤務管理について」は、夏季休業等の長期休業期間中の勤務に対して、地域住民や保護者から疑念を抱かれないように、また教職員の資質向上に有効に活用するよう勤務管理の適正を徹底するよう求め、以下のように取り組みを進めるよう示した。

① 初任者研修、経験者研修等の教育委員会が行う研修の実施
② 各学校における計画的な研修の実施
③ 教育センター等における教員の自主的研修の支援
④ 各学校における教材研究、授業研究の実施
⑤ 児童生徒の実態等に応じた適切な教育活動の実施

ようするに、教師に対して、夏季休業等に原則として自宅研修を行わせるのではなく、学校や教育センター等において研修するよう求め、夏季休業等が「休み」だと誤解されないよう、その勤務の在り方をより明確に示したのである。その結果、夏季休業等の間にも教師は学校に出勤し、あるいは研修に参加することとなり、むしろ多忙感が増したとも言われる。

▌2◎教師の悩みと不満▌

1　教師の負担と多忙感

　第5章でも指摘したように、教師は人間を相手に、様々な仕事に追われる毎日を過ごしているため、強い多忙感を抱く傾向が見られる。なるほど、授業時数や校務分掌数も多めで、なかなか忙しい様子がうかがわれる。

　文部科学省の『学校教員統計調査』2019（令和元）年度[4]によると、授業を担当している教師（教諭）の週当たり担当授業時数平均は小学校23.8単位時間（コマ）、中学校17.3単位時間、高校15.1単位時間、特別支援学校19.6単位時間である。平日1日当たり3〜5コマの授業を行い、そのほかにいくつかの校務分掌をこなしている平均的な教師の姿が浮かんでくる。

　さらに、前述したように、校務分掌との関係から、会議が大きな負担になっているとも言われる。空き時間の大半が会議にとられてしまっては心身の余裕もなくなるであろう。

　実際に学校では会議が多く、毎朝の職員会をはじめ、分掌毎に会議が開催されており、しかもその会議では司会と記録係を決めて正確な記録をとる。これでは会議の回数のみならず、質的にも大きな負担になるであろう。

　このほか、多忙感をもたらす要因として、特に中学校と高等学校の教師の場合には部活動の指導負担などがある。

　前述のベネッセの調査によると、教師の仕事量等の悩みとして回答された上位の2項目は、「教材準備の時間が十分にとれない」「作成しなければならない事務書類が多い」など多忙さに関わるものである[5]。中学・高校での「部

活の指導」の数値は、中学校63.6％、高校51.9％が悩みに「そう思う」＋「まあそう思う」と回答している。部活動が負担の大きな要因として取り上げられている割には低目の数値になっている。

２　教師の仕事に対する認識

　前述のOECD調査によると、「教員になる際に重要と感じた動機」として「教職に就けば、社会に貢献できるということ」と回答（肯定値）した教員は、小学校81.0％、中学校81.6％と決して低くない数値だが、イングランドや台湾等の90％台に比べれば低くなっている。また、「安定した職業である」との回答は小学校91.1％、中学校85.6％（中学校の場合は参加国平均74.3％）と高い。日本の教師は社会貢献でき、安定した職業だと認識しているようなのである。

　教員養成ルネッサンス・HATOプロジェクト（代表：愛知教育大学）の『教員の仕事と意識に関する調査』（2016年）によれば、「教員の仕事について感じること」としてもっとも多くの教員が回答した項目は「子どもの成長にかかわることができる」である（小98.4％、中97.2％、高97.7％）。ほとんどの教員は多忙でありながらも、子どもの成長に関わることを肯定的に捉えていることになる。そのためか「今の仕事は楽しい」の回答も80％以上（小86.3％、中81.5％、高81.1％）となり、教育の仕事にやりがいや楽しさを強く感じている様子がうかがえるのである。

　しかしながら、同調査では、「悩みや不満」として、「仕事に自信が持てない」と回答した教員が40％前後（小44.5％、中42.1％、高39.5％）存在することである。この４割は「楽しさ」などに比べれば高いとは言えないが、看過できない数字でもある。

　教師の指導に対する自信低下の原因には、多忙感の増大のほかにも、教師自身が子どもの変化に十分対応できなくなったことや、マスコミや保護者などが外圧として教師の指導を抑制していることが考えられる。HATOプロジェクトによる調査では「保護者・地域住民への対応が負担」になっているという回答が小学校55.9％、中学校54.6％、高校39.9％と比較高い数値を示している。

現代のマスコミ、保護者等による学校に対する抑制は、結果として教師の指導の在り方に変更を迫り、教師の指導に対する自信の喪失に拍車をかけている。学校叩きは、自由の尊重や個性重視を基調とする指導観への転換を促したため、子どもに対する厳しい指導が困難な環境に教師たちを追いやったのである。河上亮一が「自由・人権第一が教育力を低下させた」[7] と述べているように、現在の教師は自らの信念に基づいて指導しにくくなり、その教育力を低下させてきた。多忙感のみならず、こうした指導観の変化も教師の指導力に揺さぶりをかけ、ともすると教師から自信を奪う結果を招きかねないのである。

3 教師の心の不安

教師の多忙化は教職生活の実態や意識など様々な面にマイナスの影響を及ぼしている。

現在の教職生活に否定的感情を抱く教師には、ストレスが積もり、メンタルヘルスにも支障をきたすものが少なくない。文部科学省調査[8] によれば、精神性疾患による休職者は2020（令和2）年度現在、全国5,180人であり、全教職員数に占めるその割合は0.56％に上る。この割合は近年横ばいであるが、全教職員のうち0.54％を占め、決して低い水準ではない。多忙化は教師の精神疾患の原因のすべてではないが、少なくとも教職生活に悪影響を及ぼしているのは確かである。

教師の心の不健康状態の要因や背景には、①生徒指導上の問題（問題行動等への対応に追われ、心身ともに疲労した状態）、②教科指導上の問題（技術革新や急速な情報化の進展、受験指導に対する保護者の期待による高度な技量の要求に基づく指導力不足への悩み）、③学校教育への過度の期待（しつけなどの基本的生活習慣への期待、保護者や地域住民の学校や教員に対する強い批判、非協力）、④特定教員への過重な負担（不適切な校務分担）などがあると言われる[9]。さらに近年は、特別な支援を必要とする児童生徒への対応の困難さも加わっている[10]。

こうした状況の中で、教師には心身ともにたくましく、高い実践的な指導力を持つ人材が求められる。ある小学校長は望ましい教師のあり方として、

「耐久性のある教師」だと言い切った。むろん体力と気力の両面における「耐久性」という意味をこめてである。

4 多忙感や不安をもたらす要因

ただ、ここで留意すべきは、多忙であることと多忙感があることとは異なるという点である。つまり、客観的に見て勤務負担が大きくても、本人がやりがいや充実を感じていれば、多忙感は弱まり、反対に外部からは忙しそうだと思われなくても、本人が多忙だと感じていれば多忙感は強まるのである。こう考えると、一部の者を除けば、教師は多忙だと言うよりも、むしろ多忙感を強く抱いていると言った方が適切かもしれない。なぜなら、以下のような原因や理由が考えられるからである[11]。

第1に、教師の仕事は子ども相手の緊張を強いられるものだからである。多忙感は単に実労働時間からだけでは説明できるものでなく、仕事の質的側面にも注目しながら解明される必要がある。授業は一般的なデスクワークに比べてより多くの緊張を要する仕事であり、人格的に未完成な子ども相手の指導は慎重さときめ細かさを求められる営みである。したがって、教師は多忙感を一層強く抱きやすいのではないだろうか。

第2に、教師の時間外勤務に対する補償が十分でないことがあげられる。教師の場合には超過勤務手当てが支給されず、また休日出勤などの特殊勤務手当てもごくわずかにすぎない実態を考えると、民間企業のサラリーマンに比べて、たとえ同じ時間外勤務（超過勤務）をこなしていても、多忙感がより強まるのではないか。企業では、本人の職務成績が直接昇給・昇進に響き、また残業に対しては相応の手当てが支給されるので、社員は多忙であっても多忙感が緩和されやすい。

第3に、教師間に職務負担の不公平が見られることである。特定の教師、たとえば運動部の顧問教師や若年層教師、あるいは生徒指導主事などに仕事が集中し、それ以外の教師は勤務時間が相対的に少ない傾向にある。したがって、そうした仕事の多くを担当せざるを得ない教師は負担感が強くなり、多忙感を抱きやすい。

以上のように見るならば、今後教師の多忙感を解消していくためには、単

に実質的な勤務時間短縮という側面だけでなく、仕事の質的な面の改善・見直しや時間外勤務に対する補償の強化、そして教師間の勤務負担の平等化などが検討されなければならない。それ以前に、教師自身が精神的な「ゆとり」を持つことが強く期待されるのは言うまでもない。

┃3◯学校の人間関係┃

⬛1 協調性が重視される人間関係

学校には、教師として、校長、副校長、教頭、教諭が配置され、場合によっては助教諭や講師、補助教員などが置かれている。このほか、事務職員や学校栄養士、用務職員、給食調理員等の職員が勤務している。学校教育は教師だけでなく、様々な職種にある人々によって支えられているが、ここでは、校長や他の同僚教師との関係について述べていくことにしよう。

前出の『教員の仕事と意識に関する調査』は、教員の「職場の様子や同僚・管理職等との関係」についても取り上げているが、この調査結果によれば、すべての校種（小・中・高）で90%前後の高い数値を得た項目は「子どもの指導上の課題についてよく話し合う」であった（**図7-3**）。その他の項目は全体的に小学校から高校に移るに従って数値が低下する傾向にあるが、「学習指導の方法についてよく話し合う」「教職員の間で自由に意見を言い合える」など校内におけるコミュニケーションが活発な様子をうかがわせるデータが目立つ。「悩み・不満」に関しては、「同僚との関係に疲れる」の回答率は2割前後と低い（小18.6％、中24.1％、高24.5％）。多くの教員は同僚とのコミュニケーションを図り、その人間関係を良好に築いているようである。

一般教員の管理職との関係も良好で、「管理職に気軽に相談する」の回答率は校種により異なるが、7割強から8割強（小86.0％、中82.3％、高74.1％）である。一般教員にとって管理職は身近な存在になっていると言えよう。また、「悩み・不満」として、「管理職からの指示や干渉が多い」を選択した教員は2割弱（19.0％、中17.1％、高18.5％）である。したがって、一

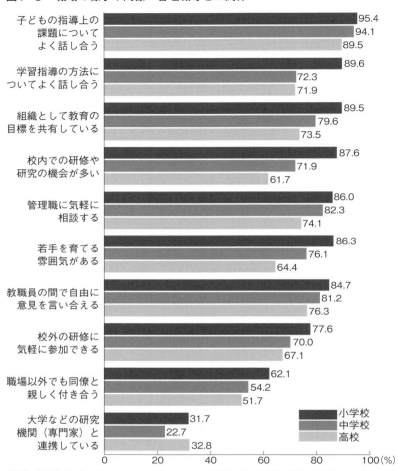

図7-3　職場の様子や同僚・管理職等との関係

子どもの指導上の課題についてよく話し合う
- 小学校: 95.4
- 中学校: 94.1
- 高校: 89.5

学習指導の方法についてよく話し合う
- 小学校: 89.6
- 中学校: 72.3
- 高校: 71.9

組織として教育の目標を共有している
- 小学校: 89.5
- 中学校: 79.6
- 高校: 73.5

校内での研修や研究の機会が多い
- 小学校: 87.6
- 中学校: 71.9
- 高校: 61.7

管理職に気軽に相談する
- 小学校: 86.0
- 中学校: 82.3
- 高校: 74.1

若手を育てる雰囲気がある
- 小学校: 86.3
- 中学校: 76.1
- 高校: 64.4

教職員の間で自由に意見を言い合える
- 小学校: 84.7
- 中学校: 81.2
- 高校: 76.3

校外の研修に気軽に参加できる
- 小学校: 77.6
- 中学校: 70.0
- 高校: 67.1

職場以外でも同僚と親しく付き合う
- 小学校: 62.1
- 中学校: 54.2
- 高校: 51.7

大学などの研究機関（専門家）と連携している
- 小学校: 31.7
- 中学校: 22.7
- 高校: 32.8

凡例: ■小学校　■中学校　■高校

横軸: 0 20 40 60 80 100 (%)

（資料）教員養成ルネッサンス・HATOプロジェクト『教員の仕事と意識に関する調査』2016年より

般教員は校長や教頭等の管理職に対して、指示や干渉を受けることは少なく、むしろ何かあったときには気軽に相談できる上司として認識する傾向にあると言ってよい。

　以上のデータからは、教員は校内で同僚や管理職とのコミュニケーションを図り、何でも相談できるという人間関係をつくり上げていることが見出される。そうした現状をふまえると、教員には同僚等と協調できる姿勢が求め

られることになろう。多くの学校管理職は教員に協調性を強く求めている実態がある。確かに、教員の仕事は教室内中心の個業に近いが、大きな組織とは言えない学校では人間関係の意味が大きく、また学校ぐるみで取り組むことも多いことから、同僚性が強く求められることになる。

2 教師の年齢構成と人間関係

　教師の年齢構成はどうだろうか。公私立小学校における30歳未満の本務教員（全体）における比率は1992（平成4）年現在の17.6％から2001（平成13）年には7.8％に落ち込み、2019（令和元）年にはその数値は回復の兆しを見せ、19.2％になった。中学校では同じく20.5％から10.5％に減少したが、2019年度には、16.1％になった。高等学校でも同様に15.8％から7.7％に減少しているが、2019年度に11.2％まで回復した[12]。教員の平均年齢は公立学校の場合、小学校42.6歳、中学校43.6歳、高等学校46.1歳となり、高等学校は年齢が高い状態が続いている（2019年現在）。特別支援学校の教員の平均年齢は43.1歳である（2019年）。

　20代教員の減少は少子化による教員需要の低下の影響であったが、50代教員の退職期を迎えた現在、その比率が徐々に高くなってきている。ただし、私立幼稚園教師に関しては、30歳未満教員の比率は45.7％と高めで、平均年齢は36.5歳である（2019年）。この背景には、幼稚園教師の多数を占める女性教師の多くが20歳代で結婚等を機に退職し、その補充要員として新規に教師が採用され続けるなどの教師の新陳代謝の激しさがある。しかし、公立幼稚園の場合は、私立のような退職による異動が少ないため、平均年齢が40.6歳と高くなり、小中学校と変わらない。

　ともあれ、私立幼稚園教師を除けば、団塊世代が退職し、採用数が増えたと言っても、これは都市部に限った現象で、全国的に見れば、教師の年齢はまだ高い実態にある。そして、都市部などで若手採用数が増加してくると、初任教師から見ると、先輩教師は自分よりもずっと年齢が高く、両親ほどの年齢の教師ばかりだということも珍しくない。勤務校に若年層と高年層との文化的差異を中継すべき中間層がいなければ、教師相互の文化的ギャップが生じる可能性が出てくる。

前述したように、最近の教師たちは管理職や同僚とのコミュニケーションが活発になり、職場の人間関係が良好になっていると言っても、新任教師には運動会の準備と指導、生徒指導の実務、競技系部活動の顧問など負担の大きい仕事が集中しやすくなる。そうなると、若手教師に大きな負担が集中し、バーンアウト[13]する危険がある。だが、裏を返せば、若手教師は、ベテラン教師から充実したOJT（職場内研修）を受ける機会が多くなるというメリットもある。今後は、校内における縦の人間関係を保ちながらも、他校の同世代教師や地域社会との交流を積極的に図ることがきわめて重要になる。

3　保護者・地域・子どもとの人間関係

　近年、学校と保護者・地域社会との積極的な連携が重視されている。学習指導要領は、指導計画作成上の留意事項の一つに「開かれた学校づくり」を取り上げ、家庭や地域の人々の協力を得るなどの連携を促している。とりわけ、「総合的な学習の時間」には家庭や地域との連携は不可欠になる。また、

職員室の機能

　佐藤は、職員室の機能として、以下の9つがあると指摘している。

①一見余剰と思われるような情報を含む，子どもについての情報交換

②コミュニケーションを介しての教員間の共通理解

③教員に休憩の場を提供すること

④先輩教員からの指導などによる，教員を教員として育てるメンタリングコミュニケーションの場の提供

⑤メンタリングや相互交渉を通して，教員文化の継承者を創出すること

⑥様々な問題に対応するための組織の柔軟性の提供（学年・学級間などのような、多様な職務遂行のグループが作られるという意味）

⑦子ども達の駆け込み場所となる

⑧教員の孤立を防ぐ

⑨学校としての組織風土や雰囲気を醸成する場を提供する

　職員室（教員室）は、教師にとっての執務や休憩の場であるばかりでなく、教師間の交流を図り、また子どもが何かあった時に「駆け込む」場としても機能していると言うのである。

（資料）佐藤昭宏「中学校における職員室風土の研究」『北海道大学大学院教育学研究院紀要』112号、2011年、pp.73-89

2000（平成12）年に創設された学校評議員、そして2004（平成16）年創設の学校運営協議会（コミュニティ・スクール）によって、地域住民や保護者、学識者が学校運営に参画できるようになった。

　このような情勢において教師はただ学校内だけの人間関係に留意すれば事足りるものではなく、進んで保護者や地域住民との協働関係を持つことが必要になる。これからの教師は、家庭や地域との関係において、①名実ともに対等な立場から、お互い遠慮なしの関係を築いて、②学校から家庭・地域に一方的な協力を求める関係ではなく、相互に協力し合える協働的な関係を創り、③必要なときだけの一過的・一時的な関係にとどまらず、日常的・恒常的な関係にまで発展させることに努めることが大切になるものと思われる[14]。

　一方、子ども、つまり児童生徒との関係も教師にとって変化しつつある。特に、「学級崩壊」と呼ばれる現象にその関係の変容が表れた。授業開始後でも教科書やノートをすぐに出さず、授業中教室内を立ち歩き、教師の話を聞こうとしない児童生徒が問題視されていた。

　旧・国立教育研究所（現・国立教育政策研究所）の調査研究報告[15]は、「学級崩壊」という概念を用いる代わりに「学級がうまく機能しない状況」と呼び、それを「子どもたちが教室内で勝手な行動をして教師の指導に従わず、授業が成立しないなど、集団教育という学校の機能が成立しない学級の状態が一定期間継続し、学級担任による通常の手法では問題解決ができない状態に立ち至っている場合」だと定義した。

　最近は学級崩壊という問題が大きく取り上げられることは少なくなったが、教員と児童生徒との関係に関して新しい課題とも言える現象が現れた。たとえば、前出の『第6回学習指導基本調査』によると、「受け身的な児童・生徒が増えた」と回答した教員は、小学校47.8%、中学校52.9%、高校60.8%といずれの校種でも「児童・生徒の変化」として選択された率がもっとも高い。アクティブ・ラーニングなどの児童生徒主体の学習方法が重視された背景には、そうした児童生徒の変化があったとも考えられる。

　また、文部科学省調査によれば、日本語指導が必要な外国籍児童生徒は、2021年度では全国47,627人で前回調査2018（平成30）年よりも6,872人（16.9%）も増加している[16]。児童生徒の母語をみると、ポルトガル語、中国語、

フィリピン語が多い。日本語指導が必要な児童生徒とのコミュニケーションをどう図るかが多くの教員にとっての課題になるだろう。

このほか、発達障害のある児童生徒への対応も課題になる。文部科学省調査（2012年）では、「知的発達に遅れはないものの学習面や行動面の各領域で著しい困難を示すと担任教師が回答した児童生徒の割合」として、「Ａ：「聞く」「話す」「読む」「書く」「計算する」「推論する」に著しい困難を示す」4.5％、「Ｂ：「不注意」又は「多動性－衝動性」の問題を著しく示す」3.1％、「Ｃ：「対人関係やこだわり等」の問題を著しく示す」1.1％という数字が明らかにされた。このうち、「Ａ」は学習障害、「Ｂ」は注意欠陥／多動性障害（ADHD）、「Ｃ」は高機能自閉症と定義される。これら割合の合計値は8.7％になる[17]。

少し前の時代の教師も以上のような子どもに対応していたが、それはあくまでも少数の教員にとっての課題であった。ところが、現在、そうした子どもへの対応は決して一部の教員の課題とは言えなくなったのである。そこで、教員が一人で対応するのが困難な場合には、地域や保護者等の外部人材の力を活用し、またスクール・カウンセラーなどの専門家の協力を得ることが必要になる。その意味でも、教員は地域・保護者と協働するよう努めなければならないのである。

┃4◎教師のライフサイクルと異動┃

1　教諭の昇進制度と処遇

これまで述べてきたように、教師は忙しい日々を送っているが、初めて赴任した日から退職するまで、いったいどのような一生を過ごすのであろうか。また、その間、どのような処遇を受けていくのだろうか。

教師は給料表上は「教育職」に位置づけられ、一般行政職とは異なる処遇がなされる。したがって、給与の額はもちろん、昇進に関しても独自の制度が適用されている。

給料表は**表7-5**のように「号給」と「級」という2つの指標から定められる。「級」とは教師の職階上の位置づけを示すもので、東京都の場合、6級は校長、5級は副校長、4級は主幹教諭、3級は主任教諭（東京都独自の職種）、2級は教諭、1級は実習助手等となる。他県の場合、主幹教諭を置く例では、1級講師、2級教諭、3級主幹教諭、4級副校長・教頭、5級校長などとなり、主幹教諭を置かない例では、3級副校長・教頭、4級校長となっている。「号給」は経験年数によって移動し、通常、1年毎に数字が上がっていく。たとえば、主幹が何年かの後に副校長に昇進すると「級」は4級から5級に移動する仕組みになっている。また、教諭として勤務していくと、原則的に1年経過する毎に「号給」は上昇し（東京都の場合は、毎年、4つの号級を標準として昇給）、表に即せば、上から下に、そして左から右に該当給料は移動してその額が高くなる。同一級のまま毎年号給が上がることを「定期昇給」と呼ぶ。ただし、近年、教諭のままで「級」を昇格させる指導教諭制度も導入されつつある。

　教諭から教頭（副校長）、そして校長へと昇格（任命権者から見れば昇任）すれば、必然的に給料の額は高くなるように、昇格と給与額は比例関係にある。教諭として一生過ごすことを願う教師も存在するが、「指導教諭」が導入されていない都道府県では、昇格を遂げた方が給与の点において有利になるので、教諭のままで人生を送りたいなら給与上の不利を覚悟しなければならない。

②　管理職選考の実態

　当然、昇格は誰もができるわけではなく、選考を通過しなければ実現しない。選考は任命権者たる教育委員会に属する教育長が行うこととされるが、その条件や方法等は都道府県・指定都市（以下、「県等」と略す）によって異なる。一般的な選考条件として、教諭経験年数や年齢等が定められ、場合によって所属校校長の推薦を必要とする例もある。

　それら要件を満たした者は選考を受けることができ、その意思がある場合には面接や筆記試験等などの選考に臨むのである。その際、勤務実績も考慮される。県等の中には筆記試験が課されず、主として面接や勤務実績の結果

表7-5　東京都教育職給料表（2022（令和4）年4月1日適用）

職員の区分	職務の級	1級(助教諭・実習助手等)	2級(教諭)	3級(主任教諭)	4級(主幹教諭)	5級(副校長)	6級(校長)
	号給	給料月額	給料月額	給料月額	給料月額	給料月額	給料月額
再任用職員以外の職員		円	円	円	円	円	円
	1	149,000	(短大卒)180,400	243,600	267,600	331,000	377,100
	2	150,400	182,500	245,800	269,900	333,500	379,500
	3	151,800	184,600	248,000	272,200	336,000	381,900
	4	153,200	186,700	250,200	274,500	338,500	384,200
	5	154,700	188,800	252,400	276,800	341,000	386,500
	6	156,300	191,000	254,600	279,100	343,400	388,800
	7	157,900	193,100	256,800	281,400	345,800	391,100
	8	159,600	195,200	259,100	283,700	348,200	393,300
	9	161,300	(大卒)197,300	261,400	286,100	350,500	395,500
	10	163,100	199,400	263,700	288,500	352,800	397,700
	11	165,000	201,500	266,000	290,900	355,100	399,900
	12	167,000	203,600	268,300	293,300	357,400	402,000
	13	169,000	205,800	270,600	295,800	359,700	404,100
	14	171,000	207,900	272,900	298,200	362,000	406,200
	15	173,100	210,000	275,200	300,700	364,300	408,300
	16	175,200	212,100	277,500	303,200	366,600	410,400
				(途中省略)			
	29	197,400	240,700	308,100	333,900	394,000	437,000
	30	198,700	242,800	310,300	336,200	396,000	439,000
	31	200,000	244,900	312,500	338,400	398,000	441,000
	32	201,300	247,100	314,700	340,700	400,000	443,000
	33	202,700	249,200	316,800	343,000	402,000	444,900
	34	204,100	251,400	318,900	345,200	404,000	446,800
	35	205,600	253,500	321,100	347,500	406,000	448,700
	36	207,100	255,600	323,300	349,700	407,900	450,600

※初任給：大卒教諭2級9号級、短大卒2級1号級
※管理職手当　統括校長　115,000円、校長　104,500円、副校長　80,700円
※このほか、全員に教職調整額や諸手当などが加算、さらに特別支援学校勤務者には別途勤務手当などが加算される。諸手当を含めた初任給は、大卒約248,700円（特別支援学校勤務261,700円とされる＝令和4年度募集要項による）

に基づいて選考を行うところもある。

　一例として、東京都の管理職等の選考を見ると、主任教諭の受験資格は、「1）満30歳以上60歳未満の正規任用教員　または、2）臨時的任用教員としての経験も含め、国公立私立学校の教職経験8年以上（都正規任用教員歴2年以上）の者」となり、選考方法は、職務レポート（選考会場実施）と勤務実績とされる。管理職の受験資格と選考方法は以下のとおりである。

・A選考：満44歳未満で、現に主幹教諭、指導教諭または主任教諭（主任
　　　　養護教諭を含む。）であり、主任教諭歴が２年以上の者
・B選考：１）満39歳〜54歳未満の者で、現に主幹教諭または指導教諭、
　　　　または、２）満46歳〜54歳未満の者で、現に主任教諭（主任
　　　　用語教諭を含む。）で、主任教諭歴が２年以上の者
・C選考：満50歳〜60歳未満の者で、現に主幹教諭または指導教諭であり、
　　　　主幹教諭歴または指導教諭歴が合わせて３年以上の者

　A選考は主要な枠組みであり、面接のほかに専門論文や研究実績などにより、B選考は勤務実績を重く見た選考であり、論文と面接で行われ、C選考は年齢の高い教諭にも管理職の道を与えることを趣旨とする枠組みであるため、面接と勤務実績のみで実施される。管理職選考合格者は副校長に昇進し、一定年数を経た後に校長選考を受けることになる。

　東京都の例は、選考枠組みを細かに設定し、年齢の高い者にも受験資格を与えているが、近年、管理職選考、特に副校長選考の希望者がきわめて少ないことから、選考枠組みを増やすことになったのである。他県では、教頭選考と校長選考の２区分のみとしている例や校長等の推薦による例が多い。

　人によっては、このとき教育委員会の課長職に昇格することもある。ごく一部の者は課長等から部長職に昇格しているが、部長職ポストが少ないので一般的な昇任制度とは言えない。いずれにしても、最終的には校長として学校に戻り、教育職に移って定年退職を迎える者が多い。

　また、県等によっては、指導主事を学校に戻して教諭として再び勤務させるケースも珍しくないが、この場合の指導主事は教頭職相当に位置づけられていない。

　一方、教頭（副校長）選考を経たものは、教頭として学校に勤務し、一定経験年数の後に校長選考を受ける資格が与えられる。県等によっては、教頭と指導主事との人事交流を頻繁に行う場合もある。

　校長選考を通過すると晴れて校長に任命され、学校経営の責任者として教育経営に従事することとなる。校長の中には、教育委員会の管理職等に異動する者もあるが、やはり最終的には校長として再び学校に戻り、満60歳に達した年度の終わりに退職するのが通例である。近年は、都道府県によっては

定年後も再任用として校長職に留まる例がある。

　そのほか、一定の教諭経験を経た者が社会教育主事に任命される例もある。

　なお、学校に置かれる主任職は校長や教頭等のような管理職ではなく、職務命令上の職であるから、給料上の「級」は教諭と同等になる。主任は所属学校における職名であるため、転任によって解除されたり、その担当が異なることもあるが、一般的には経験豊かなベテラン教諭が充てられ、その意味で管理職候補として認識されやすい。

3　教師の人事異動

　以上のように、教諭は多くの学校を経由したり、あるいは指導主事、教頭、校長などに昇格してその一生を教育に捧げることになるが、その間、多くの職場を経験していく。

　人事異動の意義は、「多様な経験を積む中で、教員としての幅広げ、能力を伸長させていく」ことから、人材育成の大きな機会になるところにある（「東京都教員人材育成基本方針【一部　改正版】平成27年」）。人事異動は教員に限るわけではないが、狭く孤立した学校という職場で働く教員が視野を広げ、他校の勤務経験を重ねながら力量を高める有効な措置だと言えよう。

　異動の基準や方法は都道府県によって異なるが、東京都の場合は都内市区町村を複数まとめたエリアを設定し、複数エリアの学校を経験させる方式を採る。多くの県では、県内の複数市町村を所管する教育事務所単位で異動が行われる。例えば、ある教育事務所がA・B・C・D・Eという市町村を所管していれば、これら自治体間の学校で異動することになり、普通、その所管外の市町村の学校に転出させない。ただし、管理職の場合にはその所管にかかわらず全県的に異動させる例が多い。指定都市では管理職か否かを問わず、市内の学校に留まるのが原則とされる。

　また、昇進等に伴う職場換えがある。例外を除けば、教諭が教頭に昇格すると、他校に配置換えになる。校長への昇格の場合も同様である。指導主事に任命されれば、県等または市町村の教育委員会事務局や教育事務所、あるいは教育センター（教育研究所等を含む）に職場が移ることとなり、一般的な役所の勤務形態が適用される。

教育委員会等の課長等になった場合には、行政職の管理職としてデスクワークを中心にしながら所属職員の監督や指導に従事していくため、児童生徒等との直接的な接触は通常なくなってしまう。

　教頭や校長はともかく、指導主事や課長等に就任すれば指導事務や行政事務に従事するので、これまでの教師としての仕事を一時的に離れることになる。ただし、指導主事になれば学校に対する訪問指導という職務に従事しながら、間接的には学校教育に関わり続けることになる。社会教育主事に任命されると、これら以外に少年自然の家や青年の家などの社会教育施設に配属されることがあり、職務内容自体もまったく変わってくる。少年自然の家等では宿泊勤務を経験することもある。社会教育主事は、社会教育に関する指導助言を職務とする社会教育の専門職員とされ、学校外において成人や青少年を対象にした教育活動に関わっていく。これも教師の仕事とは質的に大きく異なるものだと言えよう。

　以上に述べてきたように、教師は、その一生を教諭として送ろうとすれば教師の仕事を定年退職まで継続できるが、昇格等によって職場や職種が変われば一時的に教師の仕事を中断することになったり、あるいは定年までその仕事を離れることもある。いずれにしても、教師として赴任してからどのようなライフサイクルをたどるかは、自らの選択と適性によるところが大きい。

　注1）平成18年度文部科学省委託調査研究報告書『教員勤務実態調査（小・中学校）報告書』および『教員勤務実態調査（高等学校）報告書』国立大学法人東京大学、2007年
　　　2）ベネッセ総合教育研究所『第6回学習指導基本調査 DATA BOOK（小学校・中学校版）［2016年］』
　　　3）国立教育政策研究所編『教員環境の国際比較—OECD国際教員指導環境調査（TALIS）2018年調査結果報告書』明石書店、2019年
　　　4）文部科学省「令和元年度学校教員統計調査」2021年
　　　5）ベネッセ総合教育研究所、前掲、2）
　　　6）国立教育政策研究所、前掲、2）p.197
　　　7）河上亮一『学校崩壊』草思社、1999年
　　　8）文部科学省「令和2年度公立学校教職員の人事行政状況調査について」2021年
　　　9）八尾坂修「教師のメンタルヘルス（心の健康）」、『最新教育データブック第11版』時事通信社、2006年

10）ベネッセ総合教育研究所、前掲、2）によると、指導に関する「悩み」として「特別な支援が必要な児童・生徒への対応が難しい」と回答した教員は7割前後に達している（小学校68.0%・中学校72.3%）

11）佐藤晴雄「統計・資料にみる教師の『ゆとり』と学校教育」『学校経営』第41巻第13号、第一法規出版、1996年12月号、p.68

12）文部科学省、前掲、4）

13）バーンアウトとは、「過度で持続的なストレスに対処できずに、張りつめていた緊張が緩み、意欲が急速に萎えてしまったときに表出される極度の身体疲労と感情の枯渇に関する症状」だと言われる。前掲、14）p.74

14）佐藤晴雄編『地域社会・家庭と結ぶ学校経営』東洋館出版社、1999年、pp.20-21

15）国立教育研究所学級経営研究会報告「学級経営をめぐる問題の現状とその対応」2000年

16）文部科学省「日本語指導が必要な児童生徒の受入状況等に関する調査（令和3年度）」

17）文部科学省「通常の学級に在籍する発達障害の可能性のある特別な教育的支援を必要とする児童生徒に関する調査」2012年12月

【その他参考文献】
・佐藤昭宏「中学校における職員室風土の研究」『北海道大学大学院教育学研究院紀要』112号、2011年
・東京都教育委員会『東京都教員人材育成基本方針【一部改正版】』2015年

第8章

教師の資質向上と研修

1 ◎教師の資質・能力

1 教師の資質・能力のとらえ方

　第5章で述べたように、教師の仕事は、教育課程の編成や指導計画の作成、授業等の学習指導、特別活動や生徒指導、学級経営・学級事務および校務分掌、学級・学校評価など多様な内容にわたっているが、これら仕事を遂行していくためには、どのような資質・能力が必要なのだろうか。また、教師の資質向上を支える研修制度とはどのようなものなのであろうか。さらに、教師は自らの資質能力の向上を図り、自己成長を遂げていくためにはどうすればよいのか。本章では、この3点について取り上げることとする。

　最初に、教師に必要な資質能力とは何かについて考えてみよう。津布楽喜代治は、教師に求められる人間的「資質」として、①子どもへの愛情、②若さと公平さ、③絶えざる探求心をあげて、さらに、その専門的な「能力」として、①教える教科についての知識、②その対象である子どもの成長発達についての知識と理解、③教育内容の編成と指導の技術があると指摘している[1]。

　このうち、「若さ」とは、単に年齢的なことを言っているわけではなく、「子どもの立場に立って考え、子どもとともに生活する」ことができるという意味で用いられている。ここでは資質と能力が区別されながら、前者（資質）を人格的な側面に関わる要素とし、後者（能力）については専門的・技術的

力量に関わるものとして論じているのである。

　また、南本長穂は、若い教師の資質に関する調査研究の中で、教師の資質を「知識・技能」「意欲」「子ども理解能力」「人格的資質」の枠組みに分けている[2]。ここでは「意欲」を「人格的資質」と切り離しているが、広く解釈すれば、それを「人格的資質」の一つとして位置づけることも可能である。

　過去の国の政策動向から教師の資質能力のとらえ方を見ると、まず、1986（昭和61）年の臨時教育審議会第2次答申では、教師の資質向上の課題について論じた中で、教師がその専門性を向上させるためには、①子どもに対する教育愛、②高度の専門的知識、③実践的な指導技術等の資質の向上方策が必要だとしている。このうち「教育愛」を教師の人格的資質につながるものと解釈すれば、やはり教師の資質能力には、人格的側面と専門的・技術的側面の両方が含まれるものとされるのである。

　この答申を受ける形で、1987（昭和62）年に、教育職員養成審議会答申「教員の資質能力の向上方策について」を公表し、教師の資質能力について、①教育者としての使命感、②人間の成長発達についての深い理解、③幼児・児童・生徒に対する教育的愛情、④教科等に関する専門的知識、⑤広く豊かな教養、⑥これらを基盤とした実践的指導力という6点を指摘した。ここでは、臨教審答申が取り上げた「実践的な指導技術等」という表現を「実践的指導力」に改めて、特に強調している。

　この場合も、「教育者としての使命感」や「幼児・児童・生徒に対する教育的愛情」という人格的側面と、「成長発達についての深い理解」や「教科等に関する専門的知識」および「実践的指導力」などの専門的・技術的側面に分けることができる。

　以上のように、教師の資質能力は、人格的側面と専門的・技術的側面に大別することができ、この点については諸論に共通するところである。ただ、国の答申等では資質と能力を分けずに「資質能力」と表現しているが、あえてその両者を区分するなら、津布楽が指摘するとおり、人格的側面を「資質」とし、専門的・技術的側面を「能力」ととらえることができるのである。

2　教育職員養成審議会第１次答申における教師の資質・能力

　1997（平成９）年の文部省（現、文部科学省）の教育職員養成審議会第１次答申は、前記の87年答申が指摘した教師の資質能力に関する要素を「いつの時代も教員に求められる資質能力」として踏襲すると同時に、「今後特に教員に求められる具体的資質能力」という枠組みを新たに設けて、その資質能力の具体例を以下のように示した。
　　・地球的視野に立って行動するための資質能力
　　・変化の時代を生きる社会人に求められる資質能力
　　・教員の職務から必然的に求められる資質能力
　もう一つの特徴は、職務から必然的に求められる資質能力として、児童生徒理解や指導のための知識・技能・態度などを取り上げているように「実践的指導力」をきわめて重視していることである。
　その後、2005（平成17）年の中教審答申「新しい時代の義務教育を創造する」は、優れた教師の条件を以下の３つの要素に求めた。
　　①　教職に対する強い情熱…教師の仕事に対する使命感や誇り、子どもに対する愛情や責任感など教育の専門家としての確かな力量
　　②　子ども理解力、児童・生徒指導力、集団指導の力、学級づくりの力、学習指導・授業づくりの力、教材解釈の力など
　　③　総合的な人間力…豊かな人間性や社会性、常識と教養、礼儀作法をはじめ対人関係能力、コミュニケーション能力などの人格的資質、教職員全体と同僚として協力していくこと
　ここでは、教師に、情熱、「専門家としての力量」や各種の「力」などの実践力とともに、さらに社会性などの人間力を求めている。

3　教職実践演習の創設

　さらに、2006（平成18）年７月の中教審答申「今後の教員養成・免許制度の在り方について」は、教師をめぐる社会の変化していることから、教師の資質能力が問い直されるべきだと提言した。
　その社会の変化には、①社会構造の急激な変化への対応、②学校や教員に

対する期待の高まり、③学校教育における課題の複雑・多様化と新たな研究の進展、④教員に対する信頼の揺らぎ、⑤教員の多忙化と同僚性の希薄化、⑥退職者の増加に伴う量及び質の確保があると整理している。そこで、教員養成および教員免許制度の改革を提言し、具体的には教職課程の改善、教職大学院の創設、教員免許更新制の導入、教員採用・人事管理などの改善を提言したのである。

教職課程に関しては、「教職実践演習」を創設し、教員として求められる４つの事項、すなわち、①使命感や責任感、教育的愛情等に関する事項、②社会性や対人関係能力に関する事項、③幼児児童生徒理解や学級経営等に関する事項、④教科・保育内容等の指導力に関する事項などを取り上げるよう提言した。その授業方法として、役割演技（ロールプレーイング）やグループ討議、事例研究、現地調査（フィールドワーク）、模擬授業等を取り入れることが適当だとしている。

4 教員養成の高度化と新たな教員免許制度創設

中教審は、2012（平成24）年８月に「教職生活の全体を通じた教員の資質能力の総合的な向上方策について」と題する答申を文部科学大臣に提出し、今後の教員に求められる資質能力を以下のように整理するとともに、教員養成の高度化を求め、そのために新たな教員免許制度の創設が必要だと提言したところである。

まず、これからの教員に求められる資質能力を以下のように整理した。

① 教職に対する責任感、探究力、教職生活全体を通じて自主的に学び続ける力（使命感や責任感、教育的愛情）
② 専門職としての高度な知識・技能
・教科や教職に関する高度な専門的知識（グローバル化、情報化、特別支援教育その他の新たな課題に対応できる知識・技能を含む）
・新たな学びを展開できる実践的指導力（基礎的・基本的な知識・技能の習得に加えて思考力・判断力・表現力等を育成するため、知識・技能を活用する学習活動や課題探究型の学習、協働的学びなどをデザインできる指導力）

・教科指導、生徒指導、学級経営等を的確に実践できる力

③　総合的な人間力（豊かな人間性や社会性、コミュニケーション力、同僚とチームで対応する力、地域や社会の多様な組織等と連携・協働できる力）

　この提言の特徴として、「学び続ける教師」の重要性を説いている点、専門性の高度化を求めている点などが指摘できる。なかでも、専門職としての高度な知識・技術に関して、学びをデザインできる指導力が必要だとしている点は従来に見られない点である。

　そうした視点から改革の方向性として、「教員養成を修士レベル化し、教員を高度専門職業人として明確に位置付ける」よう求め、この考えの下で、新たな教員免許制度の創設を提言した。

　しかしながら、教員免許状は2022（令和4）年4月の直近法改正時点でも「専門免許状」「一般免許状」「基礎免許状」は新設されず、従来どおりの「専修免許状」「一種免許状」「二種免許状」のままである。

　2015（平成17）年の中教審答申「これからの学校教育を担う教員の資質能力の向上について」は、これからの時代の教員に求められる資質能力として、①自律的に学ぶ姿勢を持ち、時代の変化や自らのキャリアステージに応じて求められる資質能力を生涯にわたって高めていく力や情報を適切に収集・選択・活用する能力や知識を有機的に結びつけ構造化する力、②アクティブ・ラーニングの視点からの授業改善、道徳教育の充実、小学校における外国語教育の早期化・教科化、ICTの活用、発達障害を含む特別な支援を必要とする児童生徒等への対応などの新たな課題に対応できる力量、③「チーム学校」の考えの下、多様な専門性を持つ人材と効果的に連携・分担し、組織的・協働的に諸課題の解決に取り組む力、などを指摘している。

　そして、これら課題について「研修」と「養成」の在り方を次表（**表8-1**）のようにまとめている。

　そして、10年経験者研修を見直し、校内のミドルリーダーとなる人材の育成を図る研修に転換するよう提言した。翌2016（平成28）年11月の教育公務員特例法一部改正により、その研修は中堅教諭等資質向上研修に変えられ、実施時期は任命権者が判断できるものとされた。

表8-1　新たな教育課題に対応した教員研修・養成

新たな課題	研修	養成
アクティブ・ラーニングの視点からの授業改善	・特定の教科ではなく学校全体の取組としてアクティブ・ラーニングの視点に資する校内研修を推進 ・免許状更新講習の選択必修科目として主体的・協働的な学びの実現に関する科目を追加	・児童生徒の深い理解を伴う学習過程の理解や各教科の指導法の充実 ・教職課程における授業そのものをアクティブ・ラーニングの視点から改善
ICTを用いた指導法	・ICTを利活用した授業力の育成や、児童生徒のICTの実践的活用や情報活用能力の育成に資する指導のための研修を充実	・ICTの操作方法はもとより、ICTを用いた効果的な授業や適切なデジタル教材の開発・活用の基礎力の養成
道徳教育の充実	・「特別の教科」としての道徳科の趣旨を踏まえ、道徳科の目標や内容を理解し、児童生徒が議論する問題解決的な学習への一層の転換を図るなど計画的な研修の充実 ・道徳教育に関する校内研究や地域研究の充実、「道徳教育推進リーダー教師（仮称）」の育成	・「特別の教科」としての道徳科の趣旨を踏まえ、教職課程における理論面、実践面、実地経験面からの改善・充実
外国語教育の充実	・各地域の指導者となる「英語教育推進リーダー」の養成を推進し、小中高の接続を意識した指導計画の作成や学習到達目標を活用した授業改善などについて指導・助言を実施 ・免許法認定講習の開設支援等による小中免許状の併有促進	・大学、教育委員会等が参画して教員養成に必要なコアカリキュラムを開発し、課程認定や教職課程の改善・充実に活用 ・専門性を高める教科及び指導法に関する科目を教職課程に位置付け
特別支援教育の充実	・全ての教員を対象とした基礎的な知識・技能を身に付ける研修の実施 ・校長等管理職や特別支援学級の担任、特別支援学校教員等の職に応じた専門性向上ための研修の実施 ・（独）国立特別支援教育総合研究所と（独）教員研修センターとの連携による研修の推進	・発達障害を含む特別な支援を必要とする幼児、児童、生徒に関する理論及び指導法について、教職課程に独立した科目として位置付け

　教職課程に関しては、「教科に関する科目」と「教職に関する科目」等の科目区分を廃し、新たな教育課題等に対応できるよう見直し、また、学校インターンシップを実習の一部に充ててもよいとした。

　さらに、教育委員会と大学等が相互に議論し、養成や研修の内容を調整するため「教員育成協議会」（仮称）を創設するよう提言した。この提言を受

けた同法改正によって、後述の「指標」の策定に関する協議と教員の資質の向上に関する協議を行うための「協議会」を設置するものとされた。文部科学大臣は公立学校教員等の計画的かつ効果的な資質の向上を図るための指針を策定し、都道府県教育委員会など(政令市教育委員会を含む)任命権者は、国の指針を参酌した上で、地域の実情に応じて、当該校長および教員の職責、経験および適性に応じて向上を図るべき校長・教員の資質向上に関する指標を定め、これを受けて教員研修計画を定めるものとされた。

　以上のように、直近中教審答申の提言によって、従来見られなかったほどに教員の資質向上を重視し、そのための具体的な施策が新たに設けられることになったところである。

　なお、これまでの教員免許更新制は2021（令和4）年6月30日をもって廃止され、これに伴い免許更新講習が実施されなくなった。

┃2◎教師の力量形成と研修制度┃

1　教師にとっての研修の意義

　教師は初めて教壇に立つ日から学級の児童生徒の教育を一手に引き受け、その責任を負うことになるので、常に研鑽に努め、その資質・能力の向上を心がけなければならないのである。その教師の力量形成は、日々の教育活動や職場生活を通して経験的になされるが、同時に各種研修を通じて図られるところが大きい。

　そこで、本節では教師の力量形成を図るために、現職者に対してどのような研修制度が用意されているのかを述べていくことにしよう。

　最初に、教師にとって研修はどのような意義を持つかを考えると、おおよそ以下のような諸点に整理できる。

①　教育者としての資質の向上…研修を通じて人格的資質の向上が図られることである。たとえば、教師としての使命感や心構え、教育への意欲、児童生徒に対する愛情などを培うことができる。なかでも、初任者研修

ではこのことが重要な課題になる。

② 高度な専門的知識・技術の習得…研修によって、大学時代に学んだ知識・技術をさらに発展させ、より現場に即してより専門的に学ぶことができる。この場合、行政研修の課題別研修や民間団体や企業等による研修も効果的であるが、とりわけ近年注目されている大学院の修士課程を活用した研修に強い期待が寄せられる。

③ 新しい指導法の習得…時代的変化に伴って、指導法にも変化が見られるようになり、たとえば、パソコンなどICTを用いた指導法、ティーム・ティーチング、グループ別指導、問題解決的ならびに体験的な学習の指導法などが導入されているが、こうした新しい指導法を習得するためには研修への参加が不可欠になる。

④ 教師相互のコミュニケーションと情報収集…自己研修はともかくとして、その他の集合型研修には様々な教師が参加するので、参加者相互のコミュニケーションが図られ、同時に情報交換を行うことができる。教師相互の横のつながりは教師としての力量形成にとってきわめて重要になるものである。

⑤ 行政が提供する情報の収集…新しい学習指導要領が公示されたり、文部科学省や教育委員会が新たな指針を作成したときに、伝達研修という形で行政研修が実施され、また、伝達研修以外にも教育委員会等が有する各種情報の提供が研修を通じてなされる。この種の行政研修においては、教師や学校に必要な新たな情報を得ることができる。

教師は1日の大半を教室内で過ごし、また、まる1日を校内で勤務することから、とかく同僚や外部からの知識・技術や情報を得にくい。そこで、教師の研修は特に重視され、法的にもきわめて重要な地位が与えられており、その機会が十分保障されるよう定められている。

教育公務員特例法第22条は教師の研修に関して以下のように明記する。

① 教育公務員には、研修を受ける機会が与えられなければならない。

② 教員は、授業に支障のない限り、本属長の承認を受けて、勤務場所を離れて研修を行うことができる。

③ 教育公務員は、任命権者の定めるところにより、現職のままで、長期

にわたる研修を受けることができる。

　研修の機会は、一般公務員についても、その「機会が与えられなければならない」（地公法第39条）とされているが、「勤務場所を離れて研修を行うことができる」という条文や「長期にわたる研修を受けることができる」という条文は見られない。つまり、教師については、夏季休業など長期休業中における職場を離れて行う研修や大学院等における長期間の研修に関する権利が法的に認められているのであるが、前者については取り扱いが厳密になり、長期休業中は原則として学校に勤務することになった。また、教育公務員特例法第23条に定められる初任者研修は１年間の長期にわたるものであるが、むろん他職種にはない教師独自の研修制度だと言えよう。それだけ教師にとって研修は大きな意味を持っているのである。

2　研修の形態

　教師の研修を形態別に見ると、行政研修と呼ばれる職務研修、勤務校で行われる校内研修、職務専念義務免除（職専免）によって参加する企業や民間団体が主催する研修、勤務時間外に主体的に行う自主研修などに分けられる。

（1）　職務研修（行政研修）

　職務研修は、都道府県および市町村教育委員会や教育センター等が主催し、参加者は職務として行う研修であり、その意味で行政研修や命令研修などとも呼ばれる。特に、教育委員会が学習指導要領の改訂時や新しい教育方針を定めたときにその内容や取り扱いなどを伝えることを目的とする研修は伝達研修と称されたりする。研修に要する費用は行政が負担し、その参加は出張扱いとされ、交通費や日当が公費によって支出される。初任者研修など参加が義務づけられる研修（指定研修という）があり、これに理由もなく参加を拒んだときには職務命令違反として措置がとられる。

　近年では、キャリアステージに応じた研修の体系化によって教員の資質向上を図るようになってきた。図8-1の神奈川県総合教育センターの研修体系図によると、経験年数に応じた基本研修を実施すると共に、職務・職責に基づいた指定研修を実施し、これらを対象者全員が受講すべき悉皆研修に位置づけている、このほか、希望研修として、教科指導や授業づくり、特別支

図8-1　神奈川県総合教育センターの「研修体系」

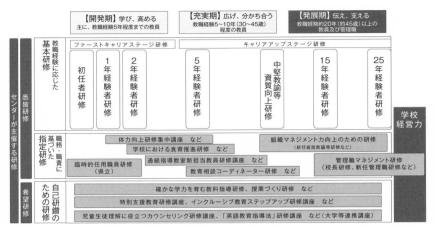

〔資料〕同センター HP より

援教育、カウンセリング等の課題別研修を実施している。また、長期間にわたって教師を民間企業や役所に派遣して行われる社会体験研修、また、大学院修士課程や教職大学院を活用した長期派遣研修が全国的に普及しつつある。

　このうち、初任者研修については特に項目を改めて後に詳説する。また、校内研修も職務研修に属するが行政研修とは性格を異にするので、以下の（2）で別に取り上げることとする。

（2）　校内研修

　校内研修とは、学校内の全教職員が学校の教育目標を達成していくために設定された研究課題の下に、教育実践を通して意図的、計画的に取り組んでいく研修である。その特質は、各教師の自発的なモラール（士気）に基づくものであること、組織体として学校・学年・教科ぐるみに行われるものであること、研究課題が教育実践と直接結びつき具体的であることなどにある。一般的に、各学校においては「校内研究」という形で行われている。

　校内研修を促進するための制度としては、文部科学省や教育委員会の研究指定校制度や教育財団等民間機関が募集する研究助成制度がある。

　校内研修の具体的形態は、①全教師が参加する校内研究全体会、②特定課

題について設けられた分科会・部会による研究会、③各教科単位に行われる教科会、④指導技術に関する実技研修、⑤学年単位の学年会、⑥その他日常の職務を通じて行われる研修（OJT）などに分けられる。

　通常、校内研修は年度毎に設定された重点研究課題と目標に基づいて、分科会や教科会、学年会などで「研究」として具体的に取り組まれる（**表8-3**を参照のこと）。特に、研究指定校や研究モデル校の指定を受けた場合には、校内で総力をあげた研究が行われ、外部講師を依頼したり、その成果を公開することとなる。

　校内研修は、勤務場所で行われるため参加が容易で、その課題が実践から導き出される身近なものであり、さらにその成果が実践に直結しやすいことから、教師の職能成長にとってきわめて重要になる。

　　（3）　職務専念義務免除（職専免または職免）による研修

　職専免による研修とは、職務専念義務を免除されて、勤務場所以外で行う研修のことである。夏季休業中に勤務校以外の場所で行う研修や民間教育団体・企業等が主催する研修に参加する場合は、この種の研修扱いとされる。また、自ら属さない地方公共団体が主催する研修に参加する場合も職専免扱いとされることがある。

　教育公務員特例法において「本属長の承認を受けて、勤務場所を離れて研修を行うことができる」（第22条第2項）と定める場合の「研修」は、職務研修に位置づく場合と職専免による研修に該当する場合とがある。いずれの場合も、「本属長」たる校長の承認を要することになる。

　職専免による研修では、参加費および交通費等参加に要する費用は参加者が負担することとされ、出張扱いにはならない。あくまでも、勤務時間内に任意に行われる研修という性格を持つにすぎない。

　　（4）　自主研修

　教員が勤務時間外において任意に行う研修を自主研修という。民間教育団体・企業、大学等が行う研修への参加や個人で任意に行う研究活動が該当する。自主研修は自主的なものであるから義務づけがないため、教員間の研修量に著しい格差が生じることになる。

　民間団体主催の研修の場合など任意研修への参加の扱いを、職専免とする

か勤務時間外の自主研修とするかの判断は、研修目的に照らして教育委員会の方針をふまえて校長が行うこととされる。校長の承認が得られないものについては自主研修という形をとる。

　実際の教師は以上のような様々な研修に参加しているが、教師各人によってそれぞれの研修に対する関わりの比重は異なる。いずれにしても、自らの資質能力の向上を図りながら教師が専門性を高めるために研修は不可欠な存在だと言ってよい。

表8-3　校内研究日程（小学校の例）

月　日	曜日	種別	生活科部会	理科中学年部会	理科高学年部会
4月7日	金	全体会	昨年度研究の反省、今後の課題、1年間の見通し		
11日	火	推進委	研究日程、1年間の見通し		
21日	金	全体会、部会	研究日程提案、部会テーマ、授業者決定		
5月11日	木	部　会	指導案検討5／29	指導案検討5／29	指導案検討5／29
23日	火	部　会	同上	同上	同上
29日	月	部　会	授業研究 1年○○・○○学級	授業研究 3年○○学級、4年○○学級	授業研究 5年○○学級
6月8日	木	推進委	授業研究会反省と今後の研究会の持ち方		
15日	木	部　会	研修、○○小植物マップ作り	指導案検討6／29	指導案検討6／29
22日	木	部　会	指導案検討7／6	同上	同上
6月29日	木	部　会	指導案検討7／6	授業研究 4年○○学級	授業研究 5年○○学級6年○○学級
7月6日	木	部　会	授業研究 2年○○・○○・○○・○○学級	研　修	
8月31日	木	全体会	○○公園マップ作成の調査		
9月12日	火	部　会	指導案検討11／2	指導案検討10／12	指導案検討10／12
10月5日	木	部　会	研修	同上10／12、26	同上10／12、26
12日	木	部　会	指導案検討11／2	授業研究 3年○○学級	授業研究 6年○○学級
19日	木	部　会	指導案検討11／14	指導案検討10／26	指導案検討10／26
26日	木	部　会	同上	授業研究4年○○学級	授業研究5年○○学級
11月2日	木	全体会	生活科授業研究　2年　○○・○○・○○・○○学級		
9日	木	部会、推進委	指導案検討11／14	指導案検討11／21	指導案検討11／21
14日	火	部　会	授業研究 1年○○・○○学級	同上	同上
21日	火	部　会	研修　手作りおもちゃ ハンドブック作り	授業研究 3年○○学級	授業研究 6年○○学級
12月12日	火	部　会	研修○○公園マップ作成	指導案検討1／25	
1月25日	木	全体会	理科授業研究　4年○○学級、5年○○学級、6年○○学級		
2月6日	火	部　会	部会の反省とまとめ	部会の反省とまとめ	部会の反省とまとめ
15日	木	推進委	本年度のまとめ、研究紀要作成手順確認		
26日	月	全体会	本年度の反省とまとめ		
3月12日	火	全体会	来年度の重点研究教科等について		

3 初任者研修制度

　初任者研修とは、新任教師を対象に実施される最初の現職研修のことで、職務研修の一つに位置づけられる。これはかなり前から各教育委員会で行われてきたが、臨時教育審議会答申に基づいて、全国的に制度化されるようになったのである。1986（昭和61）年の臨教審「教育改革に関する第2次答申」は、実践的指導力と使命感を養い、幅広い知見を得させるために初任者研修制度の創設を提唱し、次のような考え方を示した。

①　新任教員に対し、採用後1年間、指導教員の指導のもとにおける教育活動の実務およびその他の研修を義務づける。

　　初任者研修制度の実施に当たっては、校長のリーダーシップの下に、指導教員を含め学校全体としての協同的な指導体制を確立することが肝要である。

②　新任教員を配置した学校に対しては、特別の指導教員を配置するほか、各都道府県においては、研修担当指導主事の配置を含め、研修体制の整備を図る。

③　この制度の導入に伴い、教員の条件附採用期間を6か月から1年に延長する。

　初任者研修は、校内の指導教員（ベテラン教諭等）の指導の下で主としてOJT（職場内研修）として行われるが、校外研修を併用して進められていく。教育センター等の研修講座はもちろん、他の校種の学校や社会教育施設の参観、野外教育活動、民間企業での実習、奉仕活動等を組み入れている事例が見られる。

　教育公務員特例法の一部改正により、1988（昭和63）年度から研修期間に合わせて教員の条件附採用期間が6か月から1年に延長されるなど制度的条件が整えられ、現在、本格的に実施され、定着してきた。

　そして、同法は2022（令和4年）5月の一部改正により、研修実施者を中核市の県費負担教職員の場合には中核市教育委員会に改め、その他の場合は従来通り任命権者とした。また、従来は指導教員を命じる者が任命権者とされていたが、改正により指導助言者が行うものと改めた。指導助言者とは県

表8-4　ある中学校の初任者研修事項（校内）

研 修 項 目	指 導 担 当
教師としての心構えと勤務	校長・教頭
学校経営計画・教育課程の編成	教務・事務主任
学級経営と校務分掌	学年主任
生徒指導と生徒理解の方法	学年主任
事務処理と表簿管理	学年主任・事務主任
保健指導と安全管理	学年主任・保健主事

費負担教職員の場合には市町村教育委員会とされ、その他の場合は任命権者のままである。

　なお、2017（平成29）年の免許法改正では、研修対象に臨時的任用教員を除くことが明記された。

　ある中学校で行われている初任者研修の内容（**表8-4**）を見ると、教師としての心構え、学校経営計画、学級経営、生徒指導、事務処理、保健指導などの項目からなり、それぞれ校内の管理職と主任が指導を担当している。この例は該当しないが、場合によっては、退職教員等の指導教員が指導を担当することもあり、指導教員の配置の有無等については初任者の数や教育委員会の方針によって異なる。

　このほか、初任者研修のプログラムには行政が主催する各種研修が組み込まれるので、初任者は校内ばかりでなく、校外でも研修を受けながら自らの資質能力を高めていくのである。なお、校外研修中の授業については、後補充教員と呼ばれる非常勤講師によって補われることがある。

4　中堅教諭等資質向上研修

　前述の2015（平成27）年の中教審答申が10年経験者研修の見直しを提言し、これに代わる新たな研修として、ミドルリーダーを対象とした中堅教諭等資質向上研修が実施されることになった。これは教育公務員特例法の一部改正によって、公立教諭等の研修実施者は、「当該教諭等に対して、個々の能力、適性等に応じて、公立の小学校等における教育に関し相当の経験を有し、そ

の教育活動その他の学校運営の円滑かつ効果的な実施において中核的な役割を果たすことが期待される中堅教諭等としての職務を遂行する上で必要とされる資質の向上を図るために必要な事項に関する研修（以下「中堅教諭等資質向上研修」という。）を実施しなければならない」とされた。

　この研修は、臨時的任用のほか、指導主事や社会教育主事、その他教育委員会に勤務した者などを除くことができる。そして、実施時期は弾力的に定め、免許更新講習の負担と重複しないよう工夫することとされる。たとえば、東京都は在職期間が10年に達した者と20年に達した主任教諭及び教諭者を対象に、研修ⅠとⅡを実施している。主幹教諭を対象から外している。また、研修Ⅰの内容は6月開始、翌年1月終了とされ、この間、研究授業や法規、人権教育、服務に関する講義があり、最後には報告書と論文の提出を求めている（2月に研修結果通知）。また、兵庫県が地元の大学と共催で実施しているように、大学等との連携も行われている。

5　大学院研修

　近年、教師の資質向上のために大学院修学による研修制度も整えられつつある。ここでは、大学院修学休業制度の実施と教職大学院の創設について取り上げておこう。

　①　**大学院修学休業制度**　2001（平成13）年度から始まった制度で、現職教員が専修免許状を取得するために大学院に修学するために休業できるようにする制度である。所定の条件に当てはまる公立学校の教師が任命権者の許可を得て、3年を超えない範囲で大学院修学期間中を休業できることとされている。

　②　**教職大学院**　教職大学院は、専門職大学院の一形態として、2006（平成18）年の中教審答申「今後の教員養成・免許制度の在り方について」によってその創設が提言された制度である。2008（平成20）年度から設置されている。

　その設置目的は、①学部段階で教員としての基礎的・基本的な資質能力を修得した者の中から、さらにより実践的な指導力・展開力を備え、新しい学校づくりの有力な一員となり得る新人教員の養成、②一定の教職経験を有す

る現職教員を対象に、地域や学校における指導的役割を果たし得る教員として、不可欠な確かな指導理論とすぐれた実践力・応用力を備えた「スクールリーダー（中核的中堅教員）」の養成にあるとされる。

　修業年限は２年で、修了必要単位数は教育実習を含めて45単位以上である。現職教員が修学できるよう、昼夜開講制や夜間大学院などが想定されている。修了すると、「教職修士（専門職）」の学位が与えられる。実務家養成を目的とするため、従来の大学院とはその目的を異にしている。

▌3◎「チーム学校」と教師▌

1 「チーム学校」とは何か

　近年、学校に勤務する教職員が一つのチームとして課題に取り組む、いわば協働体制が重視されるようになった。2015（平成27）年12月の中教審答申「チームとしての学校の在り方と今後の改善方策について」は、「校長のリーダーシップの下、カリキュラム、日々の教育活動、学校の資源が一体的にマネジメントされ、教職員や学校内の多様な人材が、それぞれの専門性を生かして能力を発揮し、子供たちに必要な資質・能力を確実に身につけさせることができる学校」を「チームとしての学校像」と称した。

　つまり、「チーム学校」の考え方は、ⅰ）従来のように個々の教員が特定の課題や教育活動に取り組むのではなく、学校が組織として取り組む体制を創り上げること、ⅱ）その上で、生徒指導や特別支援教育、新たな課題に取り組むためには、心理や福祉等の専門家や専門機関など外部人材・機関もチームの一員に加えた協働体制を創ることを意味するのである。

　その実現のための視点として、以下の３つを指摘する。

　①専門性に基づくチーム体制の構築

　まず、教員がそれぞれの専門性を生かしながら、チームとして教育に取り組む体制を築くと共に、スクール・カウンセラーやスクール・ソーシャルワーカーなどの専門スタッフもチームの一員に加えて目的を共有し、取組の方向

性をそろえていくという視点である。そのためには学校に協働文化を創り出し、チームの範囲を校務分掌に位置づけることが必要だとされる。

②学校のマネジメント機能の強化

学校マネジメントの強化が求められる現在、校長のリーダーシップの発揮が重要であることから優秀な管理職の確保が課題になり、マネジメントに求められる教職員の資質・能力を明確化し、そのための人材が必要だとされる。そして、専門スタッフ[3]の職務特性に応じたマネジメントを進め、学校の裁量権を拡大することが課題だというのである。

③教職員一人ひとりが力を発揮できる環境の整備

「チーム学校」を効果的に機能させるためには、教職員がそれぞれの力を発揮し、伸ばしていくことが大切で、そうした学校の環境整備を図るためには、人材育成の充実や業務改善の取組を進め、さらに教育委員会による支援が必要だというのである。

以上のように、「チーム学校」は教職員が個業に籠もることがないよう他の教職員と協働すると共に、自己完結的になりがちな学校体制を脱して外部と積極的に協働していく体制を築くことを意味するのである。

2 「チーム学校」に求められる教員の在り方

「チーム学校」というアイデアは、前述した中教審答申以前からも論じられていた。2012(平成24)年8月の中教審答申「教職生活の全体を通じた教員の資質能力の総合的な向上方策について」は、「いじめ・暴力行為・不登校等生徒指導上の諸課題への対応、特別支援教育の充実、外国人児童生徒への対応、ICTの活用の要請をはじめ、複雑かつ多様な課題に対応」に加えて、高学歴化社会の中で「教員の社会的地位の一層の向上を図ることの必要性も指摘されている」とした上で、「教員がこうした課題に対応できる専門的知識・技能を向上させるとともに、マネジメント力を有する校長のリーダーシップの下、地域の力を活用しながら、チームとして組織的かつ効果的な対応を行う必要がある」と述べていた。

そして、これからの教員に求められる資質・能力には、「社会からの尊敬・信頼を受ける教員、思考力・判断力・表現力等を育成する実践的指導力を有

する教員、困難な課題に同僚と協働し、地域と連携して対応する」ことが必要だと言うのである。

前述の2015（平成27）年の中教審答申「チームとしての学校の在り方」は、教員の職務に関して以下のような見直し事項を示している。

（a）教員が行うことが期待されている本来的な業務…学習指導、生徒指導、進路指導、学校行事、授業準備、教材研究、学年・学級経営、校務分掌や校内委員会等に係る事務、教務事務（学習評価等）

（b）教員に加え、専門スタッフ、地域人材等が連携・分担することで、より効果を上げることができる業務…カウンセリング、部活動指導、外国語指導、教員以外の知見を入れることで学びが豊かになる教育（キャリア教育、体験活動など）、地域との連携推進、保護者対応

（c）教員以外の職員が連携・分担することが効果的な業務…事務業務、学校図書館業務、ICT活用支援業務

（d）多様な経験を有する地域人材等が担う業務…指導補助業務

これら区分をふまえて、教員の業務改善を図り、専門スタッフとの連携・分担を進め、学校の教育力を最大化することが必要だとし、教員が（a）の業務に専念できるようにすることが重要だと明言した。

同答申は、**図8-1**中の右側の「チームとしての学校」に記述されているように、「多様な専門的人材が責任を伴って学校に参画し、教員はより教育指導や生徒指導に注力」できる体制づくりを目指すのである。

「教育指導や生徒指導」など前記の区分中の（a）に注力させようというのである。「チーム学校」は、特殊な教育課題に対しては専門スタッフ等を活用し、同時に教員の業務改善を図ることにその意図があると言えるのである。なお、図によると、「チーム学校」は「従来」の閉鎖的な学校から「現在」の開かれた学校を経て、これからの学校が目指す運営の在り方の将来像に当たるものと解される。

そして、同答申と同時に文部科学大臣に提出された中教審答申「これからの学校教育を担う教員の資質能力の向上について〜学び合い、高め合う教員育成コミュニティの構築に向けて〜」は、「『チーム学校』の考え方の下、教員は多様な専門性を持つ人材と効果的に連携・分担し、教員とこれらの者が

図8-2 「チームとしての学校」像（イメージ図）作業部会事務局作成

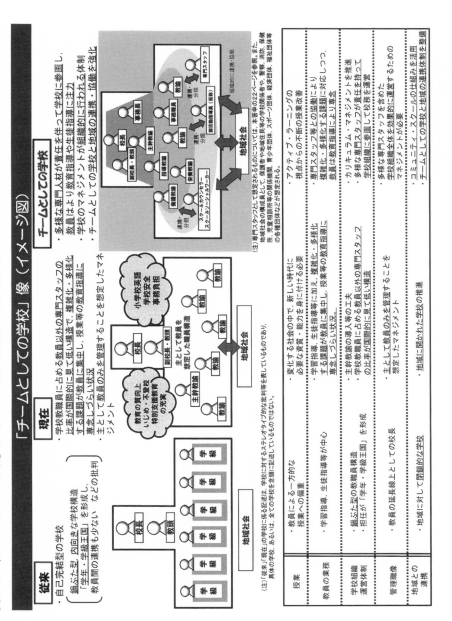

（注）「従来」「現在」の学校に係る記述は、学校に対するステレオタイプ的な批判を表しているものであり、具体的な学校、あるいは、全ての学校を念頭に記述しているものではない。

	従来	現在
授業	・教員による一方的な授業への偏重	・変化する社会の中で、新しい時代に必要な資質・能力を身に付ける必要
教員の業務	・学習指導、生徒指導等が中心	・学習指導、生徒指導に加え、複雑化・多様化する課題等に集中し、授業等の教育指導に専念しづらい状況
学校組織運営体制	・鍋ぶた型の教職員構造 ・担任が担う学年・学級王国を形成	・主幹教諭の導入等の工夫 ・主幹教諭以外の教員に占める専門スタッフの比率が国際的に見て低い構造
管理職像	・教員の延長線上としての校長	・主として教員のみを管理することを想定したマネジメント
地域との連携	・地域に対して閉鎖的な学校	・地域に開かれた学校の推進

チームとして組織的に諸課題に対応するとともに、保護者や地域の力を学校運営に生かしていくことも必要である」と述べたところである。

　これまでの伝統的な教師は、教室内で個業のように毎日教育活動に取り組み、何か問題や新しい局面に接しても、一人で抱え込む傾向があった。そのため、他の教職員との協働を嫌う者も珍しくなく、特に学校外の人や機関との連携に関わる交渉などが不得意な者が少なくなかった。しかし、「チーム学校」に対応していくためには、他の教職員はもちろん、外部の関係者や機関との情報収集とその共有の方法を身につけ、相手に理解と協力を求めるための交渉術を学び、相互に協力し合うとする姿勢が不可欠になるのである。

　2021（令和3）年の中教審答申「『令和の日本型学校教育』の構築を目指して」は、特に「ICTの活用に向けた教師の資質・能力の向上」を求め、養成・研修全体を通じて教師が必要な資質・能力を身に付けられる環境の実現を図り、国によるコンテンツ提供や都道府県等における研修の充実等による現職教師のICT活用指導力の向上、授業改善に取り組む教師のネットワーク化を推進するよう提言した。また、すべての教師が障害の特性等に関する理解と指導方法を工夫できる力を持ち、特別支援教育に関する基礎的な知識や合理的配慮に対する理解を有することが必要だと述べたところである。

　　注1）津布楽喜代治「求められる教師像」『日本教育行政学会年報』第13号、1987年、pp.12-16
　　　2）南本長穂「学校管理職からみた『若い教師』の資質に関する一考察」『日本教育経営学会紀要』第28号、1986年、pp.79-94
　　　3）専門スタッフには、カウンセラーやソーシャルワーカーのほかにも、IT支援員、学校司書、ALT（外国語助手）、部活動指導員、特別支援教育支援員など多彩な職種が想定される。
【その他参考文献】
・八尾坂修編著『教員人事評価と職能開発』風間書房、2005年
・尾木和英・有村久春編著『教育課題に応える教員研修の実際』ぎょうせい、2004年
・木岡一明「『多職種によって構成される学校』のマネジメント―その設定の含意と可能性」『学校経営研究』第41号大塚学校経営研究会、2016年、pp.10-17
・片山紀子・森口光輔『やってるつもりのチーム学校』学事出版、2017年

第9章

教育実習の意義と心得

┃1 ◎教育実習の意義と方法┃

1 教育実習の意義

　教育実習の歴史は古く、明治初期に誕生した東京師範学校が生徒に教授法の実地練習を課したことに始まる。その後、1881（明治14）年の「師範学校教則大綱」は、初等・中等・高等師範科の学科の１つに実地授業を課し、1886（明治19）年の「尋常師範学校ノ学科及其程度」は師範学校第４学年の学生に対して「実地授業ニ就クヘキモノ」と定めていた。

　以来、教員養成において実習は必須とされ、現在は、教育職員免許法施行規則によって、「教職に関する科目」の中に教育実習が位置づけられている。

　近年、教育実習はとりわけ重視されており、2006（平成18）年に公表された中教審答申「今後の教員養成・免許制度の在り方について」は、大学が実習校や教育委員会と連携を図り、また、「履修に際して満たすべき到達目標をより明確に示すとともに、事前に学生の能力や適性、意欲等を適切に確認することが必要である。教育実習に出さないという対応や、実習の中止も含め、適切な対応に努めることが必要である」と提言した。

　また、中教審答申（2012（平成24）年）「教職生活の全体を通じた教員の資質能力の総合的な向上方策について」は、「学校ボランティアや学校支援地域本部、児童館等での活動など、教育実習以外にも一定期間学校現場等で

の体験機会の充実を図る」ことを提言し、「学校ボランティア等を教育実習の参加要件としたり、実習前に教職への意志と自覚を確認するための面接やレポートを課すこと」などの考え方を新たに示した。これは、いわゆる「実習公害」を是正する措置だとされる。

　そして、2015（平成27）年12月の中教審答申「これからの学校教育を担う教員の資質能力の向上について～学び合い、高め合う教員育成コミュニティの構築に向けて～」は、「学校インターンシップについては、教職課程において義務化はせず各大学の判断により教育実習の一部に充ててもよいこととする」と提言した。そして、教育実習に「学校インターンシップ（学校体験活動）を2単位まで含むことができる」（高校の場合は1単位まで）とし、さらに実習を教育実践演習と共に括って「教育実践に関する科目」に位置づけるよう求めた。「教育実践に関する科目」は、「教育実習」5単位と教職実践演習2単位の計7単位となる（高校は計5単位）。

　教育実習の性格は、①就職する前の教師として必要な最低限の実践経験の機会になり、②大学等で学んだ知識・技術を具体的に検証する場となるという2つの側面からとらえられる[1]。これらは教育実習の意義だと言えるが、さらにその意義を具体的に探るとおおよそ以下のようになろう。

　①　**児童生徒の実際的理解の機会になること**　教職課程に学ぶ多くの学生は、児童生徒との接触がないため、児童生徒の発達や心理、考え方などを抽象的には理解できても実感として的確に理解する機会がない。それが、実習中は、児童生徒と直接触れ合いながら彼らを肌で理解することができる。

　②　**学校環境や教師の職務を体験できること**　学生はこれまで児童生徒として学校生活を体験してきたが、実習では教師の視点から学校を理解する立場に置かれる。児童生徒時代には何気なく見つめていた教師の行動や仕事、学校環境を実習を通して改めて理解し直すことができる。この体験で教師の魅力と苦労も実感することになる。その意味で教育実習は教師になるための実地入門になる。

　③　**教育指導の体験が得られる機会になること**　日々の実習生活を通じて授業や学級経営、児童生徒指導を実際に行う機会となり、教師としての資質や能力を磨くきっかけになる。実習中は、授業を体験し、板書や発問の仕方

などを学び、研究授業を行うことになる。

④　教育研究の深化が図られること　実習は教師になるための準備という側面を持つと同時に、大学の講義や演習で学んでいる教育研究を実地で検証しながらその深化を図る機会になる。

教育実習を終えた学生の反応は2つに分かれる。1つは、実習体験でますます教職への意欲を増すタイプであり、これは児童生徒から慕われ、実習に充実感を持った学生に多い。もう1つは、二度と教壇には立ちたくないと感じ、教職への希望を捨てるタイプである。おそらく、自らが描いていた教師の仕事と現実のそれに大きなギャップを感じ、指導教員や児童生徒との関係がうまく行かないなどして自らが教師に不向きだと実感したのであろう。

数の上では前者の方が圧倒的に多い。ただ、後者のタイプの学生にとっても実習はある意味で大きな意義を持つことになる。つまり、実際に教職に就いてから教師を辞める事態になった方がもっと不幸だからである。この点に教育実習の消極的意義がある。

2　教育実習の内容と方法

（1）　教育実習の単位数と期間

教育実習の単位数は、教育職員免許法施行規則の中で、幼稚園、小学校、中学校教諭の普通免許状を受けようとする場合には5単位、高等学校の場合は3単位と定められている。その単位数には事前指導と事後指導の1単位が含まれている。実習期間は単位数の関係から、幼稚園・小学校・中学校では4週間（中学校は3週間も可）、高等学校では2週間とされる。

このほか、小学校および中学校教諭の普通免許状を取得するためには、7日間以上の介護等体験を行う必要がある（小学校及び中学校の教諭の普通免許状授与に係る教育職員免許法の特例等に関する法律）。これは教職科目の「教育実習」とは異なり単位数に換算されないもので、特別支援学校や社会福祉施設などで障害者や高齢者等に対する介護・介助やこれらの者との交流を行わせる体験実習である。これは高等学校や幼稚園の教員免許状のみを取得するときには不要である。

表9-1 教育実習の内容と方法（例）

	①学級経営・学級事務	②授業	③特別活動の指導
講話受講	「学校経営・学級経営」、「校務分掌」、「服務」など	「各教科の指導法」、「教材研究」、「教育評価法」など	「児童生徒の理解」、「クラブ活動」など
観　察	担任による朝の会・帰りの会・給食・清掃の観察、学級事務理解	配当学級内の観察、模範授業観察	児童生徒会の観察
参　加	清掃等への参加、学級事務補助、業間等での児童生徒との交流	机間巡視による指導補助、グループ学習や研究会への参加	学級活動・行事等への参加や付き添い
実　習	学級経営案の作成、全日経営指導	各教科・道徳などの実地授業、研究授業	クラブ（部活を含む）の指導、行事の運営指導

（2）　教育実習の内容・方法

　教育実習は教師としての実務体験を行う機会であるから、その内容は当然教師の日常の仕事から組み立てられる。その内容は、①学級経営・学級事務、②授業、③特別活動の指導からなるが、これらの過程で生徒指導にも関わることになる。実習の方法は、「観察」「参加」「実習」に分けられるが、実際には、実習校の管理職や主任等による「講話」も行われている。これらを例示的に一覧で示したのが表9-1である。

①　講話の受講

　実習校の校長・教頭や教務主任・教科主任などが特別の時間設定のもとで、実習の心構えや教育実践の基礎知識に関する話を行う。普通は実習プログラムの最初に組まれ、当該校に割り当てられた実習生全員に対して行われる。大学の授業とは違い、実践に直結し、その学校の特性を理解するための内容なので、居眠りを絶対せずに、その一語一語を嚙み締め、その内容を確実に身につけるよう留意しなければならない。

②　観察

　「参加」や「実習」に入る前の不可欠な要素であり、配置された学級や他の学級の様子や教師の動きなどをしっかりと理解する機会になる。観察対象は以下のとおりである。

（a）学校施設や学級の雰囲気など

（b）休み時間・放課後の児童生徒の遊びの実態、給食の様子など

（c）教師の指導態度と方法、教材研究の方法、板書や発問等の指導技術

（d）児童生徒の氏名・顔とその個性、授業中の反応や学習進度など

（e）学級会・児童生徒会・クラブ活動・学校行事の様子など

（f）出席簿等の処理方法などの学級事務

（g）生徒指導の様子など

（h）学年会等の様子など

　教育実習中は、毎日の一つひとつの時間が観察対象になるので、無為に時間を過ごすことなく、教師の立場から学校や学級の様子のすべてを確実に読み取るよう努める必要がある。

　③　参加

「観察」するだけでなく、実習生は学校・学級の活動に加わり、その理解を一層深めることが大切である。「参加」には、児童生徒の一員として、教師の一員として、また教師の補助者などの立場で臨むことになる。

　児童生徒の一員としての「参加」とは、グループ学習や行事に児童生徒と同等の立場でメンバーに加わることであり、たとえば、実技を伴う授業では実習生も児童生徒と同じ課題に取り組んだり、給食時間に児童生徒の班に同席するのである。

　教師としての「参加」は、校長等の許可があった場合に学年会や教科会、職員会議などに参加して、自分なりの意見を述べたりすることである。通常は学年会への参加が求められる。そして、教師の補助者としての「参加」は、授業中の机間巡視指導やティーム・ティーチングのアシスタント教師の役割を担ったり、教材準備や行事準備を手伝うことなどである。

　「参加」は、次の段階である「実習」のための心構えや技術を学ぶ上で有効であるから、校長や担任等の許しの下で積極的に行うことが大事である。また、「参加」の在り方は児童生徒理解にも影響を及ぼすことになる。

　④　実習

　実習生が実際に児童生徒に対して授業や学級経営を主体的に行うことである。実習授業時数等は、担当すべき教科・科目について定められている。たとえば、大学の実習要項などで、小学校の場合には、「6教科以上、20時間

以上とする」、中学校や高等学校の場合には「該当教科・科目について8時間以上」などとあらかじめ決められている。

　多くの例では、実習プログラムの中盤以降に組まれ、最終プログラム（最終週の後半）には「研究授業」として組まれている。学習指導案の作成も実習の一環になる。

　また、学級経営の実習では、学級経営案の作成、朝と帰りの会、清掃・給食指導、学級会指導などがあり、また特別活動の実習ではクラブ活動や学校行事の指導などがある。そのほか、1日の担任業務のすべてを経験する「全日学級経営」（全日経営）という実習プログラムも組まれる。最終日には、児童生徒とのお別れ会や教職員との反省会が行われて実習は終了する。

　一般的には、以上のようなプログラムが実習生毎に組まれ、4週間ないしは2週間の実習が計画され、その間、実習担当の指導教員の指導の下で行われる。なお、多くの大学等では教育実習を最終学年に配当しているが、3年次にも分割配当する大学もある。

┃ 2◎教育実習の実際 ┃

1　実習の心得

　（1）　実習は「させていただく」もの

　国立大学の附属学校は教育実習の実施を本来の役割としているが、それ以外の一般校は「協力校」として実習を厚意で受け入れているに過ぎない。協力校にとって実習は、若い実習生から新鮮な刺激を受けるメリットがあるとは言え、そのことを差し引いてもデメリットの方が大きい。実習生の受け入れによって、児童生徒の学習進度が遅れたり、指導教員をはじめ教職員が多忙になるなどのデメリットが小さくないからである。

　しかし、教師志望者の願いを受けとめて、協力校はそうしたデメリットを覚悟の上で実習生を受け入れてくれるのである。ところが、実習生の中には、実習協力を依頼した後になって、必須単位が不足したり、意欲が失せるなど

を理由に実習を辞退する者がいる。

　協力校は実習生の受け入れに際して、担当指導教員を決めたり、校内体制を整えるなど1年以上も前から実習計画を立て、その準備を進めてきているのである。それにもかかわらず、実習を辞退すれば学校に迷惑の上塗りをすることになる。また、出退勤時間を守らなかったり、無断欠席や怠業を行うようでは、学校に迷惑以外の何ももたらさない。

　ときどき、教師にはならないが教員免許状取得のために実習に来ていると公言する学生もいる。これでは指導教員も意欲をなくしてしまう。

　実習に際して大切なのは、教師になるために実習をさせていただくという姿勢であり、そのために学校に少なからぬ負担を与えているという意識を持つことである。決して単位のために仕方なく実習に来ているという意識を持つべきでない。

　なお、中教審答申「今後の教員養成・免許制度の在り方について」（2006（平成18）年）は、いわゆる母校での実習をできるだけ避けるよう提言している。

（2）　実習生は「先生」

　教育実習の間、実習生はあくまでも教師として扱われ、児童生徒から「先生」や「教生の先生」と呼ばれる。複数の実習生が配置される学校内でも実習生はお互いに「先生」と呼び合うよう指導されたりする。児童生徒の前では学生ではなく、「教師」であることを忘れてはならない。

　呼び方だけでなく、実習中の行動は「勤務」と同様に扱われ、実習生は出勤から退勤までは学校の指示に従わなければならない。出勤時には出勤簿に押印して名札を表にし、退勤時には名札を裏返すなど教職員と同じ行動を求められる。

　服装も教師にふさわしいものを身につけ、言葉遣いや礼儀などについても教職員のように振る舞わなければならない。たとえば、茶髪・金髪、マニキュア、ピアス（特に派手なものや男性のもの）、派手なメイク、ヒールのある靴やサンダル、高価なブランド物などは慎むべきである。また、止むをえぬ事情等によって遅刻や欠勤をする場合には必ず指定された方法で連絡を入れる必要がある。

そのほか、実習中に知り得た秘密を外部に洩らすことは教職員と同様に禁じられている。たとえば、児童生徒の成績や家庭環境、事前に未公開とすべきテスト問題、教職員の個人情報、非公開資料等の情報などは外部に知らせてはならない。

（3）　実習中は教職員の指導に従う

　実習中は「教師」として扱われるが、それは一人前の「教師」だということを意味するわけではない。したがって、管理職や指導教員をはじめ教職員の指導には必ず従う必要がある。

　普通、実習の事前打ち合せのときに、「教育実習実施要項」に基づいて注意事項の指示と説明が行われる。そのときに、実習生の控え室の利用、出退勤時間、持参品、服装、事故のときの連絡方法、記録等の書き方、実習中の行動などについて細かな説明があるので、実習生はそれらを注意深く聞き入れておく。

　実習中は、示範授業の参観、提出物、会議への出席、日常の行動などについて指導教員の指示に従って行動する。大学の「教育実習総論」でも実習の心構えについて取り上げられるが、実習生の受け入れ方法は各学校によって異なるので、細かな点は各学校の指導や指示に従うようにする（後記の「教育実習計画」を参照）。

（4）　実習中の私的な行動は控えめにする

　実習期間に入れば、その間は実習に専念するよう心がける。1日の勤務（実習）が終わっても、帰りに学校近くでパチンコをしたり、夜遅くまで遊んだりしないように留意したい。むろんこれらの行動は本来自由ではあるが、結果として学校の信頼を損なうおそれがあり、翌日の勤務に支障が出たりするからである。

　学校によって多少の違いもあるが、実際に退勤時間を大幅に過ぎて帰宅する日が続いたりするため、自分が思う以上に心身の疲労が生じるはずであるから、勤務時間以外の行動を慎ましくするよう心がけなければならない。

　最近では、実習期間中に企業のセミナーが開催されるからといって、実習を欠勤したいと申し出る学生も見られるが、これは決して望ましいとは言えない。実習中は、実習を最優先に考え、行動すべきなのである。それが協力

校に対する礼儀でもある。

(5)　事後の対応にも留意する

　実習終了後は、すでに実習校とは関係がなくなったと考える実習生もいるが、それでは厚意から実習を受け入れた学校にとって失礼になる場合もある。実習中に児童生徒と再会を約したのなら必ずその約束を守り、学校から行事の協力依頼や招待があれば気持ちよくその声に応えることが大切である。

　特に、小学校の場合だと、児童から手紙や作文が寄せられることが多いので、その返事は必ず書いて送るようにしたい。

　事後の対応が不誠実だと、次年度からの実習生の受け入れにも少なからぬマイナス影響を及ぼすことになるので、十分な配慮に努めたい。

○○年度　**教 育 実 習 計 画**

○○小学校

1　目　的
　(1)　教諭を志す学生に、学校現場を実際に観察させ、教育活動を理解させるとともに実習を通して将来のよき教諭の育成を図る。
　(2)　教育実習生の指導を、指導者自らの自己研鑽の機会とする。
2　実習期間　平成　　　年　　　月　　　日（　　）～　　　月　　　日（　　）4週間
3　実習生　　　　　　　　大学　　　　　　　　実習生
4　学年所属及び指導教員　　年　組　　　　　教諭
5　時間割　別紙
6　実習内容について
　(1)　教室では、児童の授業の様子を参観する。
　(2)　大学の計画に従って指導案を作成し、授業実習を行う。
　(3)　清掃や休み時間等、授業以外の時間での児童との関わりを体験する。
　(4)　発達段階の異なる児童の様子を観察するため、可能な範囲で他学年の授業を参観する。
7　実習生の心得
　(1)　実習生の規律
　　・始業20分ぐらい前には登校し出勤簿の捺印をする。職員や児童、来客に挨拶をする。
　　・退勤は、その日の事務を終え、翌日の準備を整え、指導教諭や職員に挨拶をしてから帰宅する。
　　・欠勤・遅刻・早退届は、所定の書式により指導教諭を経て校長に提出する。
　(2)　勤務中は、校長、教頭、指導教諭の指示に従う。
　(3)　指導教諭の承認なしに下記のことはしない。

- ・担当以外の教室の出入りはしない。
- ・児童を校外に引率しない。
- ・児童の家庭を訪問したり、自宅へ呼んだりしない。
- ・児童に医薬品を服用させない。
(4) 児童に体罰を絶対に与えない。
- ・勤務は教諭に準ずるが、児童に対する懲戒権を教育実習生はもたない。

(学校教育法　第11条)

(5) 実習中に知り得た情報については、守秘義務を遵守する。
(6) 図書、教育機器、教材・教具を使用する時は、指導教諭及び保管者に申し出て借用し、使用後は直ちに返却する。
(7) 学習指導案と授業
- ・指導教諭の参観を受けた時は、その日のうちに指導を受ける。
- ・研究授業は校長、教頭、教務、指導教諭に連絡して指導を受ける。
(8) 授業観察
- ・校内外を問わず観察の礼儀を守る。特に、授業中の出入りは避けること。
- ・研究的態度で臨み、必要事項はメモし、授業実習に生かすようにする。
- ・観察の記録は、その日のうちに実習日誌に記入する。
(9) 教育実習記録
- ・指定された日に指導教諭に提出する。
- ・質問がある時は記入して指導を受ける。
(10) その他
- ・常に教師としての自覚をもち、服装は華美にならないようにし、言動にも留意する。
- ・児童の指導には、公正・明朗・愛情をもって接する。
- ・朝の職員打ち合わせには参加する。
- ・給食は担当学級で児童と共にとり給食指導にあたる。
- ・昼休みには校庭に出て児童と共に遊ぶ。児童とは友達ではなく、教師として接する。
- ・放課後の時間は、教材研究、指導助言に使用する。
- ・控え室は会議室とする。靴箱・ロッカーは、指定された場所を使用する。
- ・通勤は原則として公共交通機関・徒歩または自転車とする。

8　持ち物・服装
- ・印鑑、筆記用具、湯呑み、上履き、運動着（必要に応じて水泳の用意）、運動靴、タオル・エプロン・頭覆い・マスク・歯磨きセット・清掃時にかぶる頭覆い（バンダナなど。）
- ・通勤時の服装は、正装。学校内は必要に応じて運動着可。

9　備　考
(1)　　月　　　日（　）〜　　　日（　）教育支援ボランティアとして、本教教育に携わる。始業式終了後に、児童に紹介する。
(2)　実習生は、月行事予定表を時間割、実習教科等を考慮して教育実習計画を作成する。
(3)　教育実習日誌の指導教諭の記入について（日誌の形式に準ずる。）
- ・指導者印は全部押す。教育実習欄のみ必要に応じて記入する。

(4) 諸費納入について
・給食費　4,680円（260円×18食）事務長へ
(5)　9/20（水）社会科校外学習　ぶどう狩り
(6)　実習期間前のボランティア活動について相談し、計画を立てる。

2　実習の実際

　実習の進め方は学校によってかなり異なるが、小中学校の場合にはおおよそ以下のような形で行われる。

（1）第1週目

　実習は普通、月曜日から始まる。実習生は最初に教職員との挨拶を済ませた後に、その日の朝会で全校児童生徒に紹介され、簡単な自己紹介を求められたりする。その後に、配置学級に向かい、その児童生徒の前で自己紹介を行い、指定された席に着いて観察の第1日目が始まる。その前後に、校長室や会議室に実習生全員が集まり、校長等の講話を聞き、その学校の様子を理解していく。

　原則として、配置された学級に腰を据え、その担任の指導下で実習に臨むことになるが、同学年の他学級の授業を観察したり、示範授業の見学も行い、様々な教師の指導や児童生徒に触れる機会も設定される。配置された学級では、児童生徒の座席表などが用意され、それを参考にしながらできるだけ早く児童生徒の顔と氏名を覚えなければならない。休み時間には児童生徒と積極的にコミュニケーションをとり、給食時には彼らの輪の中に入るよう努め、清掃も一緒に行うようにする。

　一日が終われば、毎日「実習日誌」に記入し、指導教員と校長からの認印をもらって帰宅する。

（2）　第2週目

　そろそろ児童生徒との人間関係が良好になり、また授業の進め方が理解できるようになる時期であるから、授業実習を担当することになる。担当授業については、他学級でも行うことがあるため、学年会や教科会で調整しながら決められるので、指導教員の指導に従って教材研究に取り組むことになる。この間、板書や発問の技術を身につけるよう学習し、指導案の書き方につい

ても理解を深めなければならない。

初めての授業は緊張や不慣れのため予定どおりにいかないものであるから、授業終了後には指導教員などから積極的な意見を求めるようにする。高等学校の場合には、この週の終わりに研究授業が予定されるので、その準備のためにハードな毎日が続く。研究授業は実習の総決算であるから、実習生は全力を傾けてそれに取り組む必要がある。高等学校ではこの週で実習は終了する。

小中学校の場合には、教科だけでなく、道徳や特別活動の授業を含めて数多くの参観機会が与えられるので、授業を冷静に観察し、教師の動きの一つひとつを見極める目を養うよう心がける。

（3）　第3週目

第2週目の終わり頃からこの週にかけてが最も疲労を感じる時期である。しかし、教師としてのやりがいを感じるか否かが自覚できるようになる時期でもある。児童生徒の氏名だけでなく、その個性も理解できるようになり、彼らとのコミュニケーションが一層よくなるから、それだけに授業も行いやすくなり、教師としての自信も生まれてくる。

そこで、できるだけ多くの授業を担当し、授業のコツをつかむよう努め、同時に、担当教師の指導補助にも進んでチャレンジしてみたい。

（4）　第4週目

仕事にも慣れ、先週までほど疲労を感じなくなり、むしろ学校や学級に愛着を感じるようになる時期である。だが、研究授業や全日経営など緊張するプログラムが予定されているので、肩の力を抜くことができない。

研究授業や全日経営は原則として配置学級で行う。研究授業に向けてしっかりした学習指導案や全日経営案を作成し、指導教員の指導を受けながら何度も書きなおす覚悟が大切である。その指導案に基づいて他の学級で授業を行うこともある。

研究授業の当日は、校長・教頭や主任、他学級の担任、場合によって大学の担当教員が参観するので、いつもより気分を引き締めて臨む必要がある。授業終了後は、研究協議会等が開催され、自己評価を述べるとともに、参観してくれた教師からの鋭い建設的な批評を仰ぐことになる。

全日経営は、朝の会、授業、給食、清掃、帰りの会までの１日中の担任の指導をすべて体験するものだが、この場合も全日経営案を作成して臨む。気分は一人前の教師である。

　そして、最終日には、学級や学年単位で、児童生徒とのお別れ会が計画されたりする。そこで講話や感想などを求められることがあるので、しっかり準備しておきたい。この時、児童生徒から沢山の手紙や作品（折紙や絵など）をもらったりする。それらをもらったら、終了後には担任宛てでもよいから必ず返事を書くようにすることが大事である。２週間や３週間の場合には、以上の内容を縮小した形になると考えてよい。ただし、２〜３週間の場合には、研究授業までの期間が短いので、実習前から研究授業をシミュレーションしておくよう心がける必要がある。

　さて、実習が終わって気分的にやや物足りなさが残れば教師に向いていると考えてよい。反対に、もう教師はこりごりだと感じたら、教師には不向きなのかも知れない。その意味で、実習は教師の適性を測る機会になると言えよう。

3◎教育実習と学習指導案の作成

1　学習指導案とは何か

　教育実習の中でも、特に研究授業が重視される。そのためにはしっかりとした学習指導案を作成しなければならない。また、研究授業だけでなく、実習中担当する授業についても指導案を作成するようにする。

　学習指導案とは、「普通１校時単位の、学級を対象にした学習指導のための計画案に使われる」ものであり、その意義・性格として以下のような側面を有すると言われる[2]。

　第１に、授業の実施前に、教師の意図や計画を説明、主張し、相互吟味するための資料になる。授業前に配付して、授業者の授業の意図と進め方、指導姿勢などをあらかじめ理解できるようにする。

第2に、実際に授業を行うための実行案や素材として準備されるものである。授業者が実際に授業を進める際の進行の目安として活用される。

　第3に、授業後の反省・評価のための資料になる。参観者が朱書きなどにより評価を加えたりするので、反省会等で共通資料として活用される。

　ようするに、学習指導案とは、授業者のための授業進行計画という性格だけでなく、第三者に自らの授業計画を理解させ、授業の評価を受けるための資料になるという意義を持つものなのである。したがって、学習指導案は研究授業などでは参観者にも配付されるので、その作成に当たっては、丁寧な文字でわかりやすく書くよう、努めて留意する必要がある。

2　学習指導案の形式

　学習指導案の形式は学校や教師によって異なるが、一般的には、以下のような形式をとることが多い。以下に小学校の実例を示しておこう。形式中の項目の中には省略されるものもある。これは、栃木県公立小学校のベテラン教師である鈴木廣志校長が作成したもの（社会科）であり、学習指導案とは何かを理解する上で参考になるはずである。

　普通、よい学習指導案の条件とは、①目標が明確であること、②十分な教材研究に裏打ちされていること、③展開に流れがあること、④具体的に書かれており第三者にも十分理解できること、⑤資料等が適切に活用されていること、⑥児童等の反応が予想できることにある。そうした学習指導案を作成するためにも、指導教員のもとで何度も修正しながら最良の指導案の作成に全力を傾ける覚悟が求められる。その間、教材研究を少しも怠ってはならない。

　ただし、必ずしも学習指導案どおりに授業を進めなくてもよい場合がある。当初の予想どおりの児童生徒の反応が得られなかったり、時間的に無理が生じたときには、学習指導案の展開を修正しながら授業を進めた方がよい。それなのに無理やり指導案どおりに授業を進めようとすれば、児童生徒は授業についていけなくなってしまう。現下の学習指導案は、良い授業をめざすための一つのステップであると考えてよい。

第3学年　社会科学習指導案

年　　月　　日　（　　）第　　校時
第3学年1組　指導者
指導教員

1　単元名　店の人は、どんなくふうをしているの

2　単元の目標及び評価規準

	社会的事象への関心・意欲・態度	社会的な思考・判断・表現	観察・資料活用の技能	社会的事象についての知識・理解
目標	身近な地域の販売の仕事に関心を持ち、意欲的に調べたことをもとに、地域に見られる販売の工夫や人々の仕事について考えることができる。	身近な地域の販売の仕事をしている人々は、消費者の願いに合わせて工夫していることを考え、適切な言葉で表現することができる。	身近な地域の販売の仕事の様子を的確に見学したり調査したりするとともに、調べた過程や結果を工夫して表現することができる。	販売に携わる仕事には、それぞれの特色があり、それに携わる人々は、販売の工夫や努力を続けていることが分かる。
評価規準	身近な地域の販売の仕事に関心をもち、地域に見られる販売の工夫や人々の仕事について意欲的に調べようとしている。	身近な地域の販売の仕事をしている人々は、消費者の願いに合わせて工夫していることを考え、適切に判断している。	身近な地域の販売の仕事をしている人々の様子について、インタビュー等で具体的に観察・調査し、わかりやすくまとめている。	販売に携わる仕事にはそれぞれ特色があり、それに携わる人々は販売の工夫や努力を続けていることを理解している。

3　単元について

（1）教材観

　　本単元は学習指導要領第3学年及び第4学年の内容

> （2）　地域の人々の生産や販売について、次のことを見学したり調査したりして調べ、それらの仕事に携わっている人々の工夫を考えるようにする。
> 　ア　地域には生産や販売に関する仕事があり、それらは自分たちの生活を支えていること。
> 　イ　地域の人々の生産や販売に見られる仕事の特色及び国内の他地域などとのかかわり

を主なねらいとしている。

　<u>これまで社会科の地域学習において、学校の周りの様子を観察したり実際に歩</u>いて調べたりしながら、土地利用の違いなどを学習してきた。学区内の南側には農地が広がる一方、その他の地域には住宅地が広がっている。そして利用できるスーパーマーケットやコンビニエンスストアなどの商業施設が点在しているという学区内の特徴をつかむことができた。

　<u>本単元では地域のスーパーマーケットで働く人々の仕事の様子を通して、地域</u>の消費生活の様子について学習する。単元の導入として児童の家庭での買い物先

調べを行う。それをもとに買い物マップを作成し、地域には様々な商店があることに気付かせ販売の仕事に関心を持たせるようにしたい。

　　地域のスーパーマーケットの様子について観察・調査したり、表現したりすることを通して、仕事の特色や他地域とのかかわり、仕事等に携わる人々の工夫を具体的に考えさせたい。客の多様なニーズを把握して商品を取りそろえるなど様々な工夫をしていることに着目させ、地域の販売に関する仕事が日々のわたしたちの生活を支えていることを学ばせたい。また、消費者の願いを実現していこうとするスーパーマーケットで働く人々の姿を通して、自分たちが地域の一員であると理解し、努力していこうとする自覚を育てたい。本時では、児童がインタビューや見学をして作成した取材メモと教師が撮影してきた取材写真をもとに資料を読み取る活動を行う。スーパーマーケットの工夫について、学び合いを通して学習内容を練り合い、自分の考えを整理できるようにさせたい。

(2)　児童の実態（男子　　名　女子　　名　計　　名）

　　本学級の児童は明るく活発である。3年生になって新しく始まった社会科に対して興味をもち、意欲的に調べ学習や見学・聞き取り調査をしたりしている児童が多い。

　　しかし、資料から読みとる力が十分でなく、事実からワークシートなどに自分の考えをまとめることが苦手な児童が多い。どのように資料を読み取り、違いや工夫を見つければよいのか、自信のない児童も見られる。また、総合的な学習の時間や国語の時間でのインタビューなどの聞き取り調査の時には消極的になる様子も見られた。普段の授業でも、自分の意見に自信がもてなかったり、もっていても表出できなかったりする傾向も見られた。これまでに授業の中で友達に自分の考えを伝える機会を意図的に増やしてきた。少しずつ学習に深まりや広まりがみられるようになってきた。

　　そこで、問題解決に必要な資料を集めたり選択したりする活動や、読み取った情報や事実を比較や関連づけながら総合的に考える活動を行っていきたい。さらに、個に応じた指導を行うことで一人一人が自分の考えをしっかりもてるように支援したい。それによって、全員が積極的に全体交流の場で発言し、問い返し発問によってみんなで課題に対する自分の考えを深めることができるようにしたい。

4　学校課題との関連

◎研究主題

> 自ら考え、友達とかかわりながら共に学び合う授業創り
> ～ICT機器の効果的な活用を通して～

今年度の研究主題を受けて、次のような構想を立てた。

(1)　「自ら考え、主体的に学ぶための工夫」

　　販売の仕事に興味を持たせるために児童の家庭での買い物先調べを行う。利用頻度の高いスーパーマーケットを取り上げ、学区内にあるスーパーマーケットの工夫について視点を明確にした見学学習を展開したい。

　　単元のまとめとして、学習したことをもとにスーパーマーケットのよさを伝える宣伝ポスターを作る活動を設定した。スーパーマーケットの工夫について自分

の考えをもったり、友だちとの意見の交流を通して、自分の考えを深めていったりすることにより、知的好奇心を高め、主体的に学べるようにしたい。

(2)「共に学び合う活動の充実」

　単元の導入での買い物地図づくりやスーパーマーケット見学での班活動などをはじめとして、単元全般を通して自分の考えをより深めるための話し合いの場を設定した。友達の考えと自分の考えを比べながら聞いたり発表したりして意見を練り合うことにより、共に学び合うことの大切さや楽しさを実感させたい。

(3)「ICT 機器の効果的な活用」

　スーパーマーケットの工夫の様子の写真のスライドショーを電子黒板に映し出し、見学してきた様子を視覚的に捉え想起させたい。また写真資料をタブレットPC に送信し、友達と相談しながらタブレットPC にスーパーマーケットの工夫の理由を書き込んでいく。見学してきた写真資料と取材メモを整理したワークシートを活用させることで、情報活用実践力の育成を図りたい。

5　人権教育との関連

・社会事象の持つ意味を科学的に考え公正、公平な判断ができる。(判断力)
・友達とお互いに認め合い、協力しながら課題追究を行って調べたことをまとめる。(実践力)

6　「いきいき栃木っ子3あい運動」との関連

　児童が自分の考えを友達と伝え合う中で、互いの考えの良さや自分の考えとの違いに気付き認め合うことは、「いきいき栃木っ子3あい運動」につながるものと考える。

7　単元の指導計画及び評価計画（14 時間扱い　本時　7/14）

次	時	ねらい	主な学習活動	指導の留意点（◇は努力を要すると判断される状態の児童への支援）	関	考	技	知	評価規準と評価の方法（ ）は十分な状況〔 〕は評価の方法
一次	1 2	・買い物調べを通して、スーパーで買い物する人がどうして多いのかという学習問題をつかむことができる。	・それぞれの家の買い物調べをした結果をまとめる。・調べた結果からスーパーマーケットに行く人が多い様子を捉えさせる。	・それぞれの家の買い物に行く店を調べ、周辺地域の「買い物地図」を作らせる。・買い物調べの結果をグラフにまとめて話し合せる。	○		○		・自分の家の消費生活の様子について（意欲的に）調べようとしている。〔ワークシート〕・買い物調べの集計表やグラフから（特徴などを）読み取ることができる。〔ワークシート、買い物地図〕
二次	3	・学習問題に対する答えの予想を出し合い、予想を確かめるために、調べる計画を立てることができる。	・スーパーマーケット見学の計画を立てる。	・p44 や副読本 p32 をもとに、スーパーマーケットで買い物をする人が多い理由を予想させる。		○			・スーパーマーケットで買い物をする人が多い理由を（多面的に）考えることができる。〔ノート、観察〕

時	目標	学習活動	指導上の留意点			評価規準（評価方法）
			◇自分がスーパーマーケットに行く理由を参考にさせる。 ・見学の時の注意事項やインタビューの仕方を確認させる。			
4 5	・スーパーマーケットのまわりや売り場を観察して、お客さんにたくさん来てもらうお店の工夫を調べることができる。	・スーパーマーケットの見学に行く。	・お店の工夫について（レジ周り・商品陳列・店外の様子など）調べさせる。 ・お客さんへスーパーマーケットを利用する理由をインタビューさせる。 ◇インタビューの台本を活用させる。	○	○	・スーパーマーケットの様子について、働く人の工夫や努力に気づき、（意欲的に）観察し調べることができる。〔ワークシート、観察〕 ・店の人やお客さんに（進んで）インタビューをすることができる。〔ワークシート、観察〕
6	・スーパーマーケットで調べてきたことを整理することができる。	・取材メモの整理をする。	・取材写真を見て、取材メモの内容について整理させる。		○	・観察・調査してきた取材メモの様子を読み取り、（進んで）整理することができる。〔ワークシート、観察〕
7 （本時）	・調べてきたことをもとに、スーパーマーケットの工夫について考えることができる。	・スーパーマーケットの工夫について考える。	・調べて書き込んだ取材メモをもとに、店の工夫や努力を調べ、その理由について考えさせる。	○		・調べてきたことをもとに、スーパーマーケットの工夫について調べ、その理由を（多面的に）考えることができる。〔ワークシート、観察〕
8	・店の工夫は客の願いと結びついていることを考えることができる。	・お客さんにインタビューしたことと見学して調べてきたことを比べる。	・お客さんへのインタビューしたことをもとに、前時に確認した店の工夫などと比較させる。	○		・調べてきたことをもとに、スーパーマーケットの工夫や努力が客の願いと（すべて）つながっていることに気づくことができる。〔ノート、観察〕
9	・店で売っている野菜や果物のとれるところを調べ、自分たちの消費生活は国内外の他地域と結びついていることを考えることができる。	・店で売られている品物がどこから来ているか調べる。	・写真をもとに、店で売られている品物がどこでとれたものか調べさせる。 ・場所を地図などでまとめさせる。		○	・店で売られている品物がどこから送られているかを（進んで）調べることができる。〔ワークシート、観察〕

次		・ねらい	・学習活動	・指導上の留意点				・評価規準
	10	・スーパーマーケットの環境面などの取り組みについて調べることができる。	・スーパーマーケットの環境面などの取り組みについて調べる。	・副読本 p40 をもとに、環境に配慮した取り組みやバリアフリーの様子について気がついたことを発表させる。			○	・スーパーマーケットの環境に配慮した取り組みやバリアフリーの様子について（正しく）理解している。〔ノート、観察〕
	11	・他の店の様子について調べることができる。	・コンビニエンスストアや個人商店などの様子について調べる。	・第2時で作成した「買い物地図」をもとに、スーパーマーケット以外の店舗についての特徴について調べさせる。		○		・スーパーマーケット以外の店舗についての特徴を（くわしく）とらえることができる。〔ノート、観察〕
三次	12 13	・自分が考えたスーパーマーケットの宣伝ポスターを作ることができる。	・学習したことをもとにして、自分が考えたスーパーマーケットのポスターを作る。	・今まで学習したことをもとに、自分だったらどのようなスーパーマーケットを作るかを考え、ポスターにまとめさせる。		○		・学習したことをもとに、スーパーマーケットのよさを考えて、それを伝える宣伝ポスターを作ることができる。〔ワークシート、観察〕
	14	・単元のまとめをすることができる。	・宣伝ポスターの発表会を通して、単元のまとめをさせる。	・これまでの学習をふりかえり、学習のまとめをさせる。		○		・店の工夫や客の願いを取り入れた宣伝ポスターを（分かりやすく）発表をすることができる。〔ノート、観察〕

8　本時の指導

(1)　教材名　店の人は、どんなくふうをしているの

(2)　目標
　・調べてきたことをもとに、スーパーマーケットの工夫について考えることができる。（社会的な思考・判断・表現）

(3)　授業の観点
　・見学してきた写真資料と取材メモを整理したワークシートを活用させることは、情報活用実践力の育成を図るために有効であったか。
　・タブレットPCを用いた学びあい活動は、児童の思考を深めるために有効であったか。

(4)　展開（別紙）

(5)　使用する ICT 機器及びソフト

ICT 機器	ソフト
・電子黒板（サカワ）	
・ノートPC（NEC）	・Windows フォトビューアー（Microsoft）
・タブレットPC（シャープ）	・スタディネット（シャープ）

┃4◎教育実習の評価と活用┃

　実習の成果を確認するために評価が行われる。その評価方法には、指導教員や校長等による評価、児童生徒による評価、実習生の自己評価があり、そのうち指導教員や校長等の評価が大学の単位評価に直結する。

　その場合、指導教員と校長等が、①勤務態度、②意欲の有無、③学級経営の状況、④児童生徒との関係・教職員との関係、⑤学習指導の状況、⑥生徒指導の状況、⑦研究授業等への熱意、⑧実習記録の内容などを評価の対象とする。これら評価資料に基づいて最終的な単位評価は大学で行うことになる。むろん指導技術に関しても形成的評価の観点から評価されるが、大学の成績に反映されることは少ない。

　だからと言って、授業の技術評価はもちろん、自己評価や児童生徒の評価を軽んじてはならない。教育実習は教師としての実地入門という意味を持つことから、評価そのものをこれからの教師生活に活用するよう努める必要がある。指導教員等の評価や児童生徒の評価を進んで受けとめ、自己評価と照らし合わせながら自らの資質向上に生かすよう心がけたい。

　教育実習の経験は教員採用選考の模擬授業や面接にも生かすことができる。今日の選考においては模擬授業や面接などが重視されるようになっているが、こうした場面では教育実習の経験の有無、あるいは実習成果の善し悪しが影響しがちである。この意味でも、教育実習の経験はきわめて大切になるので、その評価を自らの資質向上につなげるよう努めなければならない。

　注1）教師養成研究会編『教育実習の研究　改訂版』学芸図書、2001年、p.6
　　2）八田昭平「学習指導案」『教育学大事典　第2巻』第一法規出版、1978年、
　　　　p.260
【その他参考文献】
・長名洋次「教育実習」岩崎正吾・佐藤晴雄・前田耕司・森岡修一編著『教師をめざす人のための教育学』エイデル研究所、1986年
・文部省編『学制百年史』帝国地方行政学会、1972年
・宮崎猛・小泉博明『教育実習完璧ガイド―実習生・受け入れ校必携』小学館教育技術MOOK、2015年
・前川智美『中学教師1年目の教科書』明治図書、2022年

第10章

教職への進路選択と教員採用選考

1 ◎大学生の進路選択と教職

1　教員免許状と進路選択

　大学等（短大、大学院、教員養成機関を含む）で教職課程を履修し、卒業と同時に普通教員免許状を取得する人は、年間合計で小学校28,187人、中学校44,297人、高等学校52,629人、特別支援学校12,300人になる（2020（令和２）年度現在）。その数は小学校で少なく、中学校と高等学校で多い傾向にあるが、この傾向は大学の教職課程の在り方に関係している。

　つまり、小学校の免許状は国立大学の養成課程と一部私立大学の教育関係学部のみで養成されるためその数が少なく、これに対して中学校・高等学校の免許状は大学の多くの学部学生でも取得可能であることから、取得者数が多くなるわけである。そのため、免許状取得者数の少ない小学校の場合は教員採用選考試験倍率が低めで、取得者数の多い高等学校のその倍率はきわめて高い。

　図10-1 は、2019年度の大学等の課程を修了して教員免許状を授与された件数と同年度の選考によって教員に採用された者の数を校種別に表したものである（幼稚園及び特別支援学校自立教科等の採用数は未公表）。細かな数値を見なくとも、小学校から高等学校へと学校段階が上がるほど、授与件数と採用数の差が大きく開いていくのが一目瞭然である。小学校は免許授与件

図10-1　教員免許状授与件数と教員採用者数

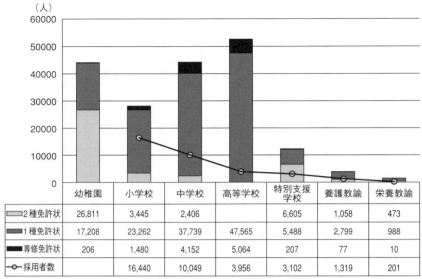

	幼稚園	小学校	中学校	高等学校	特別支援学校	養護教諭	栄養教諭
2種免許状	26,811	3,445	2,406		6,605	1,058	473
1種免許状	17,208	23,262	37,739	47,565	5,488	2,799	988
専修免許状	206	1,480	4,152	5,064	207	77	10
採用者数		16,440	10,049	3,956	3,102	1,319	201

（資料）免許状授与件数：文部科学省「令和2年度教員免許状授与件数等調査結果について」より
　　　　採用者数：文部科学省「令和3年度公立学校教員採用選考試験の実施状況について」より

数の半数程度が採用されているのに対して、高等学校の授与件数に占める採用率は約13分の1ときわめて低い。

　中学校は両校種の中間的位置にある。言うまでもなく、中学校および高等学校の場合は教科による違いがあるとは言え、全体として見れば、高等学校と中学校は免許状の供給過剰状態にあり、そのため教員として就職するのがかなり難関だと言わざるを得ない。特に、社会科系などの文化系教科ではその傾向が著しい。特別支援学校の場合、特別支援免許状を有しない他校種免許状取得者も当面は採用されるため、実際には図示したほど需要が供給に近づいている訳ではない。

　参考までに、教員採用選考試験の都道府県市別の倍率を校種毎に見ると（**表10－1**、倍率の高低のベスト5）、小学校の場合、倍率が高い県市は、1位神戸市、2位高知県、3位奈良県の順になり、一方、それが低い県市は、1位佐賀県、2位富山県・福岡県・長崎県などとなる。高低共に西日本が多い傾向にある。中学校の倍率が高い県市は、1位沖縄県、2位高知県、3位川

崎市で、低い県市は1位新潟県、2位茨城県、3位佐賀県になる。高校の場合、高い県市は、1位沖縄県、2位三重県、3位秋田県となり、低い県市は、1位川崎市、2位横浜市、3位茨城県などとなる。

全体的に沖縄県の倍率の高さが目立ち、また、川崎市や新潟県のように校種によって倍率が大きく異なる例も見られる。なお、倍率は例年変動するので、最新のデータを確認することが大切になる。

表10-1　教員採用選考試験の倍率—倍率の高い県／低い県—

倍率が高い上位校	倍率が低い上位校
小学校（平均2.6倍）	
1．神戸市　7.3倍	1．佐賀県　1.4倍
2．高知県　6.9倍	2．富山県・福岡県・長崎県1.5倍
3．奈良県　5.1倍	3．山形県・大分県　1.6倍
4．兵庫県　4.7倍	4．広島県（広島市）・山口県　1.7倍
5．三重県・沖縄県　4.6倍	5．宮城県・秋田県・福島県・山梨県　1.8倍
中学校（平均4.4倍）	
1．沖縄県　13.7倍	1．新潟県　2.3倍
2．高知県　9.5倍	2．茨城県　2.6倍
3．川崎市　8.2倍	3．佐賀県　2.7倍
4．三重県　7.1倍	4．山形県・広島県（広島市）　2.8倍
5．京都市　6.6倍	5．福岡市　2.9倍
高等学校（平均6.6倍）	
1．沖縄県　18.4倍	1．川崎市　2.3倍
2．三重県　13.8倍	2．横浜市　2.5倍
3．秋田県　12.2倍	3．茨城県　4.0倍
4．福島県　12.1倍	4．福岡市　4.6倍
5．新潟県・大阪市　11.4倍	5．長崎県　4.7倍

※広島県と広島市は採用選考試験を合同実施。

ともあれ、中学校および高等学校の教員採用選考に臨む者はきわめて厳しい状況にあること十分認識しておく必要がある。

そうした実情を考えてか、特に中高の教員免許状を取得しても選考試験を受験せずに、企業や官公庁に職を求める大学生も増えてきた。これらの学生にとって教員免許状は自身の履歴を飾る一つの資格だと認識されているように、諸資格の中でも教員免許状は比較的高い価値を有している。テレビタレントなどが教員免許状を取得していることを誇らしげに語ったりする姿は、その価値が認識されているからである。

言うまでもなく、教員免許状は教員をめざす場合の必須要件になるが、教

員以外の職業においても活用されるケースがある。たとえば、自治体の中には児童館等に勤務する児童厚生職員や社会教育指導員（非常勤職員）の資格の一つに教員免許状を位置づけているところがあり、また少年院等に勤務する法務教官は教員免許状の取得を資格要件としている。このほか、民間セクターでは、学習塾講師や教育関連企業、第三セクターの教育系職員については教員免許状の取得を採用条件にしている事例も見られる。

　したがって、教員にならなければ教職課程を履修しても全く意味がないと考えるのは少々短絡的である。自分の関心や特性を考え、教員免許状という資格が生かせる適所を積極的に探すことが大切である（**図10-2**）。

図10-2　教員免許状と進路

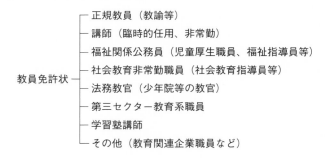

教員免許状
- 正規教員（教諭等）
- 講師（臨時的任用、非常勤）
- 福祉関係公務員（児童厚生職員、福祉指導員等）
- 社会教育非常勤職員（社会教育指導員等）
- 法務教官（少年院等の教官）
- 第三セクター教育系職員
- 学習塾講師
- その他（教育関連企業職員など）

　2015（平成27）年12月の中教審答申「これからの学校教育を担う教員の資質能力の向上について〜学び合い、高め合う教員育成コミュニティの構築に向けて〜」は、「教員採用に関する課題」及び「教員採用に関する改革の具体的な方向性」として、それぞれ以下の諸点を指摘している。

　[教員採用に関する課題]

　◆　豊かな知識や識見，幅広い視野を持ち個性豊かでたくましい人材や特定の教科や指導法についてより高い専門性を持った人材を教員として確保する必要がある。

　◆　多様で多面的な選考方法を促進するため，各教育委員会が実施する採用選考試験への支援方策が必要である。

◆ 教員の採用に当たって，学校内における年齢構成の均衡に配慮し検討することが必要である。

[教員採用に関する改革の具体的な方向性]

　◆ 国及び各都道府県の教育委員会等は，後述する教員育成協議会における協議等を踏まえ，採用前の円滑な入職や最低限の実践力獲得のための取組を普及・推進する。

　◆ 国は，教員採用試験の共通問題の作成について，各都道府県の採用選考の内容分析やニーズの把握等，必要な検討に着手する。

　◆ 国は，後述のように特別免許状授与の手続の改善を図るなど活用を促進する。

　◆ 国は，特別免許状以外にも，教員免許を有しない有為な外部人材を教員として確保するための方策について検討する。

　「課題」については、専門性のみならず、幅広い視野や豊かな個性を求め、多様・多面的な選考方法を採用するよう促し、学校内の年齢構成にも配慮すべきことが述べられている。「具体的な方向性」としては、採用前の取組の普及・推進を図ることを示している。ここで注目すべきは、国が教員採用試験の共通問題を作成するような方向性を示したことである。教員の資質・能力が全国的水準に達しているか否かを問おうとしているのである。なお、特別免許状等についても触れているように、普通免許状取得者以外の多様な人材を採用するよう促しているのである。

2　教職への道——採用の方法

　それでは、実際に教員をめざすにはどうしたらよいか。その方法は、公立学校と私立学校で異なり、また正規教員（教諭）と臨時的任用ないしは非常勤教員とでも異なっている（**図10-3参照**）。

（1）公立学校の教員の採用

　まず、公立学校（幼稚園、小学校、中学校、高等学校、特別支援学校）の正規教員である教諭になるには、都道府県または指定都市の教育委員会教育長が実施する「選考」を受ける必要がある。都道府県と指定都市の選考はどう区別されているか。

図10-3　教員採用の流れ（モデル図）

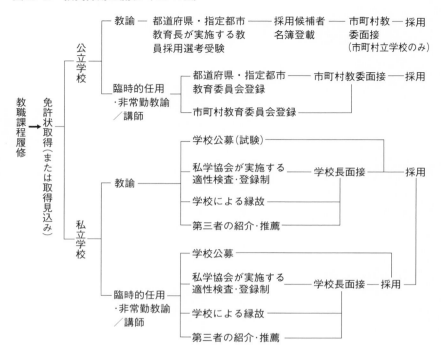

　たとえば、北海道を例にとると、札幌市立学校の教員を志望する者は札幌市の選考を受験し、札幌市以外の市町村立学校または道立学校を志望する者は北海道の選考を受けることになる。神奈川県も同様に、横浜市と川崎市の市立学校を志望する者は各市で実施される選考を受け、それ以外の市町村立学校と県立学校を希望するなら神奈川県の選考を受けることになる。言い方を換えれば、神奈川県の選考では原則として川崎市と横浜市の市立学校の教員にはなれないのである。

　場合によっては、指定都市と県の間で、採用候補者を入れ替えることもあるが、府県と指定都市では扱いが異なるのが通例である。指定都市を持たない都県の場合は、選考は一本化されているので、当該都県の選考を受ければよい。

　そして、選考の合格者は「採用候補者名簿」に登載されるが、そのまま教

諭に採用されるわけではない。あくまでも、合格者は採用の「採用候補者」なのである。その際に、合格者をランク付けする都道府県等と一律に合格者として扱うところに分けられる。たとえば、前者の場合には、「A」「B」「C」などの段階に分けて、「A」を「内定」と扱って新年度4月の採用を保障し、次いで「B」を「採用候補」とし新年度内には採用するものと扱い、「C」を「補欠」として欠員状況に応じて採用するよう取り扱うなどとする。また、近年は「補欠」の中からではなく「期限付き採用」として採用し、翌年度の選考に合格すれば正式採用とする例も見られる。

　小中学校の場合、「採用候補者名簿」に名前が登載されると、普通、2月から3月頃に連絡があり、受験した都道府県内の市町村教育委員会による面接を受けることになる。その結果、ようやく採用が決定し、学校に赴任する手続きがとられるが、運悪くその面接で採用が見送られたときには再び都道府県等に名簿が戻され、次の市町村レベルの面接機会を待つことになる。合格者にランクを設けているところでは、「A」合格者から順に面接の機会が与えられ、「C」ランクだと状況によっては面接にまで至らないケースもある。県立学校の場合には、市町村段階の面接は必要とされない。

　「名簿」登載の有効期間は、4月1日から翌年3月末までなので、この間に市町村段階の面接をクリアできないと、合格は無効とされてしまう。したがって、翌年度に再び選考を受けなければならないが、宮城県や東京都などでは前年度の「名簿」登載者に対して、選考試験の一部を免除する方法もとられている。

　そのほか、「教師塾」から採用されるケースも目立ってきた。全国で最初の「教師塾」は東京都の「東京教師養成塾」（2003（平成15）年9月）であるが、この場合、修了者は特別選考枠の選考を受け、1次試験免除や加点等の配慮がなされることになる。この種の「教師塾」は、以下のとおりである。

　東京都「東京教師養成塾」
　埼玉県「埼玉教員養成セミナー」
　横浜市「よこはま教師塾アイ・カレッジ」
　静岡県「しずおか教師塾」
　名古屋市「なごや教師養成塾」

京都府「教員養成サポートセミナー」

大阪市「教師養成講座」

広島県「教師養成塾」

福岡市「市立学校教員養成塾」など。

このほか特別選考枠が適用されない「教師塾」も実施されている。

(2) 公立学校の臨時的任用教員・非常勤講師の採用

臨時的任用教員（教諭または講師）とは、一定期間にわたって正規教員（教諭）と同様に恒常的に職務を担うもので、場合によっては学級担任を受け持つこともあり、正規教員に準じた給与や各種手当が支給される。一般的には、教諭の出産・育児、病気等による長期休業や教員需要の変動、中途退職、長期研修派遣などにより、ある期間、正規教員の欠員が生じた場合に、それを補充するために採用される。

また、非常勤教諭・講師は、前記の場合の欠員分を補充したり、正規教員の担当時間数を超える分の授業時間数を補うために、特定の時数・教科だけを時間単位で担当する教員のことである。この場合の給与は、担当時間に応じて支給されるが、各種手当は支給対象外となる。

いずれの教員の採用においても通常の教員採用選考は実施されず、普通は都道府県教育委員会やその教育事務所、市町村教育委員会が窓口になって希望者の登録を行い、採用志願者名簿を作成し、適宜任命している。登録には、履歴書や教員免許状の写しなどの提出が必要になるが、その際に窓口で簡単な面接が行われたりする。また、教員採用選考の受験時にあらかじめ臨時的任用等の登録を行わせるところもある。

なお、最近は、東京都の例のように、臨時的任用教員等を一定期間経験した者に対しては１次試験を免除したり、横浜市などでは臨時的任用教員経験者を一般とは別枠で選考を実施するようになっている。

(3) 私立学校教員の採用

私立学校教員の採用は、大学や新聞等を通した公募、私立学校協会等が実施する適性検査と登録、学校関係者からの縁故、大学教員や斡旋企業等の第三者による紹介・推薦など様々なルートで行われている。

このうち、公募は学校単位に実施されるものであり、通常は志望校種や教

科に応じた学力考査と面接などが課される。公募情報は大学の就職課や新聞等で公開されている。私立学校協会の適性検査も同様に、学力考査等を課して、その結果が評価順に名簿に登載され、私学関係者に周知されることになる。私学関係者はその情報から適任者を選び、面接などを経て新規に教員を採用するのである。この適性検査は私学教員に就くための必須ではなく、縁故等を持たない志望者と私学関係者に対して情報を提供するために任意に行われる制度で、現在、群馬県・東京都・静岡県・愛知県・兵庫県・広島県・福岡県・長崎県の私立学校協会で実施されている。このほか、登録制度を導入している協会もある。

それ以外の協会では、志願者と募集者との調整業務などを実施しているところや、教員採用に関わっていないところもある。そうした地域では、大学教員からの推薦や斡旋企業等第三者の紹介等によって教員が採用されたりする。基本的には、私立の場合には学校が独自に採用することができ、私学協会等や第三者の関与はあくまでもその採用を円滑にするための支援策にすぎない。

私立学校の教員は公立の場合と異なり、人事異動がほとんどないために、人物や身元などが公立学校よりも重視されているため、縁故や推薦による採用も珍しくない。また、非常勤身分だが常勤的な講師が何年かの経験を経た後に、その勤務実績によって正規教員として採用されることもある。

┃2◎教員採用試験の実態┃

1 教員採用選考の近年の傾向

近年の教員採用選考の倍率は2000（平成12）年をピークに、以後、徐々に低下しはじめた。全校種の平均倍率は、1985（昭和60）年の4.9倍に対して、2000（平成12）年には13.3倍にまで上昇したが、その後定年退職者数の増加も影響して、2002（平成14）年には、9.0倍に下がり、さらに2010（平成22）年度選考になると5.8倍に低下してきた（小4.0倍、中7.3倍、高7.9倍、特

4.2倍、養護教諭9.1倍）。むろん、その倍率は、教員の需給関係や経済的環境に左右されるが、ここ数年は次第に倍率が低下しはじめている。

2021（令和3）年度（2020年実施）の場合、全国で134,267人が受験し、校種別倍率は、小学校2.6倍、中学校4.4倍、高等学校6.6倍、特別支援学校3.1倍、養護教諭7.0倍である[1]。近年、受験数は減少傾向にあり、倍率は低下しつつあるが、都道府県市によって倍率には著しい違いが見られる。

しかし、選考方法が多様化し、単に筆記試験対策を講じただけでは合格しにくい状況になりつつある。現在の教員採用選考の方法は、1996（平成8）年に文部省（当時）の教員採用等に関する調査研究協力者会議が発表した「審議のまとめ」の影響を受けている。同「審議のまとめ」は、「選考における評価の在り方」に関して、「知識量の多い者や記憶力の良い者のみが合格しやすい選考方法となっているとの指摘もあり、このことは、教員としての能力適性を多面的に評価した多様な人材の確保という面で、必ずしも適切なものとはいえない」とし、今後は、「人物評価重視の観点に立ち、選考における評価の在り方を改善することが必要である」と提言した。

具体的には、①2次試験の選考において1次試験の結果を考慮に入れないこと、②筆記試験で一定の試験成績を修めた者の中から、面接・論文の成績上位者やスポーツ活動、文化活動、ボランティア活動等の諸活動の実績がすぐれた者等を評価して採用するよう検討すべきことを指摘した。

これを受けて、文部省は「教員採用等の改善について（通知）」（1996年4月25日）を発し、「①選考における評価の在り方」について、「教育者としての使命感、豊かな体験に裏打ちされた指導力など受験者の資質能力を多面的に評価するよう人物評価重視の観点に立ち、その在り方を一層改善すること」を都道府県および指定都市教育委員会教育長に求めた。そのほか、②試験問題の在り方、③面接方法の改善、④実習の評価等、⑤適性検査の在り方、⑥生活体験等を適切に評価した選考の実施、⑦定員を区分した選考の実施、⑧受験年齢制限の緩和について改善の視点として取り上げている。

この通知の趣旨は徐々に各地に浸透しつつある。なかでも、人物重視の選考方法が全国的に広がり、各地の選考では面接や模擬授業を取り入れたり、その時間を延ばすなど人物重視の選考が定着してきた。その後、2008（平成

20）年に大分県で教員採用をめぐる汚職事件が発覚したことから、文部科学省は同年7月に通知「教員採用等における不正な行為の防止について」を発し、教員採用選考過程の透明性を高めるよう都道府県・指定市に働きかけた。その結果、成績や配点、評価基準などを公開するところが増えてきた。

　また、受験年齢制限の緩和は、多くの県等で実現されるようになり、2021（令和3）年度現在、「制限なし」47教委、「51－58歳」1教委、「41－50歳以下」18教委、「36－40歳以下」2教委、「30－35歳以下」0教委である。「制限なし」が増加し、全体的に年齢制限を緩和させる傾向がある。

　このほか、社会人採用枠を設けて選考を実施している教委は42教委に増えている。この改善は、豊かな生活体験を持つ多様な人材の確保や教員の年齢構成への配慮という点では望ましいであろうが、新規学卒者などにとってはそれだけ競争が激しくなるかも知れない。

　また、2012（平成24）年8月の中教審答申「教職生活の全体を通じた教員の資質能力の総合的な向上方策について」は、都道府県教育委員会間の採用選考共同実施や同一教育委員会による複数回実施の推進もあり得るとし、そのために、共同実施教育委員会や一次試験の実施時期が重なる地域単位では筆記試験問題の共通化を図ることも考えられるという見解を示した。

2　教員採用選考の方法・時期

（1）　採用選考

　公立学校の教員は、小学校、中学校、高等学校、幼稚園、特別支援学校などの校種別に募集され、中学校と高等学校の場合には教科毎に募集される。その採用選考は校種と教科に応じて実施されるが、都道府県・指定都市によってその形態は様々である。

　一般的にそれは、以下に記したように、(1) 筆記試験、(2) 面接、(3) 実技試験、(4) 適性検査、(5) 模擬授業・場面指導・指導案作成などの方法がとられ、それらの結果を総合して合否が決定される。

（1）筆記試験

　①　教職教養問題（教職課程中の「教職に関する科目」）

　②　一般教養問題（人文科学・社会科学・自然科学）

　③　専門教養問題（小学校は全科、中学校・高等学校は志望教科）

　④　論作文

（2）面　接

　①　個人面接（自己ＰＲを含む）

　②　集団面接

　③　集団討論（ディベート等を含む）

　④　模擬授業（講話、学級指導、集団指導、プレゼンテーションを含む）

（3）実技試験

　①　教科に関する実技（小学校は体育・音楽、中学校・高等学校は志望教科のうち英語、技術・家庭、保体、美術・音楽、工業、書道など）

　②　パソコン操作実技（一部の県等で実施）

（4）適性検査

　　クレペリン検査、ＹＧ検査、ＳＰＩ検査など

（5）模擬授業・場面指導・指導案作成

　　模擬授業（面接官を児童生徒に見立てた授業や学級活動の指導）、場面指導（生徒指導等の場面を設定して指導）、学習指導案作成（教科を絞って事前または当日に作成）

　これらの試験等が１次試験と２次試験のどちらか、または両方で実施されている。都道府県・指定都市によってその形態は様々であるが、多くの例によると、１次試験で、筆記試験、面接の一部などを実施し、その合格者に対して２次試験の機会を与え、面接、実技、適性検査などを行っている。

　筆記試験問題は、従来非公開として扱われてきたが、最近は情報公開の進展に伴い、公開対象にするところが増えてきた。

　　（2）選考時期

　選考の実施時期は、いくつかの県等をまとめたブロック毎で異なり、各ブロック内の県等では同一日に統一されている。指定都市とその府県は同一日に実施されるので、両方受験することはできない。最近のブロック別の実施時期は以下のとおりである。

表10-2　教員採用選考試験実施時期（令和3年度実施）

※数値は教委実数

実施時期	1次試験	2次試験	3次試験	採用内定等
6月中下旬	14			
7月上旬	6			
7月中下旬	45	1		
8月上旬		10		
8月中旬		35	1（大阪府）	
8月下旬		12		
9月		9	1（大分県）	12
10月				52
11月				5
12月				6
その他				3

（資料）文部科学省「令和3年度公立学校教員採用選考試験の実施方法」を基に作成。

　2県市では6月に実施している。

　このうち7月中旬から下旬にかけては一部の県等で選考日程が重なる場合もあるので、地理的条件を考慮しても、せいぜい7月初旬を含めて3回（箇所）の受験が限度である。どの都道府県かを問わずにどうしても教職をめざしたいという者以外は、1～2回（箇所）の受験が一般的である。

　多くは2次試験まで実施されるが、3次試験まで行う教育委員会もある。

┃3◎教員採用選考の傾向と対策┃

　教員採用選考は、前節で述べたような方法で実施されるが、この節では、それぞれの選考方法の傾向と対策について取り上げてみよう。

1　筆記試験の傾向

　筆記試験は、①教職教養、②一般教養、③専門教養、④論作文などからなる。

　①　教職教養は、教育学・教育史、教育心理学、学習指導要領（「総合的な学習の時間」を含む）、教育改革、道徳、特別活動、生徒指導など教職課程の「教職に関する科目」から出題される。

② 一般教養は、常識問題、人文科学、社会科学、自然科学の各分野から満遍なく出題され、大学の一般教養の分野にほぼ一致する。このなかに、時事を含めて出題を行うところも少なくない。

③ 専門教養では、小学校で受験する場合には「全教科」にわたって義務教育終了程度の内容が出題され、中学校や高等学校の場合には志望する教科についてのみ中学または高校卒業程度の内容が出題される。

④ 論作文は、教育やその他に関する課題などについて、800字から1,500字程度出題されるのが一般的である。このほか、近年は、英語のリスニングやパソコン操作など新しい形の出題も次第に各地で見られるようになった。

(1) 教職教養

① **教育学・心理学の基礎**　最近の試験では、教育学および心理学の出題範囲は次第に絞られてきた感じである。まず、教育思想・西洋教育史については、問題解決学習など教育方法絡みで、デューイなど著名な教育思想家に関する事項が頻出している。日本教育史では、現在の教育改革とのつながりから学制以降の近代教育史に関する出題が目立っている。

心理学では、いじめ、カウンセリングなど教育実践に直結する事項の出題が増えて、また、学説と研究者を問う出題も各地で見られる。

いずれの場合にも、著名な教育思想家等の教育論・学説の特徴と主要著作を必ずセットで覚えると効果的である。教育史に関しては、主として学制以降の国の教育政策の流れの概要を時代を追って理解しておく必要がある。

これらの内容・事項以外にも出題されているが、過去問題を見ればわかるように、その場合の出題県等は限られているので、十分確認しておくとよい。

② **学習指導要領**　学習指導要領はほとんどの都道府県（以下、「県」）で出題される基本事項である。教職教養では、「総則」「道徳」「特別活動」

> **頻出事項①教育思想家**
> デューイ、ブルーナー、カント、ロック、ルソー、キルパトリック、ペスタロッチ、ヘルバルト、コメニウス、フレーベル、ヴィゴツキー、モンテッソーリ、エレン・ケイ、コンドルセ、ボルノー、クロンバック、ケルシェン、シュタイナー、シュプランガー、パーカスト、福沢諭吉など

が頻出しているが、なかでも「総則」の出題率が高い。近年、「総則」の「一般方針」中の「道徳教育の目標」「総合的な学習の時間の取扱い」「指導計画の作成等に当たって配慮すべき事項」からの引用が頻出している。学習指導要領「改訂のねらい」や「改訂の変遷」も頻出している。

　このうち「総則」は全文暗記する気持ちで学習しておく必要があり、特に、「生きる力」「問題解決的な学習」等のキーワードの記述部分は必ずものにしておくべきである。2017（平成29）年の「改訂のねらい」は『学習指導要領解説　総則編』に述べられているので熟読に努め、学習指導要領の該当校種の各学年別目標とともに改訂内容を十分把握する必要がある。各教科については、削減内容や他学年等への移行内容に関する出題が見られる。

　「道徳」は教科化されたので、今後、出題率が高くなるものと予想される。特に、評価方法をよく理解しておく必要がある。

　③「総合的な学習の時間」・「外国語活動」　「総合的な学習の時間」（以下、「総合」）は2000（平成12）年度を境にほとんどの県で取り上げられるようになった。小学校の「外国語活動」の出題も見られる。これらは、学校にとって喫緊な課題だからである。

　「総合」・「外国語活動」に関して出題されやすいのは、ねらい、学習課題、学習方法・形態、名称、対象学年、位置づけ、「総合」の「取扱い」部分などである。特に学習課題は小学校の外国語会話がよく取り上げられている。また、ねらいと学習課題は小中学校と高校で異なるので注意する必要がある。「総合」・「外国語活動」についてはすべて記憶しておくくらいの学習が欠かせないであろう。

　④　教育改革の動向　教育改革は近年の採用試験では、すべての県で取り上げられている。試験問題を見ると、最近は中教審答申をはじめ、国の教育方針や文部科学省調査研究協力者会議の「報告」からの引用問題が頻出している。ただし、頻出部分はだいたい決まっているの

・・・・・・　頻出事項②心理学者　・・・・・・

ピアジェ、ロジャース、フロイト、ユング、マズロー、パブロフ、エリクソン、クレッチマー、ソーンダイク、レヴィン、スキナー、ヴント、ブルーム、ビネー、ウッシュバーン、ギルフォード、モレノ、クレペリン、マレーなど

で、そうした肝心なところを確実に押さえておく必要がある。たとえば、「生きる力」「学力」「開かれた学校」「総合的な学習の時間」「学校・家庭・地域の連携」など教育改革のキーワードが述べられている部分などである。また、ローカル問題などが頻出する都道府県・指定都市も見られる。

　⑤　**教育時事・人権・特別支援教育**　いじめ、不登校、学級崩壊等の問題に対する指導法を記述させる出題が頻出している。いじめ緊急対策会議報告等の国の文書から指導の考え方を導き出させる出題が多い。この指導法については教師用の雑誌や啓発書、文部科学省の解説書などで学習しておくとよい。また、人権教育や特別支援教育も関東以西など特定県では必出課題である。人権・同和では、志望県の指導方針を問う問題も一般化してきた。特に、同和対策審議会答申（1965（昭和40）年）、地域改善対策協議会の意見具申（1996（平成8）年）等から頻出されているので、これらには必ず目を通しておく必要がある。

　(2)　**一般教養**

　一部を除くほとんどの県で実施されている。出題範囲は県によってだいぶ異なり、芸術や体育、家庭を含む各教科から満遍なく出題するところもあれば、国語・英語・数学等に絞って出題している県などがある。教科に加えて、時事や受験地に馴染みのある事項を取り上げる県も少なくない。東京都は、2007（平成19）年実施の選考から一般教養試験を廃止した。

　ふつうは教職教養と一緒に出題される。レベルも県によってまちまちで、高校受験レベルから上級公務員レベルまで見られる。

　この場合も中学や高校の教科書を復習し、受験参考書で補い、同時に、時事は、新聞や年鑑、現代用語解説書から情報を広く収集するよう日頃から心がける。芸術や体育等が必出している県を受験する場合には、中高の教科書を復習しておけばよい。

　(3)　**専門教養**

　専門教養では、学習指導要領の内容・目標等を問うものと教科の専門知識を問うものが出題される。学習指導要領は志望校種・教科の学年別内容と目標等が出題されている。専門的知識については、県や校種によってレベルが異なるが、一般的には小学校受験では中学卒業程度の内容が問われ、中学校

受験では高校レベルの内容が出題される。高校受験の場合は中学受験者よりもやや高度なレベルの内容（大学レベルの内容も）が出題されている。

これに対応するためには、中学や高校時代に使用した教科書を復習して確実なものにしなければならない。教科書のない人は受験参考書や教科書ガイドが活用できる。

（4）論作文・適性検査

論作文は46県市で実施され（2016（平成28）年実施試験、2020年実施は33県市）、課題の把握の仕方、論理の一貫性、アイデア（題材）、表現力、文法、教師としての意欲の有無などの観点から評価される。字数は800字〜1,500字程度の例がもっとも多い。テーマは、①教育課題・教育理念（いじめ、特色ある学校など）、②教職観・教師像（理想の教師像など）、③その他（友情、私の信条など教育に直結しないもの）などに分けられる。最近は「学力」問題を取り上げるところが増えてきている。

論作文は手紙やエッセイとは異なり、論理的な文章でなければならない。その対策としては、①内容が総論的にならないよう、アイデアを絞り込み、できるだけ具体的に記述するよう心がけること、②模範解答を熟読しておくこと、③論点を3点くらいに絞って箇条書きにしてから肉付けし、文章にしていくこと（ただし、箇条書きのままでは論述にならない）、④最初は制限字数の2倍くらい書いてみて、推敲しながら字数を削減していくこと、⑤書いてみたものを必ず第三者に読んでもらうことなどを指摘しておきたい。

適性検査は、41県市（2020年は29県市）で実施されている。

（5）新傾向対策

最近の筆記や面接には新たな傾向が見られるようになった。むろん人物重視の観点や教育改革の動きを照準に入れているからである。

① 指導法等の記述問題対策　まず、教職教養の筆記試験の中に、指導法や指導の留意点を100字〜200字程度で記述させる出題が目立つようになった。

たとえば、「子どもの携帯電話への対応」「運動会で保護者に自動車の移動をお願いするための校内放送アナウンスの原稿の作成」「いじめの被害者と加害者のそれぞれに対する指導法」「地震直後の学級指導」などの問題が出

されている。これがうまく書けるかどうかが筆記の結果を大きく左右する。

　以上のタイプの課題は字数が少ないので、形式的な書出部分や周知の事実を省いて、すぐに本題に入るようにする。

　②　英語問題対策　教職教養の試験問題の中にさり気なく英語の出題を含ませている県も見られる。福島県・群馬県・岐阜県・奈良県・佐賀県・大分県などは英会話のリスニングを導入し、また英語の筆記を実施しているのは、47教育委員会（69教委中）に増えている。英語については大学受験程度の問題集・参考書を一通り復習して準備するのがよい。

2　面接等の傾向

　（1）　面接とは何か —— 人柄と資質を見る

　人物重視の観点から１次試験を足切りとし、２次試験では１次の成績を評価に含めない都道府県も次第に増えてきた。つまり、１次の成績が合格ラインぎりぎりでも、２次の面接等（小論文等も）の成績がすぐれていれば合格の可能性も十分出てくるのである。

　面接は、普段の自分自身の姿を見てもらう機会だと考えることもできるが、やはり自分の一番良いところを評価してもらうよう配慮すべきである。

　現在、多くの都道府県では、人物評価を行うために個人面接、集団面接、集団討論、模擬授業などを実施し、多様な角度から教師としての適性を把握しようとしている。多くの都道府県の事例を見ると、面接等はおおよそ以下のような側面を把握するために実施されているようである。

　①　受験者の性格や人柄　教師は、明るく、元気であるばかりでなく、校内で他の教師と協力していくための協調性を有していなければならない。同時に、自ら判断し、自ら行動していく自主性も大切な要素になる。むろん明朗で健康であることは欠かせない条件になるので、これらの点を含めて性格や人柄に関する評価が行われる。ボランティア活動歴や社会経験等も評価対象とする県市も増えてきている。

　②　面接時の服装や態度　外見だけで人物を判断することはできないとは言え、やはり面接にふさわしい、さわやかな服装や態度が不可欠である。ユニークなファッションで個性をアピールしようとしても、結局は非常識だと

評価されるだけである。服装と態度にも十分注意しなければならない。

③ **教師としての意欲・熱意**　教育者としての熱意、研究心、積極性、興味・関心などは重要な評価の観点になる。大学の授業から何を学んだか、またボランティアなどの社会活動で学んだことは何か、うまく整理しながら話す訓練を心がけよう。

④ **教師としての指導力・教養**　児童生徒に対して指導するに足りる資質（指導力と教養）が問われる。むろん筆記や実技の試験である程度の知識・技術がクリアできたとしても、それが本物かどうか面接や模擬授業で確認される。ここ数年、学力問題に関する質問が目立っている。

⑤ **公務員としての適格性**　公務員には、身分上の義務と職務上の義務が課されている（地方公務員法参照）。さらに、教師には教育者としての適格性が求められる（教育公務員特例法等を参照）。これら義務をしっかりと遵守できる人物かどうか評価される。

面接で特に注意しなければならないことは、自分に対する面接者の第一印象である。アメリカの心理学者であるメラビアンは相手に対する印象を形成する要素のうち、「態度・表情」など目で見た感じが全体の55％を占めて、ついで、相手の「発声」（内容ではなく語調）が38％、言葉（内容）が7％だと言う。このことについては、一定の制約や批判もあるが、面接の際の一つの参考にはなる。

つまり、我々は初対面の人物を評価するときに、「見ため」と「発声」でほとんど判断していることになる。したがって、いくら質問に対する返答の内容が良くても、第一印象が良くなければ相当割り引かれて評価されてしまうのである。その意味で、面接に際しては、服装・態度や話し方・語調に十分留意しなければならない。

（2）　面接形態の変化

① **各種面接方法の併用**　最近は、人物重視の観点から、面接時間が長くなると同時に、個人面接、集団面接、模擬授業等の様々な面接方法が併用されている。2021（令和3）年度（2020年実施）試験では、全国都道府県市（以下、単に「県市」とする）のうち、集団面接（討論を含む）や模擬授業は、集団28県市、模擬授業41県市で実施されている。個人面接は、68全県市で導

入されている。そのほか、近年は、学校生活での様々な場面を想定した場面指導（例．子ども同士のケンカの場面など）は32県市、指導案作成は7県市で実施されている。いずれも実施県市は減少したが、これはコロナ渦の影響による。

　ただし、最近の面接は、①個人面接＋模擬授業、②集団面接＋集団討論というような組合せで実施されるケースが多い。その場合、募集要項に模擬授業・場面指導や集団討論などが記されていなくても、これらは個人面接や集団面接の延長として実施されることもある。

　しかも集団討論等では、ディベートや講話、ロールプレーイング、プレゼンテーション、英語リスニングテストなど新しい方法を取り入れる県も見られるようになった。また、自己紹介とは別にPR文などを書かせて行う自己PRを導入しているところも増えている。このように、面接方法を多様化し、様々な角度から教師の適性を見極めようとする傾向が強まった。つまり、受験者が面接官の前で座って答えるだけの面接ではすまなくなり、積極的に自己表現しなければならない面接へと変化したのである。

　②　**面接官の増加と多様化**　現在、1対1の面接形態はほとんどなくなり、個人面接でも2、3人の面接官が担当するようになっている。集団面接・討論になると、3〜4人の面接官が配置され、徳島県のように5人もの面接官が担当している例もある。しかも、民間企業関係者や保護者、カウンセラーなど外部から面接官を登用する県も増えてきた（従来は学校管理職や教育委員会職員中心）。

　このように1回当たりの面接官の人数を増やしたり、面接官に民間人等を起用するのは、1人の受験者を複眼的かつ客観的に評価し、教師としての適性を確実に把握するためである。

　③　1人当たりの**面接実施回数の増加**　面接方法の多様化にともなって、1人の受験者に課せられる面接等の回数も増えてきている。たとえば、神奈川県は1次試験で集団面接を、2次試験では個人面接・集団討論・模擬授業のすべてを課し、1次と2次の両方で個人面接を実施するところもある。たとえば、静岡県の小・中学校教諭および養護教諭の2次では個人面接を10〜15分ずつ3回実施している。

このように１次試験でも面接・討論・模擬授業のいずれかを実施したところは多い。最初から面接等を実施して受験者を評価しようとする県が増えたのである。

　④　**面接時間の増大**　さらに、１回当たりの面接時間も長くなってきた。長い県としては、個人面接で40分実施している。同じく集団面接・討論の場合は、70 〜 80分程度である。時間が長くなると当然、質問内容も細部にわたり、専門的になる。授業への対応や児童生徒による問題行動への指導、学習指導要領の内容などに関する質問も見られるようになった。結果として、面接に口頭試問が含まれるようになるであろう。

　近年は、人物重視の観点から面接が重視されるようになった。視野の広さや豊かな人間性、コミュニケーション力が問われる。

　⑤　**面接点の重視**　近年は、人物重視の観点から面接が重視されるようになった。視野の広さや豊かな人間性、コミュニケーション力が問われる。1999年に初めて試験問題と評価基準を公開した愛媛県の場合、面接点は総合点1000点のうち300点配当されている。

　また、２次試験では１次の結果を考慮せず、全く別個に評価する県も珍しくなくなった。たとえば、東京都は２次を単独で評価しているとされるが、そうなると２次の実技と面接等だけで合否が決まってしまう。実技ではそう極端に得点差がつくとは思われないので、実質的には個人面接＋模擬授業と集団討論の結果が大きく合否を左右することになる。

表10-3　面接試験の実施状況

(単位：県市／68県市)

区分	1次試験で実施	2次試験で実施	1次2次両方で実施	個人面接を実施	集団面接を実施	個人・集団両方を実施
平成28年度 (平成27年度実施)	43	65	41	68	54	54
平成29年度 (平成28年度実施)	42	65	40	68	50	50
平成30年度 (平成29年度実施)	41	66	40	68	50	50
令和元年度 (平成30年度実施)	40	66	39	68	47	47
令和2年度 (令和元年度実施)	39	66	38	68	46	46
令和3年度 (令和2年度実施)	25	65	22	68	28	28

(注1)　大阪府、大分県は、2次試験、3次試験の両方で面接を実施している。
(注2)　広島県・広島市は1次試験と2次試験を併せて実施したが、便宜上「1次試験で実施」に計上した。

表10-4　作文・小論文、模擬試験、場面指導、指導案作成、適性検査の実施状況

(単位：県市／68県市)

区分	作文・小論文	模擬授業	場面指導	指導案作成	適性検査
平成28年度 (平成27年度実施)	49	55	39	17	43
平成29年度 (平成28年度実施)	46	55	40	16	41
平成30年度 (平成29年度実施)	46	53	40	16	40
令和元年度 (平成30年度実施)	43	50	38	14	40
令和2年度 (令和元年度実施)	43	49	37	13	41
令和3年度 (令和2年度実施)	33	41	32	7	29

(資料)　文部科学省「令和3年度公立学校教員採用選考試験の実施方法」

4 ◎教員採用選考試験の配点

　合否判定基準ないしは配点は、都道府県市によって異なるが、東京都の例では教職教養100点、専門教養100点、論文100点となっている。これら3分野の総合点で合否を決定するが、いずれも最低基準が設定されているので、たとえば、教職教養と専門教養が満点近い得点でも、論文が基準点に達していなければ合格にならないのである。

表10-3　合格判定基準─東京都の例（平成28年実施、以後、変更の可能性あり）─

第一次選考
選考基準

	教職教養	専門教養	論文
出題数等	30問　（択一式）	30問程度　（択一式）	1,000字程度
満点	100点	100点	100点
配点・評価の観点	正答及び各問当たりの配点はホームページに掲載	正答及び各問当たりの配点はホームページに掲載	主な評価の観点 課題把握 教師としての実践的指導力 論理的表現力

判定基準
　「教職教養」「専門教養」「論文」をそれぞれ各100点の配分とした。
　「教職教養」「専門教養」「論文」の総合計点（300点満点）が高得点の者から、第一次選考合格者数に達するまで、順次合格とした。
　ただし、「教職教養」「専門教養」「論文」ごとに合格最低基準点を設け、基準点以上を取得した者を対象とした。

第二次選考
（1）　面接試験について
　　　集団面接…受験者5人、面接委員3人、面接時間40分
　　　個人面接…受験者1人、面接委員3人、面接時間30分
　　　集団及び個人面接を合わせ600点の配分とした。
（2）　実技試験について
　　　150点の配分とした。
（3）　募集する校種等・教科（科目等）別に、合格基準を満たした者のうちで、第二次選考で実施した試験の総得点が高い者を総合的に判定して合格者を決定した。

注1）『教員養成セミナー』2014年10月号、時事通信出版局

第11章

面接・模擬授業に どう臨むか

┃1 ◎面接の基礎知識┃

1 面接カードの意義

　面接に先立って、面接カード（「面接票」などいろいろな名称がある）の記入を求められる。これは面接のための重要な資料になる。面接官はふつうこのカードに記された情報に基づいて具体的な質問を行う。

　カードには氏名・住所・家族等の属性に関すること、趣味・特技・関心事など個人的特性に関すること、そして教育観や志望動機、社会参加活動歴に関することなどの記入欄が設けられている。

　面接カードに記入した内容は正確に記憶しておくよう注意したい。いい加減に書いたことは忘れやすいので正直に書くこと、出願時に提出する場合に

> ••••••「面接個票」の記載事項例••••••
> ・校種／教科／受験番号／氏名／生年月日／現住所／学歴／職歴
> ・免許状／教育実習校名／卒論テーマ
> ・志望動機
> ・指導可能なクラブ活動（体育系・文科系）
> ・教員になった場合に役立つと思われる自らの学生または社会人としての経験（ボランティア活動、勤務経験等）
> ・あなたがこれまでに最も情熱を傾けた経験（その経験を通じて得たことを含む）
> ・どのような教員になりたいと考えているか
> ・あなたが特にアピールしたいことがあれば具体的に書きなさい

は必ずコピーしておくこと、空欄はなるべくつくらないことに十分留意する必要がある。

2 面接の実施形態と課題

（1） 個人面接

個人面接は、1人の受験者に対して2～3人程度の面接官によって実施される。ここでは、受験者自身の情報や考え方、人物を把握するのが目的であるから、集団面接では質問しにくい個人的情報（職歴、就職後の居住予定地等）についても質問されることがある。また、入室から着席、あいさつの仕方、姿勢・態度、言葉遣いなど細かな点が特にチェックされやすい。

実施時間は県によって大きく異なり、短いところでは5分程度、長い場合は40分にも及ぶが、だいたい10～30分程度である。20分を超えるところではこの時間内に模擬授業を実施するケースが多い。

当日は、担当者の説明の後に案内係の指示に従い、入室、着席、番号・氏名を確認の上開始される。入室時のノックの必要の有無、氏名等の発声などは指示に従えばよい。普通は面接官2～3人で行われ、各面接官が質問事項を交替で行い、そのうち1人か2人は質問しないで受験者を観察している例もある。現在、質問内容が多岐にわたり、高度な教科指導や生徒指導に関する即答を求める場合もある。最近実施された質問内容の例は以下のとおりである。

① **導入の質問** 「今日はどのように会場まで来ましたか」「今日の討論（模擬授業）はどうでしたか」などのように、面接のはじめに受験者の緊張をほぐすために導入的な質問を行ったりする。

② **個人の属性** 出身県、学歴、職歴、家族構成等に関する質問で、「採用されたら家族で本県に居住するか」「身内に教師はいますか」などと聞かれたりする。ただ個人情報に関するので、突っ込んだ質問はない。

③ **性格・行動** 自分の性格、特技、趣味、資格、信条、社会的活動経験、卒業論文等の質問。たとえば、「自分のどのような点が教師にむいていると思うか」「講師をしてきてうれしかったこと、苦労したこと」「指導可能なクラブは何か」などが問われる。

個人面接の進行例（小学校の例）

---

① 　自己PR（3分）　　　　　　　　　　　　　　　　　　　　　　（全体20分）

　面接官A

② 　あなたは4年生の担任です。掃除の時間中にある児童がホウキで教室の窓ガラス
　を割ってしまいました。その場にいたあなたはどう対応しますか。

③ 　給食の時間に、給食係の児童がスープの入った鍋を運んでいる途中に半分こぼし
　てしまいました。他の児童から連絡を受けたあなたは、それにどう対応しますか。

④ 　中学校生活を通していちばんお世話になった恩師はいますか。（いる場合には、）
　どのような教師でしたか。

⑤ 　それとは反対に、こんな教師にはなりたくないという先生はいましたか。また、
　それはどんな教師でしたか。

　面接官B

⑥ 　今、教育界では様々な問題が起こっています。最も関心をもっている問題を一つ
　選んで、そのことについてのあなたの考えを述べてください。

⑦ 　あなたはどのような教師になりたいと考えていますか。

⑧ 　そうした教師になるために、あなたはどのような努力をしますか。

　面接官C

⑨ 　宿題を出すことについてあなたの考えを述べてください。

⑩ 　忘れものが多い子にどう対処しますか。

⑪ 　最後にあなたのセールスポイントを述べてください。

---

　④　**志望動機**　他県への併願の有無、教職志望の理由、本県志望の理由な
どの質問はほとんどの受験者に行われる。具体的には、「教師になりたいと
思ったきっかけ、理由は何ですか」「企業や他県を受験していますか」など
の質問である。

　⑤　**教職・教育観**　自分がめざす理想の教師像、学校時代の教師の印象、
教育実習の感想、教職への自信の程度、教師の使命も必ず質問される。「学
力とは何か」「どのような教師をめざすか」「実習で学んだことは何か」「教
育とは、一言で表すと何ですか」などの質問である。

　⑥　**学習指導**　教科に関する専門的事項、学習の遅れがちな児童生徒への
指導法等に関する質問が増えている。たとえば、「社会科を暗記科目だと思っ
ている児童をどう指導するか」「ブラックボックスの使い方を、中学生
にわかるように説明してください」「理科の面白さを生徒にどう伝えますか」
など専門的な質問も珍しくない。

　⑦　**学級経営・生徒指導**　学級の荒れ、いじめ・不登校・非行など問題児

童生徒への対応、保護者への対応、学校の危機管理等の質問は必ず出される。「自分の学級でいじめが起きたらどう対応するか」「学力低下を心配する保護者にどう説明するか」などの質問が頻出し、いじめ指導は学級指導と絡めて質問されるケースが多い。

⑧　**教育時事・一般常識**　教育改革の動向、学習指導要領、「総合的な学習の時間」、学校週5日制、学力低下、生涯学習等の質問も多くの県で見られる。たとえば、「現在の子どもと、あなたの子ども時代と何が違いますか」「今一番興味をもっていることは何ですか」「保健室とはどんな場所だと思いますか」などの質問がある。また一般常識や受験県に関する質問もある。

　いずれの場合にも、質問に対する答えは一番最初に述べ、次いでその理由や例などを続けるようにする。だらだらと話し続けて、最後の方でやっと答えが出てくるような話し方は要領を得ないものと解され、評価は低くなってしまう。また、当該県の教育方針等を把握しておく必要がある。

（2）　集団面接

　個人面接では把握しにくい点、たとえば他人の意見をよく聞き尊重しているか、他の人と協調できるか、発言が他のメンバーを納得させているかなど他人との関係性に関する適性を評価することがねらい。時間は県・校種によって異なるが、平均的には40〜50分程度である。

　集団面接は、多くの場合、3〜4人の面接官と6〜7人程度の受験者が次頁の図のように着席して行われるが、受験者を半円形に並べるのは集団面接と討論をこのままの形で実施するのに都合がよいからであろう。

　進め方は様々で、たとえば、開始直前（または直後）に課題を与え、数分間考えさせた後に各受験者に発表させたり、あるいは専門的な内容について一問一答方式で行う県もある。開始直後に自己紹介の時間を設けるのが普通である。

　面接過程では、1人の面接官が受験者全員に同じ質問を投げかけ、また受験者毎に質問を変えるなど質問に変化をもたせていることが多い。いずれにしても、集団面接では、個人の場合と異なり、各人の発言が他の受験者と比較されることに留意しておきたい。

　最近の選考では以下のような課題が出されている。

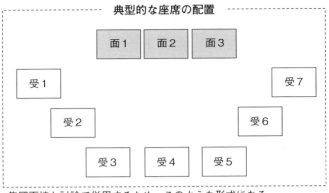

典型的な座席の配置

| 面1 | 面2 | 面3 |

受1 受7

受2 受6

受3 受4 受5

集団面接と討論で併用するため、このような形式になる。

① 学級経営・生徒指導 「携帯電話・スマートフォンの使用」「インターネットの扱い」「保護者の苦情にどう対応するか」「教室にどんな掲示物を貼ればよいか」「いじめをなくすには」「茶髪生徒への指導」などの質問が多い。

② 学習指導 「学力を向上させるために努力したいこと」「自分の教科の指導上の工夫点」「パソコン学習についてどう思うか」「学力低下についてどう考えるか」「授業態度の悪い生徒の指導」などの質問が頻出している。

③ 教職観 「本県が求める教師像を述べなさい」「現代の教師に必要な資質」などのほか、個人面接と同様の質問がしばしば見られる。

④ 受験者に関する事柄 「この夏にしたこと」「自分の健康で気をつけている点」「大学時代に頑張ったこと」「自己PR文に基づく質問」「教育実習または講師経験で印象に残ったこと」など生活態度や行動も問われる。

⑤ 教育時事 「最近の教育現場で気になるニュース」「学習塾と学校の違い」「心の病に関する見解」「子どもが被害者になる事件」「本県の教育方針・教育改革についての見解」など、新聞等で報道された時事が問われる。

⑥ その他 たとえば、模擬授業の相互批評（横浜市・大阪市）、ロールプレーイング等の課題を示すところもしばしば見られる。

(3) 集団討論

基本的には、集団面接があくまでも面接官と受験者間のコミュニケーショ

ン過程によるものであるのに対して、討論は受験者相互のコミュニケーション過程を重視するところに両者の違いがある。したがって、集団討論の評価は、一つの討論をつくり上げる過程で各受験者がいかに寄与しているかという点に重点が置かれる。

　具体的には、ほかの人の意見を理解しようとしているか、協力して問題解決に努めているか、自己中心的な考え方ではないか、話の筋が通っているかなどの観点から評価を行う。つまり、①人物（態度、協調性等）と②発言内容（指導性、論理性、明快性等）から各人を判断していくのである。特に、教師には協調性が強く要求されるので、この集団討論ではその辺りをじっくりと評価していくはずである。

　討論の時間は、集団面接同様に40～50分程度であるが、自己紹介や質問等を含めると60分を超える県もある。進め方もいろいろだが、多くの県では最初に自己紹介の時間を設けてから、課題を与えて討論に入る。討論では司会者を受験者から選ぶ場合、特に司会者を立てない場合、面接官が司会進行を務める場合などがある。

　各人には「Ａ」「Ｂ」「Ｃ」等の名札が付けられ、討論の最中はお互いを「Ａさん」などと呼ばせる。

　討論中、普通、面接官は口を挟まず受験者を観察しているので、受験者はいちいち面接官の方を気にしなくてよい。特に他の受験者の意見をしっかりと聞くことに留意したい。人の意見を聞かずに、自分ばかりベラベラしゃべっていると、自分勝手で協調性に欠ける人間だと判断されてしまう。

　ここ数年、茶髪、保護者対応、携帯電話の指導やクラスでのいじめの対応等をテーマに取り上げる県が増えている。同時に、クラスづくりや個性教育などオーソドックスな課題も依然として見られる。また、あらかじめ資料を配付し、受験者に読ませた後に各人に自分の見解を求め、討論を開始する例もある。

　東京都の例を見ると、面接委員（多く

・・・・・・ある自治体の例 ・・・・・・

① 自己ＰＲスピーチ
（1人2分×5人＝10分）
② スピーチに関する質問
（5分程度）
③ 討　　論
（20分、司会は決めず）
④ 面接官による質問
（5分程度）

は校長等）があらかじめ設定された課題メニューから一つを選んで、受験者に自らの考えや取り組みについて発言させ、その後、話し合いに入る形を採る。面接基準は下記のように、教職への理解、教科等の指導力、対応力、将来性、心身の健康と人間的な魅力という５規準が設定されている。発言内容のほか、討論のマナーや姿勢などは対応力や人間的な魅力として評価されることになる。評価基準等については再度後述する。

◎集団面接の内容（令和３年度（４年度採用）の東京都二次選考）
　集団面接では、はじめに、面接室ごとに面接委員が提示する課題（１点）について、受験者が順番に<u>各自の考え</u>や、それを実現するための<u>具体的な取組</u>を発表します。
　受験者全員の発表が終わった後、各自が提示した課題に関連することについて、「受験者間の話合い」を行います。
　なお、面接委員が提示する課題は、次の①～④のうちのいずれか一つの事項に関連するものです。

> ア　思考力、判断力、表現力に関すること
> イ　自主的、自発的な学習に関すること
> ウ　協働した学びに関すること
> エ　勤労や社会貢献に関すること
> オ　異文化理解と共生に関すること
> カ　健康の保持・増進に関すること

◎集団面接、個人の評価観点
○ 教職への理解
○ 教科等の指導力
○ 対応力
○ 将来性
○ 心身の健康と人間的な魅力　など

課題には以下のような例が見られる。

①　**教育指導**　「個性を伸ばす教育をどう考えるか」「保護者との信頼関係を築くにはどうすればよいか」「クラスでいじめが起こった場合、どう指導するか」「わかる授業・魅力ある授業を行うためにどう工夫しますか」など。このほか前述のように茶髪生徒や携帯電話・スマートフォン使用に対する指導姿勢を問うものが頻出している。

②　**教育時事**　「キャリア教育に対する考え方」「開かれた学校づくりにつ

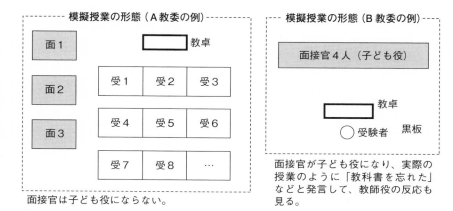

模擬授業の形態（A教委の例）

面1　　　　　教卓

面2　　　受1　受2　受3

面3　　　受4　受5　受6

受7　受8　…

面接官は子ども役にならない。

模擬授業の形態（B教委の例）

面接官4人（子ども役）

教卓

○ 受験者　黒板

面接官が子ども役になり、実際の授業のように「教科書を忘れた」などと発言して、教師役の反応も見る。

いて」「学校と地域の連携のあり方」「学力向上などについてどう考えるか」「21世紀の子どもに教えたいこと」など。

③　教育以外の時事　「まちづくり」「最近の若者の服装、言葉の乱れ」「情報化の進展とこれからの社会」「フリーターの若者」についてどう思うかなど。

④　その他　資料を配付し、それを解釈させるもの（広島県・香川県ほか）、集団指導を実際に行わせるもの（千葉）などの新しい課題も登場している。

（4）　模擬授業・場面指導

受験者の多くは教職未経験者であるから、ここでは、授業自体の巧拙よりも、声の大きさ、話し方、子どもに対する接し方、板書などに重点を置いて教師としての適性を評価していく。ただ、非常勤を含めた教職経験がある場合は、かえって厳しく評価される可能性もある。時間は3〜10分くらいで、5分程度の県が多いようだ。

進め方については、①直前に課題が示され、②その課題について数分間の考える時間が与えられた後に、③面接官の指示のもと開始されるのが一般的だが、事前に指導案を作成させ、当日は持参した指導案の説明の後に授業を行わせる例や当日作成させるところもある。また、複数の課題から一つを選択させる県もある。

黒板は用意されている場合とそうでない場合があり、用意されていればできるだけ使用した方がよい（1〜2回程度の使用に留める）。また最近は、

個人面接の中で課題を示し、その場で講話やロールプレーイングを課すケースもある。

　最近見られる課題には、「『奇数＋奇数＝偶数』になることを説明せよ」「体験学習を取り入れた算数の授業」など学習指導そのものに関わるものと、「体育の授業で怪我をして保健室にいる児童への対応」のように授業に付随する指導場面を想定したもの、「ノートや教科書をよく忘れる級友を非難する児童に対する指導」や「ホームルームでのクラスの盗難事件に関する指導」「校則の指導（面接官が茶髪の生徒役になって反対する）」のように学級指導に関するものなどがある。近年は、学級会（ホームルーム）や朝の会を想定した課題を取り上げる例が多く見られるようになった。

　　（5）　講　　　話

　課題に沿って子どもに語りかける形態の面接で、模擬授業の一種だと思ってもよい。個人面接の途中で講話を要請される場合もある。ここでは、子どもに十分理解できる話材や話し方、子どもが興味を持てるような工夫がなされているかについて評価される。

　たとえば、「子どもの心に残る話をしてください」「部活動の意義を話しなさい」「祭と子ども、先生と子どもについて話をしなさい」などの課題が与えられる。また、「初めての授業での自己紹介」は模擬授業として定着している課題である。そのほか、詩の朗読などが行われる場合や「家庭訪問を拒否する家庭への対応」のように電話や対人場面を想定させて対応させる課題事例も見られる。

　　（6）　ロールプレーイング（場面指導）

　たとえば、「いじめっ子に対応してください」「面接官を生徒だと思って帰りの会の指導をしてください」など模擬授業の一環として実施されるタイプと、「種から花になるまでを全員で表現してください」「川を表現してください」などのようにパフォーマンスとして実施されるタイプがある。前者のタイプでは個人で行われることが多く、受験者の指導性が評価の中心になる。後者の場合は集団で行うことが多いので、協調性が中心的な評価対象になる。後者の例はいまだ少なく、横浜市などが実施している程度である。

　　（7）　プレゼンテーション

実施県は多くないが、たとえば「開かれた学校づくり」という課題と用紙が与えられ、各人が発表内容を記入した用紙をもとにプレゼンテーションしていくもの。集団討論の導入として実施されている。通常の意見発表に比べて、表現力も大切な評価対象になる。

（8）　自己紹介・自己PR

各県で実施され、時間は1～3分程度である。県によってはPR文をあらかじめ書かせてから口頭によるPRの時間を設定していることもある。自己紹介・PRは単なる儀式ではなく、自己表現力を問うきわめて重要な要素であるから、日頃から紹介・PRの項目と順序について考えておく必要がある。

（9）　英語リスニングテスト／スピーキング

中学・高校の「英語」受験者だけでなく、小学校受験者にも、英語リスニングテストやスピーキングを専門教養等で実施するところも見られるようになった。

┃2◎面接の評価方法┃

県によって異なるが、大きく分けると、資質（性格）と能力という2つの観点から評価される。細かな評価項目は実施する都道府県や市によって異なるが、資質（性格）の評価項目には、礼儀・面接態度、自主性、研究心、責任感、協調性、健康・明朗性などが、そして、能力の評価項目には、指導力、判断力、発表力、企画力、実行力などがあると考えてよい。

これら評価項目毎に「A」～「C」の3段階または「A」～「E」の5段階のランクにしたがって評点をつけるようである（**表11-1参照**）。これら評点を合計して総合得点を算出して合否の資料にするが、場合によっては評価項目の中に「不合格」（たとえば「E」など）があると総合得点がある程度よくても合格に至らない可能性もある。

さて、これまで述べてきたように現在の面接は様々な方法や形態によって実施されているが、どのような形で実施されるかは県や校種等によって大きく異なる。そこで、まず自分が志望する県および校種等の面接の要領を確実

表11-1　面接等の評価表（例）

評価内容	評 価 基 準	評定A〜E
人　　物	教師にふさわしい服装・態度である 明るく、誠実で、意欲的な印象である 話し方が明瞭で、質問に的確に答えられる	A・B・C・D・E A・B・C・D・E A・B・C・D・E
教　　養	広い視野で物事を考えられる 教育改革に関する関心が強い 専門的な知識・技術を備えている 的確な児童生徒理解力を持っている	A・B・C・D・E A・B・C・D・E A・B・C・D・E A・B・C・D・E
教 育 観	子どもに強い関心を持っている 教師としての強い使命を自覚している 積極的に研究しようとする姿勢が見られる	A・B・C・D・E A・B・C・D・E A・B・C・D・E
判 断 力	主体的に考え、判断できる 状況に応じて臨機応変に対処できる 自らの置かれている状況を的確に把握できる	A・B・C・D・E A・B・C・D・E A・B・C・D・E
協 調 性	他人の意見を尊重している 他の人と協力しようとする態度が見られる 集団の中で自らの役割を見出そうとしている	A・B・C・D・E A・B・C・D・E A・B・C・D・E
指 導 力	児童生徒に理解できるように話ができる 相手の気持ちを十分理解しようとしている 表現力にすぐれている	A・B・C・D・E A・B・C・D・E A・B・C・D・E

※評定段階の例
A　ぜひ採用したい。　　B　採用したい。　　C　採用してもよい。
D　どちらとも言えない。　　E　採用したくない。

に把握しておきたい。

▎3◎面接時の心構え▎

（1）　服装のチェック

　いろいろな意見はあるが、ここでは男女問わずスーツを薦めたい。リクルート系の色なら無難だが、それ以外の色でも落ち着きのあるものやさわやかな印象を与えるものなら構わない。

　金髪・茶髪、ピアス（特に男子）は流行だと理解されないと思ってほしい。女子のマニキュア、過度な化粧、指輪も避けた方がよい。

（2）　話し方の訓練

事前に大きな声で話せるよう練習しておく。たとえば、アナウンサー教本等を入手して、一語一語が明瞭に伝わるような練習が必要である。その場合、大学の指導教官や家族に聞き役になってもらい、毎日少しずつ練習を積み重ねておくとよい。話すとき、視線をそらす癖のある人は、相手の目を見るように訓練しておきたい。

（3）　面接時間前の注意

面接会場に着いたらもう面接が始まったと思わなければならない。髪型や服装のチェックは会場の最寄駅の化粧室などで済ませておくようにする。案内役の職員が受験者の行動をチェックしている場合もあるので、控え室での態度にも気をつけ、必要なこと以外はおしゃべりをしないなどの注意が必要である。

･･････ 面接の心得11箇条 ･････

① 寝不足は面接の敵だ、前日は十分な睡眠をとる。

② 第一印象が肝心、教師にふさわしい服装と態度で臨む。

③ 会場に到着したら面接が始まったと思え。

④ 面接カードに記入した内容は忘れない。

⑤ 姿勢は崩さず、手は膝上に置く。

⑥ 話は明瞭に、語尾ははっきりと話す。

⑦ きょろきょろせずに、視線は面接官に向ける。

⑧ 聞かれていないことは話さず、ダラダラしゃべらない。

⑨ ウソはつかずに、自分のよさをよく見てもらう。

⑩ 質問がわからなければ、謙虚な態度で聞きなおす。

⑪ 終わったら、「ありがとうございました」と言う。

（4）　面接時の注意事項

特に面接の最中には次のようなことを避けるよう注意したい。

① **目線**　目線は相手からそらさないようにする。しかし、両眼をじっと合わせると睨むようになるので、ときどき相手の左眼と自分の左眼を合わせるようにしたり、相手のネクタイ辺りを見るようにしてもよいが、少なくとも自分の目線を相手（胸から上の身分証明写真くらいの範囲）から外さないようにする。

② **大げさな手振り**　自分が話しているときに無意識に手振りをとる人がいるが、決してよい印象を与えない。手は胸部や膝上で組まずに、膝の上に固定

するよう留意したい。

③　印象を悪くする言葉　「さっき言いました」（この場合、前言を具体化
して再度答える）、「他の人に言われてしまいました」（この場合も、他の意
見を自分なりに具体化する）、「うん」（発言の最初に言ってしまいがち）、
「えーと」、「はぁー」、「（最後に）ご苦労さまでした・お疲れ様でした」（「あ
りがとうございました」と言うべき）。

④　言ってはいけない言葉　差別用語（男女差別、障害者差別、人種差別、
同和問題差別）、他人の批判、当該行政の批判、出身校の批判など。自分な
りの考えや解釈もあるだろうが、受験者という立場をわきまえること。差別
発言は絶対してはならない。

⑤　間を空けすぎる　問いに対する答えがなかなか返ってこないと面接官
は話題を変えてしまうので、即答できないときでも、質問の趣旨を多少変え
て解釈してもよいから、2、3秒以内に発言するようにする。

⑥　半疑問　最近の若い人に多い、語尾の口調を少し上げて話す半疑問は
自信のなさを感じさせてしまうので使用しないよう注意する。

　他章でも述べたように、今日の教師にはとりわけ心身の耐久性が求められ
ている。つまり、就職しても、夢に描いた職場とは大きく異なり挫折してし
まう教師や仕事に耐えられずに病気になりがちな教師が増えてきているから
である。耐久性は筆記試験では見極められないので、当然面接を通してその
程度が判断されることになる。面接時には、健康体であることがわかるよう
に健康づくりに努めたい。

　また、指導力不足教員や不適格教員が問題視される今日、面接を通して資
質能力もきわめて重要な観点として評価されることになる。

【あ】

愛の教師　35, 53
アクティブ・ラーニング（主体的・能動的な学び）　159
アメリカ教育使節団　64
生きる力　210
育児休業　89
育児短時間勤務　90
意見具申　80
意志の教師　35, 53
威重　58, 60
一斉教授法　56
一斉付与の原則　88
一般教養　207, 210
一般公務員　87
運営管理　117
営利企業への従事等の制限　84, 120
OECD 国際教員指導環境調査（TALIS）　137, 149
OJT（職場内研修）　146, 165, 167

【か】

戒告　87
外国語指導助手（ALT）　27
外国人児童生徒　171
外国籍児童生徒　147
介護等体験　177
開放制　64
学芸学部　60, 65
学芸大学　64, 65
学社連携・融合事業　30
学習指導　92
学習指導案　187, 188
学習指導要領　117, 208, 221
各種手当　90
学制　56
学年主任　129
学問の自由　93
課題研修　164
課題別研修　162

学級がうまく機能しない状況　147
学級活動　103
学級経営　103
学級経営案　104
学級経営評価　104
学級指導　103
学級担任　98, 103, 110
学級担任制　105
学級編制　22
学級編成　103
学級崩壊　44, 147
学校インターンシップ　160, 176
学校運営協議会（コミュニティ・スクール）　147
学校開放　121
学校管理機関　118, 121
学校管理規則　118
学校教育法　76, 92, 116, 125
学校教育法「1 条校」　21
学校教育法施行規則　75, 118
学校経営　105, 116, 126
学校経営計画　168
学校経営評価　106
学校支援ボランティア　27
学校週 5 日制　221
学校単層重層構造論争　128
学校の裁量権　117
学校評価　106
学校文化　27
学校マネジメント　171
家庭訪問　110
観察　178
完全学校週 5 日制　87
管理職選考試験　79
官立師範学校　56, 57
机間巡視指導　179
義務教育費国庫負担法　91
義務教育標準法　22, 75
キャリアステージ　159, 163
休憩時間　88
旧・国立教育研究所（現・国立教育政策研

究所） 147
休職 85
旧制中学校 63
休息時間 88
給与等特別措置法 23, 25, 89
給料表 149
教育学部 60
教育課程 97
教育課程の編成 97
教育課程評価 106
教育基本法 28, 31
教育公務員 24
教育公務員特例法 162
教育刷新委員会 64
教育実習 175, 177, 194
教育実習総論 182
教育実践に関する科目 176
教育事務所 152
教育職員 19, 21, 23
教育職員等による児童生徒性暴力等の防止
　に関する法律 86
教育職員免許法 65, 66
教育職員免許法施行規則 175, 177
教育職員養成審議会 26
教育職員養成審議会答申「教員の資質能力
　の向上方策について 156
教育センター 163
教育長 65
教育評価 100
教育をつかさどる 92, 93, 95, 120
教員 19, 21
教員育成協議会 160, 199
教員勤務実態調査 134
教員研修計画 161
教員人事考課制度 81
教員の欠格事由 76
教員の地位に関する勧告 39
教員免許更新制 70
教員免許状 195
教員養成制度 36
教科書 93, 99
教科書使用義務 99
教科担任 98
教科に関する科目 67
教官 21
教材研究 138
教師の資質向上 156
教師の倫理綱領 38
教師びんびん物語 50
教職員 23

教職員会議 89
教職員の服務監督権 119
教職課程 195, 198
教職観 34, 211
教職教養 67, 207, 210, 211
教職実践演習 67, 157
教職指導 68
教職大学院 169
教職調整額 23, 66, 89, 90
教職に関する科目 67, 175
教職の意義等に関する科目 67
行政研修 162, 163
教生の先生 181
競争試験 24, 79
教頭 22, 24, 74, 82, 123, 130, 152, 178
教頭の職務 124
教務主任 129
教諭 19, 22, 24, 66, 82, 92, 149
勤務時間 87, 133, 134
勤務時間の割り振り 87
勤務日 87
クラブ活動 103
グループ討議 158
訓告 86, 102
訓導 63
形成的評価 101, 194
欠格事由 76
減給 86
研究指定校 165
研究授業 180, 194
研究モデル校 165
健康診断 110
原則必置職員 74
県費負担教職員 78, 80, 90, 119
降給 85
校時 98
校長 22, 24, 65, 74, 76, 82, 118, 120, 121, 143, 149,
　186, 194
校長選考 151
校長の職務権限 118
校長の職務内容 120
高等学校設置基準 75
高等師範学校 59
校内研究 164
校内研修 164
降任 79, 85
校務 119
校務掌理権 119
校務の整理 124
校務分掌 105, 109, 155

講話　178, 226
個人面接　212, 214, 219, 221
個性重視　52
国庫負担　91
個別教授法　56
コミュニティ・スクール　114

【さ】

採用　78
採用候補者　201
採用候補者名簿　200
座席表　185
サラリーマン教師　24, 35
時間外勤務　89, 142
時間外勤務時間　136
時間割編成　110
時季変更権　89
自己紹介　221, 227
自己PR　222, 227
自己評価　106
自主研修　165
「師匠的」教員　36, 37
「士族的」教員　36
市町村固有職員　119
市町村立学校職員給与負担法　91
実技試験　205
実習　175, 177, 179
実習記録　194
実習生　179
実習日誌　185
失職　85
実践的指導力　40, 156, 157, 167
指定研修　163
児童会活動　103
指導教員　185, 194
指導教諭　24, 130, 149
指導計画　98
指導主事　65, 153, 169
指導助言者　167, 72
児童生徒性暴力　87
児童生徒に対する懲戒　93, 102, 121
児童生徒の問題行動　102
児童生徒理解　158
指導要録　104
「師範型」教員　36
師範学校　57, 59, 60
師範学校規程　59, 60
師範学校教則大綱　57, 175
師範学校卒業証書　58
師範学校令　58

師範教育令　59, 60
示範授業　182, 185
事務主任　129
事務職員　22, 23
社会教育関係職員　19
社会教育施設　153, 167
社会教育指導員　198
社会教育主事　22, 152, 153, 169
社会人の活用　67
社会体験研修　164
社会に開かれた教育課程　30
集団討論　212, 214, 222
集団面接　212, 213, 221
10年経験者研修　168
自由利用の原則　88
主幹教諭　127, 130
授業　98
授業案　99
出勤時間　134
出席停止　121
出席簿　104
主任　127, 186
順良　58, 60
生涯学習社会　113
生涯学習の基礎づくり　113
小学校教員免許規則　58
条件附採用　78
条件附採用期間　167
「小市民的」教員　36, 37
昇任　79
情報処理技術者（SE）　27
職員会議　118, 121
職務研修（行政研修）　163
職務上の義務　82, 120, 213
職務上の上司　82
職務専念義務　82, 165
職務専念義務免除　163, 165
職務命令　82, 119
女子師範学校　57
初任者研修　163, 168
初任者研修制度　167
私立学校協会　202
信愛　58, 60
人材確保法　23, 65, 90
人事評価　120
尋常師範学校　58, 59
診断的評価　101
人的管理　117
人物重視　211, 213
人物評価　212

信用失墜行為の禁止　83, 120
進路指導主事　129
スクール・カウンセラー　148, 170
スクール・ソーシャルワーカー　170
スクールリーダー　116
スコット（Scott, M.M..）　57
政治的行為の制限　83, 120
聖職者　37, 38
生徒指導　98, 105, 170
生徒指導主事　102, 129, 142
青年師範学校　60
絶対評価　101
設置者管理主義　91
選考　24, 78, 149, 199
先生　19
全体の奉仕者　85, 86
全日経営　187
全日経営案　186
専門教養　207, 210
専門職（プロフェッション）　39
専門職論　39
専門スタッフ　170
総括的評価　101
争議行為の禁止　84, 85, 120
総合的な学習の時間　113, 117, 146, 209, 210, 221
総則　208
相対評価　101

【た】

退学　102
大学院修学休業制度　169
大学院修士課程　164
退勤時間　134
代行　125
第 3 次教育令　58
第 3 次小学校令　61
第 15 期中央教育審議会第 1 次答申　27, 40
第 2 期教育振興基本計画　114
体罰　26, 43, 102
代理　123, 124
多忙感　139, 141
地域改善対策協議会　210
チーム学校　31, 170
チームとしての学校　170
地方公務員　77, 87
地方公務員等共済組合法　90
地方公務員法　81, 82, 83
中学校師範学校教員免許規程　57
中教審答申「今後の教員養成・免許制度の

在り方について」　157, 181
中教審答申「『令和の日本型学校教育』の構築を目指して」　31, 174
中堅教諭等資質向上研修　159
中等教育学校　75
中立性確保法　23
懲戒　86
懲戒権　102
通知表　101
ティーム・ティーチング　75, 162, 179
停学　102
停職　86
適性検査　205
テスト　100
デモシカ教師　24, 65
寺子屋　56
伝説の教師　51
伝達研修　162, 163
転任　79
東京学芸大学　60
東京師範学校　57, 175
東京都　149
東京都教育委員会　81
同和対策審議会　210
特色ある学校づくり　117
特別活動　103
特別支援学校　199
特別非常勤講師制度　27, 67, 76
特別免許状　27, 76
途中付与の原則　88

【な】

内申　80
夏休み　138
日本教職員組合（日教組）　38
任意設置職員　74
任命権者　72, 77, 80, 84, 149
任用　78
熱中時代　49
年次有給休暇　89

【は】

バーンアウト　146
配置換え　152
配置転換　79
発達障害　148
歯止め条項　89
PTA　104
非常勤講師　202
筆記試験　204, 205, 207, 230

必置職員　74
人づくり　28, 29
秘密を守る義務（守秘義務）　83, 120
開かれた学校　30, 210
開かれた学校づくり　27, 114, 146
部活動　103, 136, 139
副校長　22
副校長の職務　123
複数教頭制　125
服務監督権　80, 119
服務上の義務　81
服務宣誓　81
普通免許状　76
物的管理　117
部分休業制度　90
不利益処分　86
プレゼンテーション　226
分限　85
奉仕活動　167
法務教官　198
法令および上司の命令に従う義務　82
ホームルーム活動　103
保健主事　129
補助機関　118
補助教材　100

【ま】

マネジメント力　171

ミドルリーダー　159
身分上の監督　120
身分上の義務　83, 213
身分保障　85
免許基準の引き上げ　66
免職　85, 86
面接　205, 212, 218
面接カード　218
模擬授業　194, 205, 225, 226
モラール（士気）　164
問題教師　45, 51

【や】

有給休暇　89
養護教諭　24, 75
幼稚園教師　145

【ら】

リーダーシップ　121
リーバーマン（Lieberman, M.,）　39
理性の教師　35, 52
臨時教育審議会第 2 答申　156, 167
臨時教員養成所　59
臨時的任用教員　202
臨時免許状　76
労働基準法　87, 89
ロールプレーイング　222, 226
論作文　207, 211

佐藤　晴雄（さとう　はるお）日本大学教授

　大阪大学大学院博士後期課程修了。博士（人間科学）。現在、早稲田大学講師・放送大学客員教授を兼務。大阪大学・九州大学・筑波大学大学院等の講師、中央教育審議会専門委員を歴任。

単　著『コミュニティ・スクールの成果と展望』ミネルヴァ書房、2017年
　　　『コミュニティ・スクール－増補改訂版－』エイデル研究所、2019年
　　　『学習事業成功の秘訣！研修・講座のつくりかた』東洋館出版社、2013年
　　　『現代教育概論－第5次改訂版』学陽書房、2021年
　　　『生涯学習概論－第2次改訂版』学陽書房、2020年
　　　『学校を変える　地域が変わる』教育出版、2002年
　　　『生涯学習と社会教育のゆくえ』成文堂、1998年
編　著『教師の背中を押す校長・教頭の一言』教育開発研究所、2014年
　　　『保護者対応で困ったときに開く本』教育開発研究所、2012年
　　　『コミュニティ・スクールの研究』風間書房、2010年
　　　『最新行政大事典－第3巻教育・文化・スポーツ編』ぎょうせい、2010年
　　　『学校支援ボランティア』教育出版、2005年
共　著『教育のリスクマネジメント』時事通信社、2013年
共　編『学校教育法実務総覧』エイデル研究所、2016年
　　　『学校と地域でつくる学びの未来』ぎょうせい、2001年
監　修『新・教育法規解体新書』東洋館出版社、2014年
　　　『改訂版　校長「合格」問題集』東洋館出版社、2010年
　　　『「保護者力」養成マニュアル』時事通信社、2006年　　　他

教職概論──教師を目指す人のために［第6次改訂版］

2001年 4月20日　初版発行
2003年 9月25日　第1次改訂版初版発行
2007年 4月 6日　第2次改訂版初版発行
2010年 4月10日　第3次改訂版初版発行
2015年 2月10日　第4次改訂版初版発行
2018年 3月16日　第5次改訂版初版発行
2022年 9月 5日　第6次改訂版初版発行

著　　者　佐藤晴雄
　　　　　さとうはるお

発 行 者　佐久間重嘉

発 行 所　学陽書房
　　　　　〒102-0072　東京都千代田区飯田橋1-9-3
電　　話　03-3261-1111
http://www.gakuyo.co.jp/
装　　丁　佐藤　博
印　　刷　加藤文明社／製　本　東京美術紙工

©Haruo Sato 2022　ISBN978-4-313-61146-7 C1037　Printed in Japan
JASRAC　出1003223-216
乱丁・落丁本は送料小社負担にてお取り替えいたします。
定価はカバーに表示してあります。

現代教育概論 ［第5次改訂版］

佐藤晴雄 ［著］

A 5判並製・260頁　定価＝本体2,400円＋税

◎教職を目指す初学者必携のテキスト

なぜ、人間に教育という営為が誕生したのか──という問いに始
まって、教育学の基礎理論を踏まえながら、現代の教育改革をめぐ
る動向や教育課題を解き明かす。単なる概論書にとどめず、最新の
実践的事項を詳述。初学者のテキストに、また、教職採用試験の参
考書に最適。

生涯学習概論 ［第2次改訂版］

佐藤晴雄 ［著］

A5判並製・240頁　定価＝本体2,500円＋税

◎初学者にもわかりやすい基本書。
　最新データを盛り込んだロングセラーの改訂版！

生涯学習及び社会教育の歴史にはじまり、今後の問題までを、バランスよく、平易な書き方で概括した基本図書。大好評のロングセラーを4年ぶりに改訂。社会教育調査をはじめ掲載資料等を最新データに更新。社会教育主事等必修科目。

新版　教師になるということ

池田　修［著］

四六判並製・180頁　定価＝本体1,300円＋税

◎教師の仕事がよくわかる、大好評ロングセラー！

「教師とは何か」「子どもとの関係をつくるにはどうしたら良いんだろう」等、教師としてのあり方を、著者自身の経験を基にユーモアを交えて分かりやすく紹介。これを読めば、教師としての必要な力、いま何をするべきなのかがわかる！